JN059537

新・現代の財務管理

榊原茂樹・新井富雄・太田浩司・
山﨑尚志・山田和郎・月岡靖智 [著]

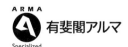

ARMA
Ⓐ 有斐閣アルマ
Specialized

　本書は，企業価値創造・株主価値創造のための財務管理の理論とその実践的応用をわかりやすく解説した最新のテキストである。

　今日ほど，企業の財務担当経営者に代表される財務管理者の役割が，企業の生存と成長にとって真に必要とされる時代はないだろう。単に売上高やマーケット・シェアの量的拡大を図れば企業が生存し成長できた時代はもはや過去のものとなり，最高経営責任者が企業内外のさまざまなステークホルダーと協働しながら企業価値・株式価値の創造に成功した場合にのみ，企業は生存し成長し続けることができる時代が到来したのである。

　財務担当経営者は，最高経営責任者が担う戦略的意思決定の判断を理論的に支え，企業価値創造・株式価値創造を実現していくという重要な役割を担っている。財務担当経営者は，この重要な財務管理の遂行において，企業と資本市場を結ぶ連結環の役割を果たすが，企業を取り巻く事業環境と資本市場の双方は常に速いスピードで変化し続けているために，不断に両分野の変化を正しく理解し適応していくことが求められている。

　このような変革の時代にあって，複雑で高度な財務管理の職能を正しく遂行していくにあたって最も役立つものが「良い理論」である。本書は，企業価値創造・株式価値創造に向けた財務管理のための「良い理論」と，その理論を使ってどのように財務的意思決定を行うかを平易に解説することを企図したものであり，全4部・16章と1つの補章からなっている。

　第Ⅰ部「財務の基礎」は7つの章で構成されており，現代の財

務管理論の基礎にある重要な理論やモデルが解説されている。これらの理論やモデルは，財務担当経営者が意思決定にあたって依拠すべきフレームワークになっている。第Ⅱ部「投資決定と企業価値」は，投資プロジェクトの経済評価の理論とその適用法を扱う章と，企業価値の評価の理論とその適用法を扱う2つの章からなっている。第Ⅲ部「資本調達とペイアウト政策」は，企業の長期資本調達方法，株式発行による資本調達，負債発行による資本調達，配当支払いや自社株買い等の株主への現金ペイアウト政策についてそれぞれ1つの章を割き，制度の解説および理論的分析を行っている。第Ⅳ部「財務のトピックス」は，企業の外的成長手段としての合併・買収，認知心理学の成果を使って経営者や投資家の行動を解明する行動ファイナンス，企業価値を棄損するリスクへの対処の理論と手法を扱ったリスク管理の3つの章から構成されている。そして最後の補章「財務ケース分析」では，実際の企業およびそれを模した企業を取り上げたケース・スタディが取り扱われている。読者は財務管理者の立場に立って，本書で学習した「良い理論」の実践的活用を考えることができる。

　本書は，学部生向けの専門科目として開講される財務管理論ないし経営財務論の授業やゼミナールでのテキスト，社会人向けの経営大学院（ビジネス・スクール）の基本科目であるコーポレート・ファイナンス論のテキストとして使用されることを意図したものである。各章末の演習問題は，単に理論やモデルの理解度をセルフ・チェックするためにだけでなく，実践的応用力が身につくように配慮されて作成されている。また，教師と学生との双方向でのコミュニケーションを促進するための教材として，さらにビジネス・スクールでのケース・ディスカッション用の教材として，財務ケース分析を補章として取り上げている。この財務ケー

ス分析は，本書がもつ類書と比較しての最大の特徴をなしており，積極的に活用していただければ幸いである。

　財務的意思決定において「良い理論」ほど役立つものはないとの信念のもとに，上で述べたような意図で本書をまとめたが，どこまで成功したかは読者のご判断を待たなければならない。また，思わざる誤りがあるかもしれない。ご批判やご指摘を得て，今後，不十分な点は改訂させていただきたい。

　本書は，旧著『現代の財務管理』（2003 年刊，新版 2011 年刊）の執筆の基本方針を受け継ぎながら，旧著の共著者 3 名と新しい著者の 3 名が，その後の理論の進歩と財務管理を取り巻く制度の新動向を取り入れて，大幅にアップ・トゥ・デートしたものである。さらに，財務ケース分析についても 1 つを除いて一新しており，新しいテキストに生まれ変わっている。そのため，『新・現代の財務管理』として出版することとした。本書が旧著以上に活用されることを祈念するものである。

　最後に，出版事情の厳しい時期に，刊行に向け進めてくださった有斐閣書籍編集第 2 部の柴田守氏に対して，心から御礼申し上げます。

　　　2023 年 2 月

著 者 一 同

著者紹介

Financial Management

➡ 榊原 茂樹 (さかきばら しげき)

1945 年生まれ

1968 年，神戸大学経営学部卒業

1972 年，神戸大学大学院経営学研究科修士課程修了
神戸大学教授，関西学院大学教授等を経て，

現在，関西学院大学イノベーション研究センター客員研究員，
神戸大学名誉教授，経営学博士

〈主著〉『現代財務理論』（千倉書房，1986 年），『株式ポート
フォリオのリスク管理』（東洋経済新報社，1992 年），
『証券投資論』（第 3 版，共著，日本経済新聞社，1998
年），『入門証券論』（第 3 版，共著，有斐閣，2013 年），
*The Japanese Stock Market: Pricing Systems and
Accouting Information*（共著，Praeger Publishers,
New York, 1988）

〈執筆分担〉第 1，2，4，6 章，補章ケース 7

➡ 新井 富雄 (あらい とみお)

1950 年生まれ

1973 年，早稲田大学政治経済学部卒業

1977 年，ペンシルベニア大学ウォートン・スクール修士課程
修了，MBA
野村総合研究所／野村マネジメント・スクール研究理事，
東京大学大学院経済学研究科教授等を経て，

現在，東京大学名誉教授，東京都立大学特任教授

〈主著〉「資本市場と株主アクティビズム」（『証券アナリスト
ジャーナル』2009 年 1 月），「金利のタームストラクチ
ャー・モデルの展開」（『証券アナリストジャーナル』
2012 年 11 月），『コーポレート・ファイナンス』（共著，
中央経済社，2016 年），「資本コストと企業価値シリー
ズ」（第 1〜5 回，『証券アナリストジャーナル』2019 年
5〜9 月），『企業価値向上のための資本コスト経営』（共
著，日本経済新聞出版社，2020 年）

〈執筆分担〉第 8，9，12，13 章，補章ケース 4

➡➡ 太 田　浩 司（おおた こうじ）

1969 年生まれ

1994 年，京都大学文学部卒業

2007 年，筑波大学大学院ビジネス科学研究科博士後期課程修
了，博士（経営学）

武蔵大学経済学部助教授等を経て，

現在，関西大学商学部教授

〈主著〉「自社株買いの公表に対する短期および長期の市場反
応」『現代ファイナンス』第 38 巻（共著，2016 年），
"Does Reputation Matter? Evidence from Share Repur-
chases," (*Journal of Corporate Finance*, Vol. 58,
co-authored, 2019), "Share Repurchases on the Tokyo
Stock Exchange Trading Network," (*Journal of the
Japanese and International Economies*, Vol. 61,
co-authored, 2021), "Signal Strength Adjustment Behav-
ior," (*Journal of Banking & Finance*, Vol. 143, co-au-
thored, 2022)

〈執筆分担〉第 **3，14，15 章**，補章ケース 1，2

➡➡ 山 﨑　尚 志（やまさき たかし）

1978 年生まれ

2000 年，神戸大学経営学部卒業

2005 年，神戸大学大学院経営学研究科博士課程後期課程修了，
博士（経営学）

現在，神戸大学大学院経営学研究科教授

〈主著〉 "The Effect of the Great East Japan Earthquake on the
Stock Prices of Non-Life Insurance Companies," (*Gene-
va Papers on Risk and Insurance: Issues and Prac-
tice*, Vol. 38, co-authored, 2013), "The Calendar Struc-
ture of the Japanese Stock Market: The 'Sell in May
Effect' versus the 'Dekansho-bushi Effect'," (*Interna-
tional Review of Finance*, Vol. 13, co-authored, 2013),
"Do Typhoons Cause Turbulence in Property-Liability
Insurers' Stock Prices?" (*Geneva Papers on Risk and
Insurance: Issues and Practice*, Vol. 41, 2016),『リスク
マネジメント』（共著，中央経済社，2018 年）

〈執筆分担〉第 **16 章**，補章ケース 6

➡ 山田　和郎（やまだ かずお）

1984 年生まれ

2007 年，神戸大学経営学部卒業

2012 年，神戸大学大学院経営学研究科後期課程修了，博士
（商学）

立命館大学経営学部講師，長崎大学経済学部准教授，立命
館大学経営学部准教授を経て，

現在，京都大学経営管理大学院准教授

〈主著〉 "Supply-Chain Spillover Effects of IPOs," (*Journal of
Banking & Finance*, Vol. 64, co-authored, 2016)

〈執筆分担〉 **第 10，11 章，補章ケース 5**

➡ 月 岡　靖 智（つきおか やすとも）

1984 年生まれ

2008 年，関西学院大学商学部卒業

2014 年，大阪市立大学大学院経営学研究科後期博士課程修了，
博士（経営学）

大阪市立大学大学院経営学研究科特任講師等を経て，

現在，関西学院大学商学部准教授

〈主著〉 "Investor Sentiment Extracted from Internet Stock
Message Boards and IPO Puzzles," (*International
Review of Economics & Finance*, Vol. 56, co-authored,
2018), "The Impact of Japan's Stewardship Code on
Shareholder Voting," (*International Review of Eco-
nomics & Finance*, Vol. 67, 2020),「パッシブ運用がコ
ーポレート・ガバナンスに及ぼす影響」（共著，『現代
ファイナンス』第 44 巻，2022 年）

〈執筆分担〉 **第 5，7 章，補章ケース 3**

目 Contents

Financial Management

第I部　財務の基礎

vii

第**7**章　コーポレート・ガバナンスとESG　127

企業価値最大化をめざす経営の理想と現実

Column 一覧

第I部

財務の基礎

第1章 | # 財務管理とは

資本のストックと資金のフローを管理する

Summary

Financial Management

　財務管理は，financial management の日本語訳である。大学では，企業財務，経営財務といった名称で講義されている。アメリカのビジネス・スクール（経営大学院）だと，corporate finance, business finance, あるいは managerial finance といった講義名で教えられている。

　finance の主体が公の場合の public finance は財政学という科目名で教えられ，また個人の finance の場合は個人財務や家政を扱う科目で教えられる。

　本書は，企業の財務とりわけ株式会社の財務管理を扱う。

　finance の語源のラテン語でのもともとの意味は，現金を支払い決済（settlement）して終了する，という意味だといわれている。そこから企業活動の発展とともに finance の意味も拡大し，資本の調達（raise capital or funds）を含むようになり，さらには，企業の成長のための資本の投資（investment of capital）の問題をも取り扱うようになったのである。

　本章では，財務管理の職能を経営の他の職能と区別する判断基準は何か，企業のさまざまな意思決定を財務管理の立場からその妥当性を判断するときの意思決定基準などについて解説する。

_1_ 企業経営のためのさまざまな職能

　われわれが生活を維持し楽しむためには，企業という組織を離れては考えることができない。日本人の多くは，企業に勤めることによって所得を得て生計を営んでいる。またわれわれが快適な生活を営むために購入する財やサービスも，企業が生産し販売しているものが多い。一口に企業といってもさまざまである。近所のパン屋さんやクリーニング屋さんのように個人で商売をしている個人企業もあれば，食料品や日用雑貨品の購入に利用する消費生活協同組合などの組合もある。しかし，われわれとの関わりが最も深いのは，会社設立の手続きをして法人格を取得した法人企業（会社）である。

　これらの企業が販売するものが目にみえる商品であれ目にみえないサービスであれ，それらが顧客の手に届くまでには，さまざまな活動が関わっている。典型的には，原材料を仕入れ，生産し，出来上がった商品を販売する，といった活動である。これらは，企業活動を営むための主要な職能であり，それぞれ購買職能，生産職能，販売職能といわれる。

　どんな規模の中小企業であっても，企業を興すためには，カネが必要である。起業家が自分の貯金から出資し，親・兄弟姉妹から借金をし，それでも足りなければ友人からお金を出してもらうことになるだろう。資本の調達に失敗すれば，起業は頓挫する。カネはヒトやモノと並んで重要な物的経営資源といわれる。

　個人企業や事業の規模が小さい法人とは名ばかりの中小企業の場合，技術をもった事業主が一人で，原材料を仕入れ，自分で作

り，得意先に販売しているケースが多いだろう。帳簿づけは専務の奥さんの仕事である。事業が軌道に乗り夫婦だけでは手が回らなくなってくると，ヒトを雇い，いままでは事業主が一人でやっていた職能の分化が始まる。さらには，需要が順調に増加してくると，生産能力を拡大するために工場の拡張が必要となってくるだろう。新立地をどこにするか，生産規模をどれくらいにするかなどについて，さまざまな代替案を作り，評価・選択しなければならない。この投資プロジェクトの評価と選択は，企業の将来を決める重要な決定である。

　もちろん，この事業の拡大のためには，その裏づけとなる資本を新たに調達することが必要である。事業規模が大きくなると，いままでのように事業主の個人的縁故に頼っていたのでは，十分な金額の資本を調達できない。国や地方公共団体の中小企業向け融資，民間銀行からの借入れ，さらには，会社形態を株式会社にして，縁故者以外からも株主を募って出資を仰ぐことを考えたほうが，より多くの資本を調達できるだろう。

　事業が順調に拡大し，従業員の数も増え，販売先も地元だけでなく他府県に拡がると，原材料の購入，人件費の支払い，物流コスト，販売事務所の賃貸料，さらには金利の支払いや借入金の返済などのために会社から出ていく現金が絶えず発生し，しかもその金額は多額になっていく。ここに，現金の支払いが滞って企業活動に支障が出ないように，支払いに充てる現金を準備する仕事が重要となってくる。資金繰りの確保は，黒字倒産という事態を避けるためにも，必須の生存条件である。

　資金繰りも順調で，利益もあがっている企業であれば，事業年度末には，利益をどのように分配するかを決定しなければならない。法人企業が合名会社，合資会社，合同会社（以上の3つは持

分会社と総称される）であれば社員と呼ばれる出資者に，株式会社であれば法律上の所有者である株主に，どれだけ利益を分配するのか，あるいは，企業の成長のための再投資資金として会社内部にどれだけ留保するのかを決定しなければならない。

2 財務職能とは

　以上述べたところからも明らかなように，企業活動を営むためには，多くのヒトが分業してさまざまな仕事を行っている。また，企業の拡大・成長のプロセスでさまざまな意思決定が行われている。本書が対象とする財務職能とは，どのような職能だろうか（丹波編［1968］第1章，森［1993］も参照）。

　企業がその事業規模を拡大していくと，それに応じて，企業組織も複雑になっていく。規模の大きな株式会社に典型的にみられるように，本社に人事部，総務部，企画部，経理部といった部門と並んで，財務部といった名称の部門が存在する。では，財務部門で行われている職務を調べると，財務職能とはどのような職能かがわかるだろうか。答えはノーである。なぜならば，会社によっては，財務部で財務職能の一部（例えば資本調達や資金繰り管理）が行われていて，その他の財務職能（例えば資本投資決定）が他の部門（例えば企画部）で行われている，という場合もあるからである。

　さらにまた，財務職能を，資本の調達，資本の投資，利益処分に関わる意思決定であるとする見方も十分ではない。なぜならば，そのような見方は，事業活動の高度化・国際化に伴って新たに生まれる仕事を財務管理の対象とするか否かを判断する基準を欠い

ているからである。むしろ，財務職能を理解するためには，財務職能はどのような役割を果たすべきか，という観点からアプローチしなければならない。そのために，まず企業をカネに関わる金融・資本市場のなかで眺めることにしよう。

| 金融・資本市場の役割 |

　図1・1は，金融市場が国民経済において果たす役割を図示したものである。会社，たとえば，ソニーやホンダなどに代表される大きな株式会社は，必要な資本を2つのルートで調達することができる。1つは，金融仲介機関からの融資を受けるルートである。家計などから預金を集めた銀行や，保険料を受け入れた生命保険会社は，預金や保険料収入の運用先の1つとして，事業会社に融資する。2つめは，会社が金融市場で直接に社債や株式を投資家に発行して，資本を調達するルートである。この2つのルートのどのルートでどれだけ資本を獲得するかは，資本調達決定（financing decision）の問題である。

　調達された資本は，図1・1の左側に示されているように，土地，建物，機械設備，原材料，労働力などの要素市場に投資され，資本投資計画が実行されていく。会社のなかで提案されている多数の資本投資計画のなかでどれを採択するかは，資本予算決定（capital budgeting decision）ないし資本投資決定（capital investment decision）の問題である。

　上で述べた資本調達のいずれのルートであっても，優良企業や有利な資本投資計画をもつ企業は，そうでない企業と比べて，低い金利で借金ができたり，また，有利な価格で証券を発行できたりして，資本投資計画を予定どおり実行できるだろう。これに対して，高い金利を提示された企業や，不利な条件でしか証券を発行できない企業は，資本調達を諦め資本投資計画を断念せざるを

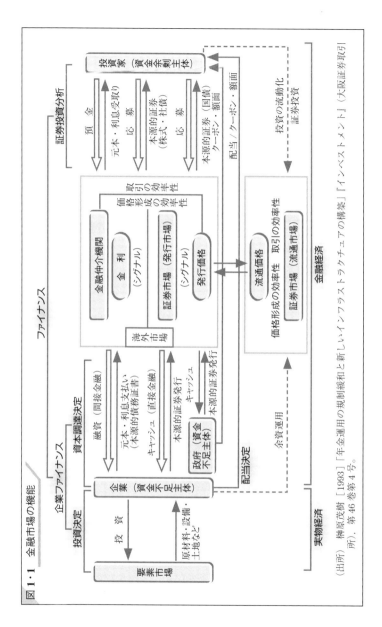

図 1・1　金融市場の機能

（出所）榊原茂樹［1993］「年金運用の規制緩和と新しいインフラストラクチュアの構築」『インベストメント』（大阪証券取引所）、第 46 巻第 4 号。

えなくなるかもしれない。このようにして有望な投資機会をもつ企業には資金が潤沢に流れることによってますます成長し，国民経済の発展に貢献していくことになる。

資本的需給の適合)　資本主義経済の1つの特徴は，市場で成立する価格をシグナルとして，希少な資本が国民経済的にみて有望な使途に効率的に配分されることに求められる。このような希少資源の配分システムを価格システムというが，国民経済において価格システムが果たす資源配分機能を企業の内部で行う職能が **財務管理職能** であり，その職能の最高責任者が財務担当執行役員（chief financial officer：CFO）である。財務担当執行役員（以下，単に財務担当経営者という）は，企業内の各部門から提案された資本投資計画を企業外部の厳しい金融市場の条件に照らして評価し，それらの採否を決定するとともに，その実施に必要な資本額を調達するという重要な職能を担っている。すなわち，財務管理の最も重要な職能は，資本需要と資本供給を金額的にも時間的にも適合させること，すなわち **資本的需給の適合**，ないし企業内の効率的資本配分である。

　資本的需給の適合という重要な財務管理職能は，大きく分けて3つの意思決定からなっている。資本投資決定，資本調達決定，配当決定（dividend decision）である。配当決定は，1年間の事業年度中に稼いだ利益のうち，どれだけを株主に配当金として分配し，どれだけを企業内に留保するかの利益処分政策に関わる重要な決定である。企業内に留保された利益は，翌年度以降の投資計画のために再投資できるので，資本調達決定とも関連している。

　企業内部での資本の効率的配分の失敗は，企業の存続と成長を脅かす。財務担当経営者が企業のなかで中枢を占め，財務管理論が経営学のコア科目となっているのはこのためである。

財務流動性の維持——
資金的需給の適合

経営活動を日々遂行していくためには，原材料の購入，従業員の雇用，事務機器のリースやレンタル，設備・備品の購入，電力・ガス・工業用水の使用，広告・宣伝活動，研究開発などさまざまな活動のための現金の支出が必要とされる。他方で，製品やサービスの販売によって資金が回収されていく。企業が存続するための最低限の条件は，現金支出が必要とされる時期に必要とされる金額を準備しておくこと，つまり，**財務流動性**が維持されていることである。この現金の流入と流出の時間的・金額的適合に失敗すると，会計上はいくら利益をあげていても黒字倒産の憂き目にあう。

しかし，あまり多くの現金を保有しておくことは，有利な収益性の機会を犠牲にしているかもしれない。効率的な資金繰り，すなわち，**資金的需給の適合**は，いま1つの重要な財務職能を構成している。

3 財務管理における意思決定の基準

財務担当経営者（CFO）が合理的な意思決定を下すためには，意思決定の目的が明確に規定されていなくてはならない。

営利組織としての企業はその社会的使命（ミッション）を果たすために，地域社会や自然環境との共生を図りながら生存と成長を追求する組織体である。最高経営責任者（chief executive officer：CEO）が，従業員，資本提供者，納入業者，地域社会，自然環境，政府などさまざまな利害関係者との利害の調和を図りながら，営利組織としての運営に成功しているかどうかの判定は，運

営に携わる経営者や従業員が自己判定するものではなく，他者が評価するものである。従業員にとってのみ居心地がよい，また，納入業者にとって都合のよい会社が，長い期間にわたって競争企業との熾烈な生存競争に打ち勝ち成長し続けることは不可能である。逆に，従業員にとって不幸な会社からは多くの有能な人材が流失し，企業の長期的発展の障害となることも事実であろう。

> **企業価値の創造と株式の市場価値**

企業が社会的に成功したかどうかは，作った製品やサービスが消費者に受け入れられて，それらの生産のために投入した生産要素の価値総額以上の経済的価値を生み出したかどうかによって判定される。その判定の尺度は，他社と比較可能であるだけでなく，過去の評価とも時系列的に比較可能な定量的なものである必要がある。また，企業の社会的成功の定量的評価は，企業外部の多くの人々の評価が1つに集約されたものであることが望ましい。そのような望ましい属性を備え誰にでも観察可能な評価は株式市場での評価である。最高経営責任者が投入された資源の価値総額以上の新たな価値を生み出したとき，その経営者は企業価値を創造したといわれ，株式市場はそのことを評価し，その企業の株式の市場価値を高めることになる。

　企業の成功の具体的尺度が株式の市場価値の向上というとき，必ず出てくる批判は，株価を高めるためにすぐに従業員を解雇し，研究開発などのすぐに利益を生み出しそうにもない予算を削減するなどの短期的視点からの事業経営に経営者を駆り立てる，というものである。しかし，株式の価値は，今期や来期の利益といった短期的利益によって決まるものではなくて，その企業の将来にわたる長期的利益の見通しによって決まるものである。しかも，将来の利益の持続可能性は，企業を取り巻くさまざまな利害関係

者（ステークホルダー）の企業に対する貢献とそこから受け取る報酬の社会的にみて妥当なバランスが維持されてはじめて，保証されるものであることを忘れてはならない。

財務的意思決定の基準としての正味現在価値

企業の目標が価値創造であり，経営者にとってのオペレーショナルな目標が株式の市場価値の向上であるとしても，経営者が株式価値を決めるわけではない。株式価値は株式市場で評価されるのである。経営者は自ら下す意思決定を通じて，株式価値を規定する要因に影響を及ぼすことができるだけである。

　では，財務担当経営者は，どのような基準に従って，財務流動性の維持という制約条件の下で資本的需給の適合という財務職能を遂行すれば，企業の価値創造と株式価値の向上という企業目標に貢献できるのだろうか。それは，財務担当経営者が **正味現在価値ルール**（net present value rule）に従って意思決定を行う場合である。ある計画を実施することによりもたらされる正味現在価値が少なくともゼロであれば，計画実施前の企業価値ないし株式価値は維持され，プラスの正味現在価値をもたらす計画を実施すれば，新しい企業価値が創造され，株式価値は高まるのである。

　正味現在価値（NPV）は，ある計画の実施から得られると予想される将来の長い期間にわたるキャッシュフローを，そのキャッシュフローの不確実性を反映して金融市場で決まる資本還元率（capitalization rate）を使って計画実施時点まで割り引いた資本還元価値（capitalized value，これを粗現在価値〔gross present value〕という）から，その計画の実施のための資本投資額を控除した差額をいう。この正味現在価値ルールは，将来のキャッシュフローを現在時点に割り引いて計画を評価するので，**割引キャッシュフロー法**（discounted cash flow method：DCF 法）の 1 つである。

4 財務的意思決定の基準と効率的市場仮説

　財務的意思決定が企業の株式市場価値を高めたかどうかは，財務的意思決定の結果その企業の株価が上昇したか下落したかで判断される。そうだとすると，現実の株式市場で成立する株価（stock price）が株式価値（stock value）の最善の推定値となっていなければ，企業価値の創造とか株式価値の向上といった企業目標は，実践的有効性をもたないだろう。株価がその企業に関して利用可能な情報に瞬時に（instantaneously），そして正しく（correctly）反応する市場は，効率的市場（efficient market）と呼ばれている。効率的市場で形成された株価は，株式の理論的価値の偏りのない（unbiased）推定値であるといわれる。

| 効率的市場仮説 |

効率的市場仮説（efficient market hypothesis）は，「利用可能な情報」を3つに分類して，市場での価格形成に関する効率性（pricing efficiency）を議論している。1つめは，これまでの株価の動きや株式取引高の推移，信用取引残高の日々の動きといった「過去の情報」（past information）の意味内容はすでに現在の株価に完全に反映されている，とするウィーク型（weak form）の効率性である。

　2つめは，財務諸表や経営者の事業内容に関する記者発表などの公になって誰でも利用可能な「公表情報」（publicly available information）の意味内容を，それが公表されるや瞬時にそして正しく反映するように株価は形成される，とするセミ・ストロング型（semi-strong form）の効率性である。

　3つめは，株価は，過去の情報やいま公に利用可能となった情

報だけでなく，内部情報（inside information）までも織り込んでいる，とするストロング型（strong form）の効率性である。

アノマリーと行動ファイナンス

実際の株式市場が効率的市場かどうかは実証研究に委ねられる問題である。これまでおおむね効率的であることを支持する多くの実証研究が発表されてきたが，最近では，効率的市場仮説では説明できないアノマリー（anomaly）と呼ばれる現象や，投資家が時には合理的ではない行動をとることがあると報告する研究も増えてきている。投資家の情報に対する過剰・過小反応や群衆行動などが株式価値に及ぼす影響を認知心理学の研究成果を援用して解明しようとする研究分野は行動ファイナンス（behavioral finance）と呼ばれている（第15章参照）。

5 エージェンシー問題とコーポレート・ガバナンス

　株式会社が大規模化するに伴い，一方において，企業への出資を広く一般大衆に求めた結果，株式所有が高度に分散化し，他方において，企業経営が高度化・複雑化した結果，プロフェッショナルとしての専門経営者が登場した。専門経営者は必ずしも株主すなわち企業の所有者である必要性はなく，ここに所有と経営の分離（separation of ownership and management）とか所有なき経営と呼ばれる現象が多くの大企業で観察されるに至った。

　法律的には，会社の所有者である株主と経営者の関係は，株主を依頼人（principal）とし経営者を代理人（agent）とするエージェンシー関係にある。エージェンシー関係とは，代理人をして依頼人の利益となるように行動させる契約関係をいい，**エージェン**

シー問題とは，代理人が必ずしも依頼人の利益を第一として行動していないことから生じる問題をいう。経営者が必ずしも株主であるとは限らず，しかも，ほとんどの一般大衆株主は経営者を監督しようとする意思も手段ももたない少数株主であることから，株主と経営者の間にエージェンシー問題が発生する可能性が存在する。しかも，このエージェンシー問題は，経営者と株主の間で企業情報を同じ程度にもちえない状況，つまり情報の非対称性が深刻な場合，とくに大きくなりやすい。

さらに，状況によっては，株主と債権者との間の利害対立も起こりうる。とくに，赤字が続き債務不履行の発生が無視できない経営状況において，どの資本投資計画を採用するかをめぐってその可能性が大きい。

近年，経営者の放漫経営や会社ぐるみの反社会的行動による企業経営の行き詰まりが社会問題となってくると，会社は誰のものか，あるいは経営者の行動を規律づける有効な機構はどのようなものかが議論されるようになった。いわゆる **コーポレート・ガバナンス**（企業統治）の問題である。

経営者の利益と株主の利益を一致させる手段として，自社株を使った役員報酬制度が導入されている。さらに今日では，会社の持続的成長と中長期的な企業価値向上をめざして，東京証券取引所と金融庁は会社と機関投資家の双方に向けたコード（規範）を策定し，関係者にその遵守を求めている。第1に，上場企業にはコーポレートガバナンス・コード（2015年策定公表，2018，21年改訂）に従って透明・公正かつ迅速・果断な意思決定が求められ，第2に，株式投資を行う機関投資家にはスチュワードシップ・コード（2014年策定公表，2017，20年改訂）に従って投資先企業との建設的な「目的をもった対話」（エンゲージメント）に努めるこ

Column ① 日本的経営とアメリカ的経営
　　　　　——リンカーンの名言を借りて

　「異議なし！」。午後 5 時 48 分，社員株主が占める会場前方から拍手が沸き起こった。2002 年 5 月 23 日に開催された婦人服大手，東京スタイルの株主総会において，会社側提案のすべてが認められ，実質筆頭株主の投資顧問会社の M 社長が株主提案した配当の大幅増額など，すべての提案が否決された瞬間である。経営のあり方をめぐって経営陣と対立していた M 氏も，会社側からも歩み寄る提案が出されたことから，「一定の成果が得られた」と評価したようである。

　人民の（of the people），人民による（by the people），人民のための（for the people）政治——これは，デモクラシーの本質を一言で言い表したアメリカのリンカーン大統領の言葉として有名である。この言葉の本来の意味は，リンカーンが依拠した原典からして，「人民が（by），人民のために（for），人民を（of）治める政治」ということになっているようである（木村尚三郎ほか［1992］『続名言の内側』日本経済新聞社より）。

　さて，リンカーンの名言を借りて，日本的経営の問題を考えてみよう。of をわれわれが真っ先に考える「所有」を示す of とすると，アメリカ型の企業経営は，株主のもの（of the stockholder）である企業を，経営者によって（by the management），株主のために（for the stockholder）運営すること，といえるだろう。これに対して日本の場合は，形式的には株主のもの（of the stockholder）である企業を，経営者が（by the management），株主だけでなく，経営者，従業員，顧客，取引業者，地域社会，国家等々のもろもろの利害関係者の利益のために（for the stakeholder）運営するものと表現されるのであろうか（榊原茂樹［2004］「年金基金の株主行動主義とコーポレート・ガバナンス」濱村章編著『コーポレートガバナンスと資本市場』税務経理協会，第 3 章より）。読者の皆さんにもぜひ考えていただきたい問題である。

とが求められるなど，企業価値創造経営に向けた行動規範が整備
されてきている。

演習問題
Seminar

1　財務担当経営者（CFO）が担う 2 つの財務管理職能とは
何だろうか。

2　あなたの身の回りで、エージェンシー関係にあると思う
依頼人 – 代理人関係を例示してみよう。

参考文献 References

赤石雅弘・馬場大治・村松郁夫［1998］「構造変革期における我
　が国企業の財務行動（実態調査）」森昭夫・赤石雅弘編『構造
　変革期の企業財務』第 1 編，千倉書房。

新井富雄・高橋文郎・芹田敏夫［2016］『コーポレート・ファイ
　ナンス――基礎と応用』中央経済社。

砂川伸幸［2017］『コーポレートファイナンス入門』第 2 版，日
　本経済新聞出版社。

小山明宏［2019］『経営財務論』新訂第 5 版，創成社。

榊原茂樹・加藤英明・岡田克彦編著［2010］『行動ファイナンス』
　（現代の財務経営 9）中央経済社。

丹波康太郎編［1968］『財務管理概論』第 1 章，有斐閣。

花枝英樹［2005］『企業財務入門』白桃書房。

ブリーリー，R., S. マイヤーズ，F. アレン（藤井眞理子・国枝繁樹監訳）［2014］『コーポレート・ファイナンス』第 10 版，上・下，日経 BP 社。

ボディ，Z., R. C. マートン，D. L. クリートン（大前恵一朗訳）［2011］『現代ファイナンス論』第 2 版，ピアソン桐原。

森昭夫［1993］「財務管理の意義・特質・重要性」市村昭三・森昭夫編『財務管理の基礎理論』第 1 章，同文舘出版。

ロス，S., R. ウェスターフィールド，J. ジャフィー（大野薫訳）［2012］『コーポレートファイナンスの原理』第 9 版，金融財政事情研究会。

第**2**章 | 財務的意思決定の基礎

企業価値創造と割引キャッシュフロー法

Summary

Financial Management

　第1章で，企業の目標は企業価値の創造であるとされた。財務担当経営者はこの目標の達成のために，さまざまな計画を割引キャッシュフロー法を使って評価・選択すべきことを論じた。

　本章では，なぜ割引キャッシュフロー法が理論的に正しい方法であるのか，割り引かれる将来のキャッシュフローが評価時点で正確に予測できないときには，この不確実性の問題をどのように処理すべきか，提案された計画を割引キャッシュフロー法で評価・選択すると，なぜ企業価値ないし株式価値が最大化されるのか，といった基本的問題を解説する。

　さらにこれらの基本的問題を考えるときに，資本コストという概念が財務管理における重要な概念の1つであることを学習していく。割引キャッシュフロー法と資本コストが理解できたら，財務管理理論の基本的考え方をマスターできたといっても過言ではない。

　本章ではまた，後の章で学習するモジリアーニとミラーの有名な定理（MM定理）を，将来のことを確実に予測できると仮定して解説する。MM定理は，資本調達政策や配当政策と株式価値の関係を理論的に考えるときの出発点において依拠すべきフレームワークとして有効である。

最高経営責任者（chief executive officer：CEO）の役割は，企業のあるべき将来像を描き，その将来像と企業の現状とのギャップを認識し，そのギャップを埋めるための戦略的計画を策定・実行することにある。財務担当経営者（chief financial officer：CFO）は，その戦略的計画が株式価値（株主の富）の最大化の視点からみて正当化されるかどうかを，経済的に評価するという重要な責務を負っている。

　戦略的計画は，長年社内で研究開発を重ねてきた新製品の市場への投入，他社との合併，他社の一事業部門の買収，他社の発行済普通株の取得による経営権の獲得といった，企業の存続と成長のための投資プランである。

　経済的評価の対象が，企業全体であれ，新製品の市場投入プロジェクトであれ，さらには他社が発行した証券であれ，およそ資本の投下を必要とする計画の経済的評価は，その投資計画の実施によって将来得られると予想されるキャッシュインフロー（現金の流入）と，その計画の実施に必要なキャッシュアウトフロー（現金の流出）を比較することによって行われる。

　本章では，投資計画を評価するための合理的な方法，その方法と株式価値（株主の富）の最大化目標との関係など，財務的意思決定の基礎理論を解説していこう。

1 割引キャッシュフロー法

　都心に遊休地をもつ大江戸不動産は，5年間駐車場として活用する事業計画をもっている。駐車設備の設置のための当初投資額は4000万円で，1年後から毎年900万円の駐車料収入が見込ま

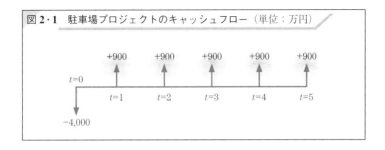

図2·1　駐車場プロジェクトのキャッシュフロー（単位：万円）

れている。この駐車場は隣地の金融機関が一括借上げしてくれるので，この900万円は確実な現金収入である。5年後のこの駐車設備の残存価値はゼロである，と仮定する。なお，この遊休土地を他の用途に活用すれば得られたであろう利益の断念（これは機会費用として扱われる）の問題は，ここでは簡単化のために考えない（正確な処理は第8章を参照）。

図2·1は，この駐車場プロジェクトのキャッシュフローを図解したものである。

貨幣の時間価値

では，このプロジェクトは採用に値するだろうか。5年間のキャッシュインフローの総額が4500万円で，当初投資額の4000万円を上回っているので，この投資プロジェクトは実施すべきである，と賃貸部門担当者が判断したとしよう。しかし，この判断は，現在手元にある1万円は1年後受け取る1万円よりも価値があるという事実を無視している。

いま1万円を年当たり5％の金利で1年間銀行に預金すると，1年後には図2·2(a)が示すように，1万500円（＝10,000(1＋0.05)）になる。さらにもう1年間預け続けると，2年後には図2·2(b)が示すように，1万1025円（＝10,000(1＋0.05)(1＋0.05)）となっている。

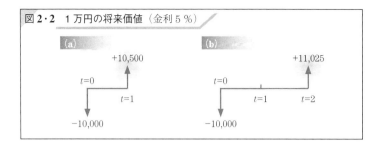

図2・2　1万円の将来価値（金利5％）

　お金が利息を生むという事実は，現在の1万円と将来の1万円は同じ価値をもつものではないことを意味している。このことを貨幣は時間価値をもつ（**貨幣の時間価値**〔time value of money〕）という。金利が5％であれば，現在の1万円は1年後の1万500円と同じ価値をもつと評価され，逆に，1年後の1万500円は現時点の1万円と同じ価値をもつと評価されるのである。したがって，異なる時点で受け取ったり支払ったりする現金収支を単純に加減できないのである。

　異なる時点の現金の収入と支出を加減するためには，異時点の現金を同じ時点の価値に換算することが必要である。この時点として，将来のある時点をとるか現在の時点をとるかのいずれかであるが，投資プロジェクトなどを評価しようとしている現時点の価値に換算するのが通例である。

複利計算と現在価値への割引計算

図2・2が示すように，金利が年当たり5％のとき，現在の1万円は2年後には1万1025円に成長している。この1万1025円は，次式で示される，

$$11,025 \text{円} = 10,000\,(1+0.05)^2$$
$$= 10,000 + 10,000 \times 0.05 + 10,000 \times 0.05$$
$$+ 10,000 \times 0.05 \times 0.05 \tag{2-1}$$

この（2-1）式の右辺は投資額（1万円），投資額に対して2年間に受け取る利息（500円＋500円），そして，1年目に受け取った利息に対する利息（500円×0.05）から成り立っている。

このように利息がそれぞれの期首の現金在高全体に対して計算される方式は**複利方式**（compound interest）と呼ばれる。これに対して，利息が最初の投資額に対してのみつく方式は**単利方式**（simple interest）と呼ばれ，現在のケースでは，1万円の投資は2年後には，

$$10,000 円 \Rightarrow 10,000 + 10,000 \times 0.05 + 10,000 \times 0.05$$
$$= 10,000(1 + 2 \times 0.05)$$
$$= 11,000 円$$

へ成長していく。

複利方式で金利が5％の場合の2年後の1万1025円は，現在の1万円の将来価値（future value，終価〔ending value〕）といい，逆に1万円は，2年後の1万1025円の現在価値（present value）という。

（2-1）式から，2年後の1万1025円の現在価値1万円は，次式のように計算される。

$$10,000 円 = \frac{11,025}{(1+0.05)^2} \tag{2-2}$$

1万円は2年後の1万1025円を現在価値に割り引く（discount to the present value）ことによって求められる。（2-2）式の手続きを**割引計算**（discounting）といい，現在価値に換算するために使用された5％を割引率（discount rate）という。割引計算は複利計算のちょうど逆の作業を行っていることになる。

正味現在価値ルール

前述の駐車場のプロジェクトの例に戻ろう。貨幣の時間価値を考慮すると，5年

間にわたって受け取る駐車料収入の現在価値（V_0）は，割引率を
5％とすると，

$$V_0 = \frac{900}{(1+0.05)} + \frac{900}{(1+0.05)^2} + \frac{900}{(1+0.05)^3}$$

$$+ \frac{900}{(1+0.05)^4} + \frac{900}{(1+0.05)^5}$$

$$= 900(0.952) + 900(0.907) + 900(0.864) + 900(0.823)$$

$$+ 900(0.784)$$

$$= 900(4.33) = 3,897 \qquad (2\text{-}3)$$

となる。この3897万円は，この投資プロジェクトの粗現在価値
（gross present value：GPV）と呼ばれる。

　将来の5年間にわたって毎年受け取る900万円のキャッシュ
インフローの現在価値が3897万円と計算されたので，この3897
万円は現在の投資額4000万円と直接比較することが可能である。
粗現在価値と当初投資額の差は**正味現在価値**（net present value：
NPV）といわれ，駐車場プロジェクトのケースでは，

$$正味現在価値＝粗現在価値－当初投資額$$

$$= 3,897 万円 － 4,000 万円$$

$$= －103 万円 \qquad (2\text{-}4)$$

となる。この投資プロジェクトは，すべてのキャッシュフローの
貨幣の時間価値を考慮に入れて評価すると，マイナスの正味現在
価値をもつので，採用されないことになる。

　貨幣の時間価値を考慮に入れて投資対象の経済性を評価し採用
か棄却かの判断を下す方法は，**正味現在価値法**（net present value
method：NPV法）と呼ばれている。NPV法によれば，プラスの
NPVをもつ投資案件は採用，マイナスのNPVをもつ投資案件は
棄却，ゼロのNPVをもつ投資案件は採否どちらでもよい，と判

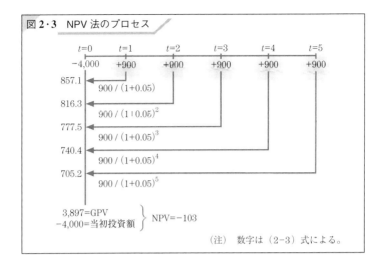

図2・3　NPV法のプロセス

$t=0$　　$t=1$　　$t=2$　　$t=3$　　$t=4$　　$t=5$
$-4,000$　$+900$　$+900$　$+900$　$+900$　$+900$

857.1 ← $900 / (1+0.05)$

816.3 ← $900 / (1+0.05)^2$

777.5 ← $900 / (1+0.05)^3$

740.4 ← $900 / (1+0.05)^4$

705.2 ← $900 / (1+0.05)^5$

$3,897$ = GPV
$-4,000$ = 当初投資額 ⎱ NPV=-103

（注）　数字は（2-3）式による。

断される。図2・3は，NPV法のプロセスを図式化したものである。

　将来のキャッシュフローを現在価値に割り引いて投資プロジェクトあるいは資産の価値を評価する方法は，**割引キャッシュフロー法**（discounted cash flow method：DCF法）といわれるが，NPV法はDCF法の一典型例である。

　なお，（2-3）式の3行目と4行目の式の括弧のなかの数字は，それぞれ，割引率を5％としたときの，1年後に受け取る1円の現在価値（＝0.952），2年後に受け取る1円の現在価値（＝0.907）等々を示しており，**現在価値割引係数**（present value discount factor：$PVDF_{r,N}$）と呼ばれる。

　一般にN年目末の1円の現在価値を求めるための現在価値割引係数は，割引率をrとすると，

$$PVDF_{r,N} = 1/(1+r)^N \qquad (2-5)$$

で表される。本書の巻末に，rとNの値が決まれば，$PVDF_{r,N}$のとる値を探し出すことのできる付表1が用意されている。

銀行の不良債権の処理の遅れが，1990年のバブル崩壊後の「失われた10年」から日本経済を脱却させる大きな足かせとなっていた。この遅れはさまざまな要因や銀行の貸出先に対する政策的判断に起因するが，なかでも不良債権と正常債権をどのように線引きするか，また不良債権の時価評価をどのように算定するか，といったきわめて主観的な判断の難しさにもあったことは否めない。

当時の竹中平蔵経済財政・金融担当相は，2002年12月，不良債権の価値評価に，アメリカではすでに行われていた割引キャッシュフロー法を適用すべきことを表明し，銀行業界に資産査定の厳格化，不良債権処理の加速を促した。この方法は本章で学習したが，融資先から将来にわたって回収できると予想される利息収入と貸付元本の返済収入の見込額（これが将来のキャッシュフローである。不良債権であるからかなり少なく見込むことになるであろう）を，適切な割引率を使って現在まで割り引いた現在価値が，その不良債権の現時点における時価評価額となる。この時価評価額と貸付元本との差額（通常は前者が後者を下回りマイナス）を費用処理していくことになる。

最近では，アイルランドの中央銀行は，2010年9月，日本の経験を参考に，リーマン・ショックで打撃を受けた銀行からできるだけ早く融資債権を時価で買い取り不良債権問題を処理すると表明している（買取り価格は平均して簿価の5割）。

さらに，（2-3）式の5行目の括弧のなかの数字（4.33）は，5年間にわたって毎年受け取る1円の，割引率を5％と想定したときの現在価値合計を表している。これは，あたかも今後5年間にわたって年末に1円を受け取っていく年金プランの現在価値合計を表しているので，**年金現価係数**（present value annuity factor：$\mathrm{PVAF}_{r,\,N}$）と呼ばれている。本書の巻末の付表2には，割引率rと年金を受け取る年数Nに特定の値を与えたときの，毎年の受

取額が 1 円の年金プランの現在価値が示されている。

リスクを考慮した現在
価値の計算方法

駐車場プロジェクトの駐車料収入は，幸いなことに隣地の金融機関の支店が 5 年間一括して借り上げてくれる契約なので，確実に手に入るキャッシュフローであった。

　もし将来のキャッシュフローが確実に予測できない，不確実な変数であるとすれば，これまで述べてきた割引キャッシュフロー法（DCF 法）は役に立たないのであろうか。DCF 法は，キャッシュフローが確実に予測できようができまいが，貨幣の時間価値を考慮に入れて投資案の価値を評価するための分析枠組みである。問題は不確実性の問題をどのように処理するかである。

　表 2・1 は，2000 万円の改築費用をかけて会社の家族寮を賃貸アパートに改装し 3 年間賃貸するプロジェクトの年間家賃収入の予想値である。これからの経済環境として，好景気，普通，不景気の 3 つのシナリオが描かれ，それぞれのシナリオの起こる確率とそのシナリオの下での予想家賃収入が見積もられている。たとえば，これからの 3 年間の経済状態が好景気となる確率は 25 ％で，その場合の予想家賃収入は年間 1200 万円になると予想されている（その他のシナリオのケースも同じように読めばよい）。なお，ここでも簡単化のために機会費用の問題は考えない。

　いま，将来に得られるキャッシュフローが確実な投資に適用される割引率が年当たり 6 ％だと仮定しよう。この投資は無リスクなので，将来のキャッシュフローを現在価値に換算するための割引は，貨幣が時間価値をもつことによる「時間に対する割引」（discount for time）である。

　賃貸アパートのプロジェクトからの将来の家賃収入は不確定なので，無リスクの投資に対する割引率 6 ％を使用できない。財務

表2·1　賃貸アパートの予想年間収入

将来の経済環境	好景気	普通	不景気
生起確率	0.25	0.50	0.25
予想家賃収入	1,200 万円	1,000 万円	800 万円

管理論では不確実な将来キャッシュフローを割り引いて現在価値を計算する方法として，2つの方法が提唱されている。

1つは，リスク調整割引率法（risk-adjusted discount rate method）であり，いま1つは確実性等価法（certainty equivalent method）である。この2つの方法は，理論的にはまったく同じ現在価値に到達する。

リスク調整割引率　リスク調整割引率法は，予想将来キャッシュフローの期待値を現在価値に割り引くための割引率として，貨幣の時間価値を考慮するだけでなく，その将来キャッシュフローの不確実性の程度を反映するようにリスク・プレミアムを加えたリスク調整割引率（risk-adjusted discount rate；たとえば，無リスク利子率6％にリスク・プレミアム6％を加えた12％）を用いて，投資プロジェクトの現在価値を求める方法である。

表2·1に要約されている賃貸アパートからの予想家賃収入の期待値（expected value〔確率をウェイトとする予想家賃収入の加重平均値〕）は，

　　　予想家賃収入の期待値
　　　　　　＝好景気が起こる確率×好景気のときの家賃収入＋普通の経済状態が起こる確率×普通の経済状態のときの家賃収入＋不景気が起こる確率×不景気のときの家賃収入

$$= 0.25 \times 1,200 万円 + 0.50 \times 1,000 万円 + 0.25 \times 800 万円$$

$$= 1,000 万円$$

となる。したがって，この賃貸プロジェクトからの予想キャッシュフローの現在価値は，リスク調整割引率が 12 ％であるから，

$$粗現在価値 = \frac{1,000}{(1+0.12)} + \frac{1,000}{(1+0.12)^2} + \frac{1,000}{(1+0.12)^3}$$

$$= 2,402 万円$$

となる（巻末の付表 1 や付表 2 を使って確認してみよう）。

この賃貸プロジェクトの初期投資額は改築費 2000 万円であったから，正味現在価値（NPV）は，

$$NPV = 粗現在価値 - 初期投資額$$

$$= 2,402 万円 - 2,000 万円$$

$$= 402 万円 > 0$$

となって，この投資プロジェクトは採用される。

| 確実性等価法 |

これに対して，**確実性等価法** は，割り引かれる不確実な将来キャッシュフローをなんらかの方法で「確実なものとみなせる金額」（確実性等価〔certainty equivalent〕）に換算し，その確実性等価を，無リスクの投資に適用される時間に対する割引率（リスクフリー・レート，この場合 6 ％）で現在価値に割り引く方法である。

確実性等価に換算する方法としては，

(1) 期待値に確実性等価係数（certainty equivalent factor：a，$0 < a < 1.0$）を掛けて確実性等価に変換する方法

(2) 期待値からリスク調整額を控除し，確実性等価に変換する方法

(3) リスク中立確率（risk-neutral probability）を使って確実性等価を算出する方法

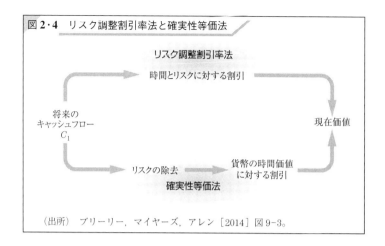

図2・4 リスク調整割引率法と確実性等価法

リスク調整割引率法

時間とリスクに対する割引

将来の
キャッシュフロー
C_1

現在価値

リスクの除去 → 貨幣の時間価値
に対する割引

確実性等価法

（出所）　ブリーリー，マイヤーズ，アレン［2014］図9-3。

の3つがある。

　表2・1の予想家賃収入の各年度の確実性等価がそれぞれ，946万円，896万円，848万円と計算されたとすると，この賃貸プロジェクトの粗現在価値は，各年度の予想キャッシュフローの確実性等価を無リスクの投資に適用される割引率6％で現在価値に割り引いて求められる（巻末の付表1を使って確認してみよう）。

$$粗現在価値 = \frac{946}{(1+0.06)} + \frac{896}{(1+0.06)^2} + \frac{848}{(1+0.06)^3}$$

$$= 2{,}402 万円$$

　この粗現在価値から賃貸プロジェクトの初期投資額2000万円を控除すると，正味現在価値は402万円となって，この投資プロジェクトは採用される。リスク調整割引率法も確実性等価法も，概念的には，投資プロジェクトの評価に関して同じ結論を導く。図2・4は，予測された将来キャッシュフローから現在価値に到達するまでの2つのルートを図示したものである。

2 正味現在価値法と株式価値の最大化

　割引キャッシュフロー法と正味現在価値法は，財務論が生み出した最も重要なアイディアの1つである。企業全体，1つの事業部門，新投資プロジェクトなど，およそあらゆる資産の価値は，その資産から将来得られるキャッシュフローの現在価値合計として算定される。

　では，経営者が正味現在価値法に従って財務的決定を行うと，株式価値（株主の富）は最大化されるのだろうか。本節では，正味現在価値がプラスとなる資産への投資だけが，株式価値の増加につながることを説明する。

```
資本コスト
```
　1年間の経営活動によって得られた当期の税引後純利益の700を，社内に留保して成長機会に再投資するか，配当金として分配するかを決める利益処分政策を例にとって，正味現在価値法と株式価値の最大化目標との関係を考えよう。

　単純化のために，この企業の経済命数は残り1年間と仮定する。既存事業から生み出される1年後の税引後当期純利益は今期と同じ700と予想されている。1年後のこの700は，清算配当として分配されることになっている。以下の議論では，既存事業にかかる数字は所与の定数として考慮しないこととする。

　表2・2には，4つの再投資機会（投資プロジェクトA〜D）が，その初期投資額と1年後のキャッシュフローとともに要約されている。投資プロジェクトの経済命数は1年で，次年度末のキャッシュフローは全額配当金として分配される。また，将来の予測を

表 2・2　4 つの投資プロジェクト

投資プロジェクト	初期投資額	1 年後のキャッシュフロー
A	300	315
B	100	160
C	100	102
D	200	360

確実に行える確実性世界を考える。したがって，表 2・2 のキャッシュフローは確実に実現する。さらに，企業と個人はともに 10 ％の市場利子率で自由に希望する金額だけ貸借可能であると仮定し，さらに税金も無視する（完全資本市場の仮定）。

　では，経営者は株式価値を最大限に高めるためには，4 つの投資プロジェクトのどれを実施すべきだろうか。この問題の解決のための 1 つの前提条件は，正味現在価値法を適用するときの割引率としてどの率を使用するかであるが，現在の確実性世界では，市場利子率 10 ％が適当である。もし企業が利益を配当金として株主に分配すれば，株主はそれを 10 ％の利子率で貸し付けて，確実に利益を得ることができる。したがって，企業が配当金として分配せずに社内に留保して新プロジェクトに投下するのであれば，しかも，その新プロジェクトからの利益が確実に実現するのであれば，株主は，経営者の新プロジェクトの実施に対して最低限 10 ％の利益をあげることを要求するはずだからである。

　調達された資本の投資にあたって現在の株式価値を維持するために最低限獲得しなければならない利益率を，財務論では**資本コスト**（cost of capital）と呼ぶ。この資本コストは，投資計画が超えなければならないハードル・レートとしての役割を果たし，投資計画からの将来キャッシュフローを割り引くための割引率として使用される。

正味現在価値法と株式 価値の最大化

経営者がある決定基準に従って採択すべき投資プロジェクトを決定し，そしてその投資決定から自動的に決まってくる配当政策をとれば，すべての株主たちに配当金額の希望調査を行わなくても，その投資・配当決定は株主全員が一致して賛成してくれるものとなり，株式価値の最大化が図られる。そのことを保証する投資決定基準が正味現在価値法である。

　正味現在価値法は，プラスの正味現在価値をもつ新投資計画案を採用すべし，という決定ルールである。現在の状況設定の下で資本コストは 10 ％であるから，表 2・2 の 4 つの投資プロジェクトの正味現在価値（NPV）は次のように計算される。

$$NPV\,(A) = -300 + 315/(1 + 0.10) = -13.64$$

$$NPV\,(B) = -100 + 160/(1 + 0.10) = 45.45$$

$$NPV\,(C) = -100 + 102/(1 + 0.10) = -7.27$$

$$NPV\,(D) = -200 + 360/(1 + 0.10) = 127.27$$

　正味現在価値法によれば，経営者はプロジェクト B と D を採用すべきである。この 2 つのプロジェクトを実行したときの正味現在価値 NPV（B & D）は，

$$NPV\,(B\,\&\,D) = -100 + \frac{160}{(1 + 0.10)} - 200 + \frac{360}{(1 + 0.10)}$$

$$= 45.45 + 127.27 = 172.72$$

となる。A と C の正味現在価値はマイナスであるから，プロジェクト B と D を実行する投資計画案は，最大の正味現在価値をもたらすプランである。

　経営者がプロジェクト B と D を実行すると，今期の配当金（DIV_0）と来期の（新プロジェクトからの）配当金（DIV_1）は自動的に，400 と 520 となる。このような配当政策は，投資（＝留保）

政策が決まると，その残余として配当金額が決まってくることから，**残余配当アプローチ**（residual dividend approach）と呼ばれる。

したがって，将来の配当金の現在価値 PV（DIV）は，

$$PV\,(DIV) = DIV_0 + \frac{DIV_1}{(1+0.10)}$$

$$= 400 + 520/(1+0.10) = 872.73$$

となる。配当流列の現在価値は，経営者がプロジェクトBとDを実行した場合に最大となっている（前述の仮定により，既存事業から発生する配当金は既知の定額なので，結論に影響しない）。

株式価値 は，株主であることによって将来にわたって得られるキャッシュフロー，すなわち将来の配当の流列を現在に割り引いて求めた現在価値に等しい。経営者の役割は，NPV がプラスのプロジェクト（BとD）を探索し，実行することである。そのことを通じてのみ，経営者は株式価値を最大にし，株主の付託に応えることができる。

| 会社配当と自家製配当 |

経営者がプラスの正味現在価値をもつプロジェクトを実行し，将来配当の現在価値を最大にしてくれると，株主側は，企業から提供される今期と来期の配当の時間的パターン（$DIV_0 = 400$，$DIV_1 = 520$）を，自分たちが個人的に望む時間的パターンへと，資本市場での貸借を通じて変換することができる。

今期 500 の配当を望んでいた株主は，来期の受取配当を担保に不足額 100 を 10％の利子率で借金し，自分自身で現金を捻出すればよい。その代わり，来期の消費可能現金額は，会社配当 520 から借入金の元利合計 110（＝100×（1+0.10)）を返済した残りの 410 となる（本来なら持株数に応じた配当金の数値で議論すべきであるが，簡単化のために，あたかも株主が一人であるかのように

論述している）。

　他方，今期100の配当でよい株主は余分の300を10％の利子率で市場で貸し付けておけばよい。この株主の来期の消費可能額は，会社配当520に貸付金の元利合計額330（＝300×(1+0.10)）を加えた850となって，新車の購入に充てることができる。

　このように，資本市場での貸借行為によって，会社配当の時間的パターンを自分の望む消費の時間的パターンへと変換できる。会社配当の時間的調整のための資本市場での株主の側の借入れや貸付は，**自家製配当**（homemade dividend）と呼ばれている。

配当政策と株式価値の関係

大株主が経営者にゴリ押しして500の配当金支払いを強要したので，200の内部留保額だけでは最適投資政策（プロジェクトBとDの採用）を実行できなくなったとしよう。しかしこの場合でも，経営者が資本市場で10％の利子率で100だけ借金して，プロジェクトBとDを実行すればよいのである。このケースでの会社配当は，今期の配当＝500，来期の配当＝520－100（1＋0.10）＝410という時間的パターンをとり，その現在価値は，

$$PV(DIV) = DIV_0 + \frac{DIV_1}{(1+0.10)}$$

$$= 500 + 410/(1+0.10) = 872.73$$

となる。この872.73は，経営者が最適投資政策を実施するに必要な金額300を内部留保し，残額400を配当した場合とまったく同じ数字である。ここでも配当の現在価値としての株式価値は最大化されている。

　以上のように，経営者が正味現在価値法に従って最適投資決定を行っているかぎり，当期純利益のうちどれだけを配当金として支払うかという配当政策決定は，株式価値と無関係である。これ

を**配当無関連命題**（dividend irrelevance theorem）という。株式価値はただ，経営者がどのような投資計画を実行するかによってのみ決まるのである。この配当無関連命題はミラー（M. H. Miller）とモジリアーニ（F. Modigliani）によって詳しく主張されたが（M. H. Miller and F. Modigliani［1961］"Dividend Policy, Growth, and the Valuation of Shares," *Journal of Business*, Vol. 34, No. 4），本書の第**13**章で詳しく論述される。

資本調達政策と株式価値の関係

これまでの議論がすでに示唆しているように，正味現在価値法に従って決定された最適投資計画を，留保利益で資本調達しようが，借入金で資本調達しようが，株式価値に違いはなく，872.73 であった。このことは，ある特定の資本調達方法をとることによって，その他の方法をとった場合と比較して，株式価値をより高めることはできないことを示している。これを，**資本構成無関連命題**（capital structure irrelevance theorem）というが，モジリアーニとミラー（F. Modigliani and M. H. Miller［1958］"The Cost of Capital, Corporation Finance and the Theory of Investment," *American Economic Review*, Vol. 48, No. 3）によって主張されたのでとくに **MM 命題** と呼ばれている。この MM 命題は本書の第**4**章と第**12**章で詳しく論じられる。

本章で学んだキーワード

貨幣の時間価値　複利方式　単利方式　割引計算　正味現在価値　正味現在価値法　割引キャッシュフロー法　現在価値割引係数　年金現価係数　リスク調整割引率法　確実性等価法　資本コスト　残余配当アプローチ　株式価値　自家製配当　配当無関連命題　資本構成無関連命題　MM 命題

演習問題
Seminar

1 1年後に500万円，2年後に300万円，3年後に200万円を受け取る年金プランAと，1年後に200万円，2年後に300万円，3年後に500万円を受け取る年金プランBとがある。割引率を10％とすると，2つの年金プランの現在価値はいくらだろうか。

2 上の2つの年金プランはともに3年間で1000万円の年金額を受け取ることになる。3年間の年金総額が同額であるのに，両年金プランの現在価値に差があるのはなぜだろうか。

3 経営拡大路線をひた走る経営者が表2・2のプロジェクトのBとDに加えてAも実行し，かつ，残余配当アプローチを採用したとする。このときの配当の現在価値としての株式価値を計算し，経営者が本文で解説された最適投資決定を行ったときの株式価値と比較してみよう。

4 大株主が経営者にゴリ押しして，300の配当金支払いを強要したので，400を内部留保した。このとき，経営者は株式価値を最大にするために，いかなる政策をとるべきか。

参考文献　　　　　　　　　　　　　　　　　　　　**References**

榊原茂樹・砂川伸幸［2009］『価値向上のための投資意思決定』（現代の財務経営2）中央経済社。

ブリーリー，R., S. マイヤーズ，F. アレン（藤井眞理子・国枝繁樹監訳）［2014］『コーポレート・ファイナンス』第10版，上・下，日経BP社。

マッキンゼー・アンド・カンパニー，コラー，T., フーカート，M., D. ウェッセルズ（マッキンゼー・コーポレート・ファイナンス・グループ訳）［2022］『企業価値評価』第7版，上・下，ダイヤモンド社。

第**3**章 財務諸表と財務分析

会計は世界共通のビジネス言語

Summary

Financial Management

コーポレート・ファイナンスと会計は表裏一体の関係にある。会計がわからなければファイナンスを深く理解することができないし，逆に，ファイナンスを学ばなければ会計は実に味気のない学問になってしまう。会計は，とりわけファイナンスの企業評価やファンダメンタル分析といった領域と関連性が深く，実際に株式投資を行う際には，投資先企業に関する多くの情報を提供してくれる。「投資の神様」として知られるウォーレン・バフェットは，会計の重要性を事あるごとに説いている。あるとき，バフェットは，ビジネス・パートナーの娘さんに大学で何を専攻したらよいかという質問を受け，「会計を学びなさい，会計はビジネスの言語です」と答えたというエピソードが残されている。

本章では，最初に，基本財務諸表と呼ばれる，貸借対照表，損益計算書，株主資本等変動計算書，キャッシュフロー計算書の4つの計算書のそれぞれの役割とそれらの相互関係について学ぶ。基本財務諸表の各々の機能や相互の関係を学ぶことは，会計の全体像を把握するのに役立つ。次に，財務分析を，収益性の分析，安全性の分析，成長性の分析，市場価値の分析の4つの観点に分けて，それぞれの分析に用いる財務比率について学ぶ。ファイナンスをよく理解するためには，遠回りに思えるかもしれないが，会計を学ぶべきであろう。

1 財 務 諸 表

基本財務諸表 ）企業の行うさまざまな経済活動は金額に
よって測定され，会計情報として利用者
に伝えられる。しかしながら，会計情報はそのすべてが利用者に
伝達されるわけではなく，一般に財務諸表と呼ばれる要約された
計算書によって伝えられる。財務諸表には多くの計算書が含まれ
るが，そのなかでもとくに重要性の高い，**貸借対照表，損益計算
書，株主資本等変動計算書，キャッシュフロー計算書** の４つの計
算書は，**基本財務諸表** と呼ばれる。**図3・1** は，基本財務諸表に
含まれる各計算書の機能を簡潔にまとめたものである。

また企業は，法的に別個の法人格を有する独立した存在である
ので，個々の企業を単位とする個別財務諸表を作成する必要があ
る。さらに今日の企業は，それぞれ独立した会社として存在する
だけではなく，経済的・実質的な支配従属関係を通じて，複数の
企業によって企業集団を構成して行動していることが多い。その
際，他の会社を支配している会社を親会社といい，親会社によっ
て支配されている会社を子会社という。そして，この企業集団を
あたかも単一の組織体と考え，各構成企業の個別財務諸表を総合
して親会社によって作成される企業集団の財務諸表を連結財務諸
表という。この連結財務諸表を作成することにより，個別財務諸
表からだけでは得られない企業集団に関する情報が利用可能とな
る。

貸借対照表 ）貸借対照表は企業の一定時点（決算日）
における **財政状態** を示す計算書であり，

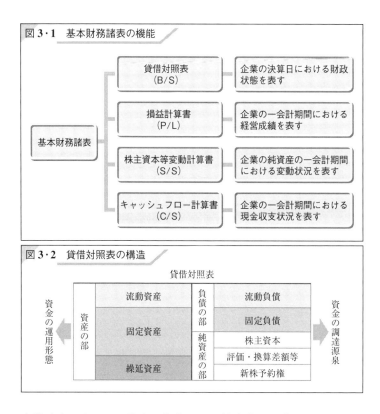

図3・1 基本財務諸表の機能

基本財務諸表	貸借対照表 (B/S)	企業の決算日における財政状態を表す
	損益計算書 (P/L)	企業の一会計期間における経営成績を表す
	株主資本等変動計算書 (S/S)	企業の純資産の一会計期間における変動状況を表す
	キャッシュフロー計算書 (C/S)	企業の一会計期間における現金収支状況を表す

図3・2 貸借対照表の構造

当該時点のすべての資産，負債および純資産が記載されている。さらに，資産の部は流動資産，固定資産および繰延資産に，負債の部は流動負債と固定負債に，純資産の部は株主資本，評価・換算差額等および新株予約権に細分される。

　貸借対照表の資産の部は，企業によって調達された資金がどのように運用されているのかという資金の 運用形態 を示している。それに対して，負債の部と純資産の部は，企業がどこから資金を調達してきたのかという資金の 調達源泉 を示している。負債は債権者から調達してきた資金を示し，将来，債権者にその資金を

返済すべき性格をもっているので他人資本とも呼ばれる。一方，純資産は，主として株主等から調達した資金を示し，それは企業に留めて使用できるので自己資本とも呼ばれる。なお図3・2は，貸借対照表の基本的な構造を示したものである。

損益計算書は，企業のある一定の会計期間の 経営成績 を示す計算書である。一会計期間に属するすべての収益とこれに対応するすべての費用を1つの表にまとめ，収益と費用の差額として求められる利益の計算過程を示している。さらに損益計算書では，利益の発生過程を明らかにするため，営業損益計算，経常損益計算，純損益計算の順に，利益を段階的に計算している。この区分表示によって，各段階の利益である，売上総利益，営業利益，経常利益，税引前当期純利益，当期純利益の5つの利益が，以下の3つの手順で計算表示される。

第1に，営業損益計算では，最初に売上高から売上原価を控除して売上総利益を計算する。売上総利益は，商品や製品を販売した利益であり，粗利とも呼ばれる利益である。次に，売上総利益から販売費及び一般管理費（販管費）を控除して営業利益を計算する。販管費は営業費とも呼ばれ，広告宣伝費や研究開発費あるいは経理部や人事部のような一般管理部門で働く人の給与等が含まれる。なお営業利益は，本業による儲けを示す利益である。

第2に，経常損益計算では，営業利益に資金の調達やその運用に関する財務活動等から生じる収益と費用（受取利息，受取配当金，支払利息等）を加減して，経常利益を計算する。経常利益は，毎期繰り返して生じる利益であり，業績の尺度として重要な意味をもっている。

第3に，純損益計算では，経常利益に前期損益修正額，固定資

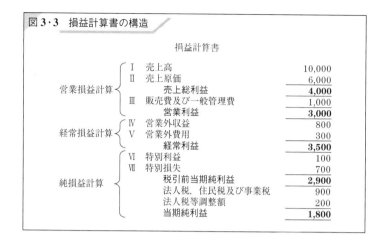

図3・3 損益計算書の構造

損益計算書

営業損益計算	I	売上高	10,000
	II	売上原価	6,000
		売上総利益	**4,000**
	III	販売費及び一般管理費	1,000
		営業利益	**3,000**
経常損益計算	IV	営業外収益	800
	V	営業外費用	300
		経常利益	**3,500**
純損益計算	VI	特別利益	100
	VII	特別損失	700
		税引前当期純利益	**2,900**
		法人税，住民税及び事業税	900
		法人税等調整額	200
		当期純利益	**1,800**

産売却損益，災害損失等の臨時的・偶発的に発生した損益を加減して当期純利益を計算する。なお図3・3は，損益計算書の基本的な構造を示したものである。

株主資本等変動計算書　株主資本等変動計算書は，貸借対照表の「純資産の部」の一会計期間における変化を示したものである。純資産を株主資本，評価・換算差額等，新株予約権の3つの項目に区分し，各項目を横に並べて期中における変化を明らかにしている。従来は，利益処分（損失処理）計算書が基本財務諸表の1つとされていたが，会社法の施行に伴い，剰余金の配当が決算の確定手続きとは無関係に随時行うことができるようになったことや，評価・換算差額等の内訳項目が増加したことに伴って，株主資本等変動計算書と名称も変更されることとなった。

　株主資本等変動計算書からは，配当支払額や自己株式の取得に関する情報等が入手可能である。なお図3・4は，株主資本等変動計算書の基本的な構造を示したものである。

株主資本等変動計算書

	株主資本	評価・換算差額等	新株予約権	純資産合計
当期首残高	3,000	2,000	1,000	6,000
当期変動額				
剰余金の配当	△500			△500
当期純利益	1,100			1,400
自己株式の取得	△100			△100
株主資本以外の項目の				
当期変動額（純額）		300		300
当期変動額合計	800	300	—	1,100
当期末残高	3,800	2,300	1,000	7,100

キャッシュフロー計算書

　キャッシュフロー計算書は，一会計期間におけるキャッシュフローの状況を，営業活動によるキャッシュフロー，投資活動によるキャッシュフロー，財務活動によるキャッシュフローの3つの活動別に区分して表示する計算書である。なおキャッシュフローとは，資金の流れを意味しており，キャッシュフロー計算書が対象とする資金の範囲は，現金及び現金同等物であるので，貸借対照表の現金預金とは一致しない。

　ここでいう現金とは，手元現金および当座預金，普通預金，通知預金等の要求払預金を意味している。一方，現金同等物は，容易に換金可能であり，かつ価値の変動についてわずかなリスクしか負わない短期の投資を意味している。たとえば，取得日から満期日または償還日までの期間が3ヵ月以内の短期投資である定期預金，譲渡性預金，コマーシャル・ペーパーなどが現金同等物に含まれる。なお図3・5は，キャッシュフロー計算書の基本的な構造を示したものである。

財務諸表の相互関係

　財務諸表に含まれる各計算書は単独で作成されるのではなく，相互に関連する数

図3・5 キャッシュフロー計算書の構造

キャッシュフロー計算書

Ⅰ	営業活動によるキャッシュフロー	600
Ⅱ	投資活動によるキャッシュフロー	△300
Ⅲ	財務活動によるキャッシュフロー	200
Ⅳ	現金及び現金同等物の増加額	500
Ⅴ	現金及び現金同等物の期首残高	450
Ⅵ	現金及び現金同等物の期末残高	950

値に基づいて作成されている。したがって，この計算書間の相互の関連性を理解することは，財務諸表の全体像を把握するために重要である。図3・6は，貸借対照表，損益計算書，株主資本等変動計算書，キャッシュフロー計算書の4つの計算書の相互関係を示したものである。どの計算書の数値が，どの計算書の数値と結び付いているのかを丁寧に確認してほしい。

2 財務分析

財務分析 とは，貸借対照表や損益計算書といった財務諸表に記載されている数値から得られる **財務比率** を用いて，対象企業の特性をさまざまな観点から評価するものである。財務分析の手法には，当該企業の財務比率の変遷を時系列で調査する時系列比較法と，同時点における当該企業とその同業他社との財務比率を比較するクロスセクション法がある。

また財務分析はさまざまな観点から行われるが，収益性の分析，安全性の分析，成長性の分析，市場価値の分析の4つの観点から実施されることが多い。図3・7は，それぞれの分析を実施する際に用いられる財務比率を一覧にまとめたものである。

図3・6 財務諸表の相互関係

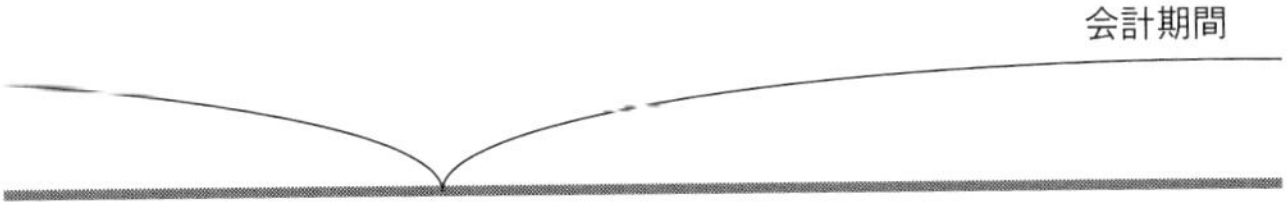

会計期間

期首貸借対照表

（資産の部）		（負債の部）	
		負債合計	400
		（純資産の部）	
		株式資本	
		資本金	300
		資本剰余金	100
		利益剰余金	120
		×××	
		純資産合計	600
資産合計	1,000	負債純資産合計	1,000

キャッシュフロー計算書

営業活動によるキャッシュフロー	
税引前当期純利益	30
×××	×××
投資活動によるキャッシュフロー	
×××	×××
財務活動によるキャッシュフロー	
×××	×××
現金及び現金同等物の増加額	×××
現金及び現金同等物の期首残高	×××
現金及び現金同等物の期末残高	×××

損益計算書

売上高
売上原価
　売上総利益
販売費及び一般管理費
　営業利益
営業外収益
営業外費用
　経常利益
特別利益
特別損失
　税引前当期純利益
法人税，住民税及び事業税
法人税等調整額
　当期純利益

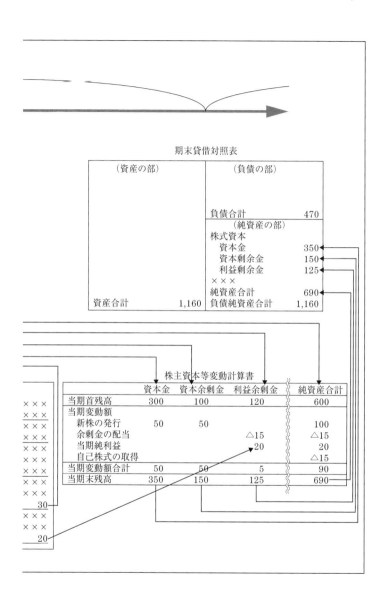

期末貸借対照表

（資産の部）		（負債の部）	
		負債合計	470
		（純資産の部）	
		株式資本	
		資本金	350
		資本剰余金	150
		利益剰余金	125
		×××	
		純資産合計	690
資産合計	1,160	負債純資産合計	1,160

株主資本等変動計算書

	資本金	資本余剰金	利益余剰金	純資産合計
当期首残高	300	100	120	600
当期変動額				
新株の発行	50	50		100
余剰金の配当			△15	△15
当期純利益			20	20
自己株式の取得				△15
当期変動額合計	50	50	5	90
当期末残高	350	150	125	690

×××
 ×××
 ×××
 ×××
 ×××
 ×××
 ×××
 ×××
 30
 ×××
 ×××
 20

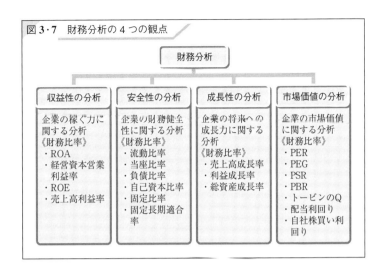

図3・7　財務分析の4つの観点

```
                    ┌──────────┐
                    │  財務分析  │
                    └──────────┘
        ┌──────────────┬──────────────┬──────────────┐
```

収益性の分析	安全性の分析	成長性の分析	市場価値の分析
企業の稼ぐ力に関する分析《財務比率》 ・ROA ・経営資本営業利益率 ・ROE ・売上高利益率	企業の財務健全性に関する分析《財務比率》 ・流動比率 ・当座比率 ・負債比率 ・自己資本比率 ・固定比率 ・固定長期適合率	企業の将来への成長力に関する分析《財務比率》 ・売上高成長率 ・利益成長率 ・総資産成長率	企業の市場価値に関する分析《財務比率》 ・PER ・PEG ・PSR ・PBR ・トービンのQ ・配当利回り ・自社株買い利回り

3 収益性の分析

資本利益率と売上高利益率

　財務分析において最も重要な視点は企業の収益性であり，その収益性を計る尺度に用いられる指標が資本利益率と売上高利益率である。

　資本利益率は，その分母である資本と分子である利益に何を用いるかによってさまざまな種類があるが，次の3つが最もよく用いられる。

$$資本利益率（％）＝\frac{利益}{資本}×100 ％$$

・総資産事業利益率（ROA）

・経営資本営業利益率

・自己資本純利益率（ROE）

売上高利益率 は，売上高に対する利益の割合を計る尺度であり，損益計算書のどの段階の利益を用いるかによってさまざまな種類があるが，次の3つがよく用いられる。

$$売上高利益率（\%）= \frac{利益}{売上高} \times 100\ \%$$

・売上高営業利益率
・売上高経常利益率
・売上高当期純利益率

総資産事業利益率（ROA）

総資産事業利益率とは，企業全体の観点から，資本の収益性を分析しようとする指標である。なお，総資産と総資本は等しいので，総資産事業利益率は総資本事業利益率と呼ばれることもある。

$$総資産事業利益率（\%）= \frac{事業利益}{総資産} \times 100\ \%$$

分母である総資産（総資本）とは，自己資本と他人資本を合計した企業のすべての資本である。

総資産＝自己資本＋他人資本

分子である事業利益とは，営業利益に金融収益（受取利息＋受取配当金＋有価証券利息）を加えた，事業全体の成果を表す利益である。

事業利益＝営業利益＋金融収益

また，総資産事業利益率は，しばしば，**ROA**（return on assets）と略称される。

経営資本営業利益率

経営資本営業利益率 とは，本業の営業活動である生産および販売に投下された経

営資本の収益性を測定する指標である。

$$経営資本営業利益率（\%）= \frac{営業利益}{経営資本} \times 100 \%$$

　分母である経営資本とは，企業本来の営業活動に投下された資本であるので，総資産（総資本）から企業本来の営業活動に投下されていない資産を控除して算定する。

$$経営資本 = 総資産 - \begin{cases} ①流動資産のうちの「現金預金，有価証券，短期貸付金」 \\ ②固定資産のうちの「投資その他の資産」 \\ ③有形固定資産のうちの「建設仮勘定」 \\ ④「繰延資産」 \end{cases}$$

　分子である営業利益は，企業の本来の営業活動から得られた利益である。

自己資本純利益率（ROE）

自己資本純利益率とは，株主の観点から，自分が会社に出資した金額に対する収益性を分析しようとする指標である。

$$自己資本純利益率（\%）= \frac{当期純利益}{自己資本} \times 100 \%$$

　分母である自己資本とは，株主資本とも呼ばれ，株主が出資した金額のことである。分子である当期純利益は，他人資本提供者への利子の支払いや国に対する法人税支払い後の最終的に株主に帰属する利益である。また，自己資本純利益率は，しばしばROE（return on equity）と略称される。

資本利益率の分解

資本利益率は，売上高利益率と資本回転率とに分解することができる。なお，資

本回転率は資産回転率と呼ばれることもある。

$$資本利益率 = \frac{利益}{資本} = \frac{利益}{売上高} \times \frac{売上高}{資本}$$

資本利益率（％）＝売上高利益率（％）×資本回転率（回転）

つまり，資本利益率は，「加算される付加利益（売上高利益率）」の大きさと「その営業循環を年に何回繰り返す（資本回転率）」ことができるかによって決定されるといえる。

したがって，資本利益率を向上させるためには，売上高の向上およびコストの削減を通じて売上高利益率を向上させることが重要であるとともに，生産→販売→資金回収→生産といった資本の循環活動の効率性を高めて，資本回転率を引き上げることが大切であるといえる。

_____
ROE の分解
_____

自己資本純利益率（ROE）が高いということは，株主から調達した資金を効率的に運用しているということを意味しており，「ROE10％以上」といった目標値を掲げる会社も多い。そこで，ROE の向上に資する分析を行うために，ROE を以下のように３つに分解する。

自己資本純利益率（ROE）

$$= \frac{当期純利益}{売上高} \times \frac{売上高}{総資産} \times \frac{総資産}{自己資本}$$

右辺の第１項である当期純利益／売上高は売上高純利益率，第２項である売上高／総資産は総資産回転率，第３項である総資産／自己資本は財務レバレッジを意味している。

ROE＝売上高純利益率×総資産回転率×財務レバレッジ

つまり，ROE を向上させる方法には，前項の「資本利益率の分解」で述べたように，売上高利益率の向上と資本循環活動の効率性を高める以外に，財務レバレッジの比率を高める方法もある

といえる。このようにROEを3指標に分解して分析する手法は，アメリカの化学会社であるデュポン社が考案したことから「デュポン分析」と呼ばれる。

ROE と ROA の関係

ROE と ROA には以下のような関係が存在する（式の展開については *Column* ③を参照）。

$$ROE = \left\{ ROA + (ROA - 負債利子率) \times \frac{負債}{自己資本} \right\}$$
$$\times (1 - 法人税率)$$

右辺の負債を自己資本で除した比率は，**財務レバレッジ**と呼ばれるものである。なお財務レバレッジとは，負債を利用することによって資産が自己資本の何倍になるかを表したもので，分母には自己資本が用いられるが，分子には総資産を用いる場合と（前項を参照），負債を用いる場合が存在する。

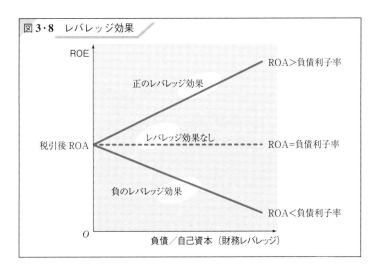

図**3・8** レバレッジ効果

Column ③ ROE と ROA の関係の証明 ∽∽∽∽∽∽∽∽∽∽∽∽

最初に,

　ROE：自己資本純利益率

　ROA：総資産事業利益率

　D　：負債

　E　：自己資本

　i　：負債利子率

　t　：法人税率

と表すこととする。このとき,事業利益と負債利子は,それぞれ,以下の(1)式と(2)式で表せる。

$$事業利益＝総資産×ROA＝(E＋D)×ROA \qquad (1)$$

$$負債利子＝D×i \qquad (2)$$

次に,(1)式から(2)式を差し引くと以下の(3)式が得られる。

$$事業利益－負債利子＝E×ROA＋D×(ROA－i) \qquad (3)$$

ここで,金融収益は営業外収益,負債利子は営業外費用と等しいと仮定すると,

$$事業利益－負債利子＝営業利益＋金融収益－負債利子$$
$$＝営業利益＋営業外収益－営業外費用$$
$$＝税引前当期純利益$$

となるので,(3)式の左辺は税引前当期純利益と等しくなり,以下の(4)式のように表せる。

$$税引前当期純利益＝E×ROA＋D×(ROA－i) \qquad (4)$$

さらに,(4)式から税金を差し引くと,以下の(5)式が得られる。

$$当期純利益＝\{E×ROA＋D×(ROA－i)\}×(1－t) \qquad (5)$$

最後に,(5)式の両辺を自己資本であるEで割ると,以下の(6)式が得られる。

$$ROE＝\left\{ROA＋(ROA－i)×\frac{D}{E}\right\}×(1－t) \qquad (6)$$

この(6)式の表記を改めると,本章第3節のROEとROAの関係式が得られる。

$$ROE＝\left\{ROA＋(ROA－負債利子率)×\frac{負債}{自己資本}\right\}$$

$\times (1-$法人税率$)$

〰〰〰〰〰〰〰〰〰〰〰〰〰〰〰〰〰〰〰〰〰〰〰〰〰〰〰〰

$$財務レバレッジ = \frac{総資産}{自己資本} \quad または \quad \frac{負債}{自己資本}$$

ROE と ROA の関係式は，ROA が負債利子率を上回る場合には，財務レバレッジを上げることによって ROE が向上する（正の財務レバレッジ）ということを意味しており，逆に，ROA が負債利子率を下回る場合には，財務レバレッジを上げると ROE が低下する（負の財務レバレッジ）ということを意味している。なお図 **3·8** は，ROE と ROA の関係を財務レバレッジの観点から図示したものである。

4 安全性の分析

財 務 安 全 性 〕財務分析において，収益性の分析と並んで重視されるのが財務安全性（債務返済能力）の分析であり，しばしば，以下の3つの観点から分析される。

(1) 短期的な支払能力の分析
  ・流動比率
  ・当座比率
(2) 資金調達の構成を分析
  ・負債比率
  ・自己資本比率
(3) 長期資金と固定資産への運用の関係を分析

・固定比率

・固定長期適合率

短期的な支払能力の分析

短期的な財務安全性の分析指標としては，流動比率と当座比率が用いられる。**流動比率**は，運転資本である流動資産を処分して，短期的（1年以内）に支払わなければならない流動負債を返済できるかどうかを表す指標である。流動比率は200％以上であることが，安全性の一応の目安とされている。

$$流動比率（\%）＝\frac{流動資産}{流動負債}×100\ \%$$

当座比率は，流動資産のなかで換金性の低い棚卸資産（商品，製品，仕掛品）を除いた当座資産のみを支払手段として，短期的（1年以内）に支払わなければならない流動負債を返済できるかどうかを表す指標である。当座比率は，100％以上であることが，安全性の一応の目安とされている。

$$当座比率（\%）＝\frac{当座資産}{流動負債}×100\ \%$$

当座資産＝現金預金＋売上債権＋短期有価証券

資金調達の構成を分析

長期的な観点から企業の財務安全性をみる方法の1つとして，企業の資金調達の構成を分析する方法があり，分析指標としては，負債比率と自己資本比率が用いられる。

負債比率は，自己資本に対する負債の比率を表しており，負債比率が大きいほど財務リスクが大きいと判断できる。

$$負債比率（\%）＝\frac{負債}{自己資本}×100\ \%$$

自己資本比率は，総資産に占める自己資本の割合を示してい

る。自己資本比率が高いほうが，返済義務のない財源からより多くの資金を調達しているといえるので，財務リスクは低い。

$$自己資本比率（\%）= \frac{自己資産}{総資産} \times 100\,\%$$

長期的な観点から企業の財務安全性を分析するもう1つの方法は，長期的な資金運用が短期的な資金調達によってなされていないかどうかを分析する方法である。そのために用いられるのが，固定比率と固定長期適合率である。

長期資金と固定資産への運用の関係を分析

固定比率 は，固定資産を自己資本で除した比率である。固定比率の背後にある考え方は，長期的な資金運用形態である設備投資は，返済の必要のない自己資本で賄われるべきであるとする考え方である。したがって，固定比率は，100％が一応の目安とされている。

$$固定比率（\%）= \frac{固定資産}{自己資本} \times 100\,\%$$

固定長期適合率 は，固定資産を自己資本と固定負債の合計で除した比率である。固定長期適合率の背後にある考え方は，長期的な資金運用形態である設備投資は返済の必要のない自己資本で賄われるべきであるが，それを超過する分は，少なくとも，社債・長期借入金といった固定負債で賄われるべきであるとする考え方である。

$$固定長期適合率（\%）= \frac{固定資産}{自己資本＋固定負債} \times 100\,\%$$

5 成長性の分析

成長性分析とは，企業の売上高，利益，総資産などの数値が一定期間にどの程度変化しているかを測定することで，企業の成長度合いを分析するものである。

成長率の測定期間としては，前年からの1年間の成長率を測る前年比成長率（year-over-year growth rate），

$$前年比成長率（\%）= \frac{当年数値 - 前年数値}{前年数値} \times 100\ \%$$

過去5年間の平均成長率を測る5年平均成長率（compound annual growth rate），

$$5年平均成長率（\%）= \left\{ \left(\frac{当年数値}{5年前数値} \right)^{\frac{1}{5}} - 1 \right\} \times 100\ \%$$

当年のある四半期を前年の同一四半期と比較する前年同四半期比成長率（quarter-on-quarter growth rate），

前年同四半期比成長率（\%）

$$= \frac{当年四半期数値 - 前年四半期数値}{前年四半期数値} \times 100\ \%$$

などがある。

売上高成長率 は前期から当期にかけての売上高の変化を表しており，企業の成長性を表す最も代表的な指標である。

$$売上高成長率（\%）= \frac{当期売上高 - 前期売上高}{前期売上高} \times 100\ \%$$

売上高成長率がプラスであるということは，通常，企業の事業規模が拡大していることを意味している。しかしながら，たとえ売上高成長率がプラスであっても，それが市場成長率や物価上昇率を下回っている場合には，実質的には売上高の減少が起きていることを意味するので，マクロ的な動向には注意が必要である。

利益成長率 は前期から当期にかけての利益の変化を表しており，利益に営業利益を用いる場合には営業利益成長率，経常利益を用いる場合には経常利益成長率，当期純利益を用いる場合には当期純利益成長率と呼ばれる。

$$利益成長率（％）＝\frac{当期利益－前期利益}{前期利益}×100 ％$$

　前述の売上高成長率がたとえプラスであっても，利益成長率がマイナスである場合には，単に企業が大幅な値引きを実施して売上高の拡大を図っているだけかもしれない。したがって，売上と利益がバランスよく成長している状態，つまり増収増益という状態が企業にとって好ましいといえる。逆に，企業の売上高成長率と利益成長率がともにマイナスである状態，つまり減収減益の状態である場合には，事業の再編や再構築等を考える必要があるであろう。

総資産成長率 は前期から当期にかけての総資産の変化を表しており，売上高成長率とともに企業規模の成長性を表す指標である。

$$総資産成長率（％）＝\frac{当期総資産－前期総資産}{前期総資産}×100 ％$$

　総資産成長率がプラスであるということは，投下資本が増加しているということを意味しているので，それに伴って売上高も増

加していないと，投下資本が効率的に運用されているとはいえない。したがって，売上高成長率が総資産成長率ほど伸びていないような場合には，過剰な設備投資や無理な資金調達がなされていないか注意する必要があるであろう。

6 市場価値の分析

市場価値分析　　市場価値分析とは，投資意思決定に役立てることを目的として，企業の発行する株式の市場評価額である株価や時価総額（株価に発行済み株式数を乗じたもの）を，企業の利益，売上高，純資産，配当といった財務数値と比較する分析方法である。なお，株式の市場評価額として株価を用いる場合には，財務数値を1株当たりの値に修正して用いる必要がある。市場価値分析は，しばしば，以下の3つの観点から分析される。

(1) フロー数値を用いる市場価値分析
　　・PER
　　・PEG
　　・PSR
(2) ストック数値を用いる市場価値分析
　　・PBR
　　・トービンのQ
(3) 利回りに関する市場価値分析
　　・配当利回り
　　・自社株買い利回り

フロー数値を用いる市場価値分析には，財務数値として利益や売上高といったフロー数値を用いる，PER，PEG，PSR等の指標がある。

PER（price to earnings ratio）は，株価収益率とも呼ばれ，株価を1株当たり当期純利益（EPS）で除した比率である。

$$PER = \frac{株価}{1株当たり当期純利益}$$

PERは，現時点の株価が利益の何年分に相当するのかということを表しているので，PERが高いほど現在の株価が利益と比して割高，低いほど割安であるということを意味している。また，PERの平均値は業種や年度によってかなり異なるが，歴史的にみて15倍程度がPER平均値の目安とされている。

PERは市場価値分析で最も頻繁に使用されている指標であるが，利益の成長性を考慮していないという欠点がある。そこで，PERに利益の成長性を加味した指標として用いられるのが**PEG**（P/E to growth ratio）である。PEGは，PERを純利益の期待成長率で除すことによって求められる。

$$PEG = \frac{PER}{期待純利益成長率 \times 100}$$

期待純利益成長率とは，現在から1期先あるいは2期先といった将来にかけての成長率のことである。PEGは1が目安とされており，1より高ければ割高，1より低ければ割安とみなされる。

表3·1はPEGの計算例を示したものである。A社，B社，C社は，PERが，それぞれ，15倍，20倍，12倍であるので，PERの観点からはB社が最も割高で，C社が最も割安であるといえる。

表3・1　PEGの計算例

	株価	1株当たり純利益（EPS）		PER	期待EPS成長率	PEG
		今期	次期			
A社	300円	20円	23円	15倍	15%	1.00
B社	800円	40円	50円	20倍	25%	0.80
C社	360円	30円	33円	12倍	10%	1.20

ただし，純利益の期待成長率を考慮するPEGでは，各社の値が，それぞれ，1.00，0.80，1.20であるので，C社が最も割高でB社が最も割安であるといえる。

さらに，PERとPEGの計算には利益が用いられているが，利益数値が必ずしも企業評価と結び付かない場合がある。たとえば，アメリカのアマゾン社は，1997年にNASDAQに上場して以来最初の20年間は，毎年ほとんど赤字もしくはわずかな黒字しか計上していないが，株価は同期間に1000倍近くも上昇している。このように，草創期の会社や成長著しい企業は，研究開発費や広告宣伝費あるいは設備投資に多額の投資を行うため，利益が圧迫されて赤字になりやすい傾向があり，そのような企業にはPERやPEGといった指標は有用ではない。そのような場合に用いられるのが，PSR（price-to-sales ratio）あるいは株価売上高倍率と呼ばれる指標で，株価を1株当たり売上高で除して求められる。

$$\text{PSR} = \frac{\text{株価}}{1\text{株当たり売上高}}$$

利益とは異なり，新興の成長企業の売上高は大きく上昇する傾向があり，アマゾン社も上場以降の20年間で，売上高が1200倍にもなっている。

> ストック数値を用いる
> 市場価値分析

ストック数値を用いる市場価値分析には，財務数値として純資産や総資産といったストック数値を用いる，PBRやトービンのQ等の指標がある。

PBR（price-to book ratio）は，株価純資産倍率とも呼ばれ，株価を1株当たり純資産（BPS）で除した比率である。

$$\text{PBR} = \frac{株価}{1株当たり純資産}$$

1株当たり純資産は，理論的には，その企業が現時点で解散したと仮定した場合に株主が受け取ることのできる1株当たりの資産（解散価値）を表していると解釈できる。したがって，PBRが1倍を下回っている場合には，その企業の株価は割安であると判断できる。

トービンのQ（Tobin's Q）は，企業の市場価値を企業の総資産の再取得価額で除した比率である。分子である企業の市場価値は，純資産の時価と負債の時価の和として求められるが，総資産の再取得価額を測定することは困難である。そこで，総資産の再取得価額は，純資産の簿価と負債の簿価と等しいと仮定すると，次の式が得られる。

$$\text{トービンのQ} = \frac{純資産の時価＋負債の時価}{純資産の簿価＋負債の簿価}$$

さらに，純資産の時価を株式時価総額に置き換え，負債の時価は負債の簿価と等しいと仮定すると，実際に測定可能な次の式が得られる。

$$\text{トービンのQ} = \frac{株式時価総額＋負債の簿価}{純資産の簿価＋負債の簿価}$$

トービンのQが1を上回っている場合には，企業の市場価値

表3·2 トービンのQの計算例

	株式時価総額	純資産簿価	負債簿価	PBR	トービンのQ
A社	500 億円	500 億円	300 億円	1.0 倍	1.00
B社	400 億円	200 億円	200 億円	2.0 倍	1.50
C社	200 億円	250 億円	180 億円	0.8 倍	0.88

がその総資産の再取得価額よりも大きいということを意味しているので，その企業は過大評価されていると判断できる。一方，1を下回っている場合には，企業の市場価値がその総資産の再取得価額よりも小さいということを意味しているので，その企業は過小評価されているといえる。

　表3·2はトービンのQの計算例を示したものである。A社，B社，C社のトービンのQは，それぞれ，1.00，1.50，0.88であるので，トービンのQの観点からは，B社が最も割高でC社が最も割安であるといえる。

> 利回りに関する市場価値分析

利回りに関する市場価値分析は，企業の株主への還元という観点に基づいて行われ，配当利回りや自社株買い利回りといった指標がある。

　配当利回り（dividend yield）は，株価に対する年間配当金の割合を表す指標で，1株当たりの年間配当金を現在の株価で割って求められる。

$$配当利回り（\%）= \frac{1株当たりの配当金}{株価} \times 100 \%$$

　また近年では，株主還元の方法として配当金以外に自社株買いを実施する企業が増加している。**自社株買い利回り**（buyback yield）は，企業が1年間に自己株式の取得に費やした金額を時価

総額で除した比率として求められる。

$$自社株買い利回り（\%）= \frac{自己株式取得費用}{時価総額} \times 100 \ \%$$

本章で学んだキーワード

貸借対照表　損益計算書　株主資本等変動計算書　キャッシュフロー計算書　基本財務諸表　財政状態　運用形態　調達源泉　経営成績　財務分析　財務比率　資本利益率　売上高利益率　ROA　経営資本営業利益率　ROE　デュポン分析　財務レバレッジ　流動比率　当座比率　負債比率　自己資本比率　固定比率　固定長期適合率　売上高成長率　利益成長率　総資産成長率　PER　PEG　PSR　PBR　トービンのQ　配当利回り　自社株買い利回り

演習問題
Seminar

1　利益にはさまざまな種類があるが，投資家にとって最も有用な情報となる利益はどれであるかについて，考えてみよう。

2　本章では取り上げなかったが，安全性の分析方法の１つに，費用構造の観点から利益に及ぼす財務安全性を評価する「損益分岐点分析」と呼ばれる方法がある。損益分岐点分析について，より詳しく調べてみよう。

3　実際の会社の財務諸表を入手して，図3・7に記載されている各種の財務比率を自分で計算してみよう。

笹倉淳史・水野一郎編著［2019］『アカウンティング――現代会計入門』第6版，同文舘出版。

Buffett, M. and C. David ［2009］ *The Tao of Warren Buffett*, Pocket Books.

第4章 レバレッジと資本コスト

負債資本の利用と企業評価

Summary

Financial Management

　総資本のなかで他人資本（銀行借入れや社債の発行）の占める割合をレバレッジ比率という。産業によってレバレッジ比率が高い企業が多い産業（たとえば電力やガス）もあれば，低い企業が多い産業（たとえば薬品）もある。また，同じ業種に属しながら，レバレッジ比率の高い会社（たとえばエスビー食品の 54 %）もあれば，低い会社（たとえば，ハウス食品の 30 %，いずれも 2022 年 3 月期）もあり，さまざまである。さらに，多額の負債資本を利用しているが，他方で莫大な金融資産を保有しているので金融収支はプラスとなり，実質的に無借金の優良企業もある。

　他人資本の利用は，経営が順調なときには株主に帰属する利益（自己資本利益率）を高めるのに役立つが，売上や営業利益が大きく落ち込むときには，他人資本の利息の支払いのために，株主に帰属する利益が大きく減少するため，光と影の両面をもっている。光の部分をトレーディング・オン・ジ・エクイティ効果といい，影の部分をファイナンシャル・リスクというが，本章ではまず，このレバレッジ効果を解説する。

　また，レバレッジ比率と企業価値とはどのような関係にあるのだろうか。この問題に対する解答としては，MM（モジリアーニ＝ミラー）の定理が有名だが，本章では，完全資本市場の仮定の下で，MM の 3 つの命題を解説しよう。

1 自己資本利益率を高めるレバレッジ効果

　理科の時間に学習したように，加えた力よりも大きい力を物体に加えることができる働きをテコの作用という。くぎ抜きや栓抜きが身近な例である。実は財務管理の領域でも，株主の利益を高めるために，テコの作用が利用されている。すなわち，自己資本利益率（return on equity：ROE）を高めることを期待して，自己資本の代わりに，社債や銀行借入れといった他人資本で設備投資などのための資本調達を行うことである。この資本調達上のテコの作用をファイナンシャル・レバレッジという。

ファイナンシャル・レバレッジとトレーディング・オン・ジ・エクイティ

表**4・1**は，ファイナンシャル・レバレッジと呼ばれる資本調達上のテコの効果を例示するために，仮想企業 ABC 社が，その営業活動を支える総資産を，①100％自己資本で調達，②自己資本と他人資本の半々で調達，③20％を自己資本で，80％を他人資本で調達する3つのケースを想定して，自己資本利益率（ROE）がどのように変化するかをみたものである。

　ROE は，株主にとっての企業業績を測る実務的にポピュラーな尺度であり，税引後当期純利益（current earnings after tax）を期首自己資本額（簿価ベース，E で表記。あるいは，期首と期末の平均残高）で除した比率で定義される。

　　　$ROE＝$ 税引後当期純利益／自己資本　　　　　　　　(4-1)

　税引後当期純利益は，他人資本額（簿価ベース，D で表記），他人資本全体に対する平均利子率（i），法人税率（T）がわかれば，

　　　税引後当期純利益＝(1−法人税率)(利子・法人税控除前

負債比率（*D/E*）	自己資本利益率（ROE）の計算
ケース 1：*D/E*=0/1,000	$ROE = (1-0.4)\dfrac{200}{1,000} + (1-0.4)\left(\dfrac{200}{1,000} - 0.08\right)\dfrac{0}{1,000}$ $= 0.12(12\%)$
ケース 2：*D/E*=500/500	$ROE = (1-0.4)(0.20) + (1-0.4)(0.20-0.08)\dfrac{500}{500}$ $= 0.12 + (0.6)(0.12)(1.0) = 0.192(19.2\%)$
ケース 3：*D/E*=800/200	$ROE = (1-0.4)(0.20) + (1-0.4)(0.20-0.08)\dfrac{800}{200}$ $= 0.12 + (0.6)(0.12)(4.0) = 0.408(40.8\%)$

表4・1 レバレッジが自己資本利益率に及ぼす影響

$$利益 - 支払利子)$$
$$= (1-T)(EBIT - iD) \qquad (4-2)$$

として表される。ここでEBITは，企業のファンダメンタルな収益性を測る利益であり，いわゆる事業利益，すなわち，臨時的に発生する特別利益や特別損失を加減する前段階の経常利益に，支払利息・支払割引料を加え戻した利益，または同じことであるが，営業利益に恒常的に行う財テク活動からの受取利息・受取配当金を加えた利益に相当する（第3章ではROAと略称）。

EBITを総資本（$TC = E + D$）で除した総資本事業利益率を π（パイ）で表記すると

$$EBIT = \pi \times TC = \pi \times (E + D)$$

となるので，（4-2）式は，

$$税引後当期純利益 = (1-T)(\pi(E+D) - iD)$$
$$= (1-T)(\pi E + (\pi - i)D)$$
$$= (1-T)\pi E + (1-T)(\pi - i)D \qquad (4-3)$$

となる。

（4-3）式の右辺の第1項は，自己資本（E）で稼いだ税引後の事業利益である。第2項は，他人資本（D）が稼いだ事業利益

（πD）と他人資本に対して支払うべき一定額の利息額（iD）との差額である。π が i を上回っていれば，プラスの残余として税引後にすべて株主のものとなり，逆に下回っていれば，一定額の利息支払いに自己資本の稼いだ事業利益を回すことになる。

　以上より，ROE は，（4-3）式の両辺を E で除すと，

$$ROE = (1-T)\,\pi + (1-T)(\pi - i)\frac{D}{E} \qquad (4\text{-}4)$$

となる。$(1-T)\,\pi = \pi^*$，$(1-T)i = i^*$ と置くと，

$$ROE = \pi^* + (\pi^* - i^*)\frac{D}{E} \qquad (4\text{-}5)$$

となる。たとえば，$EBIT = 200$，$TC = 1{,}000$，$i = 0.08$（8%），$T = 0.4$（40%）と仮定して，関連数値を（4-4）式に代入すると，表4・1が得られる。

　総資本事業利益率（π）が他人資本を利用したことによって固定的に支払う金利（i）を上回っているかぎり，すなわち利息を支払えるだけの利益を稼いでいるかぎり，自己資本利益率は，負債の利用度（レバレッジといい，D/E で測定。イギリスの文献ではギアリングという）が高ければ高いほど，大きくなるのである。

　他人資本の利用によって株主に帰属する利益が増大する効果は，**レバレッジ効果**（leverage effect）とか**トレーディング・オン・ジ・エクイティ効果**（trading on the equity effect）と呼ばれている。

　なお，これまでの議論は受取利息・受取配当を無視して，総資本営業利益率と金利の関係でも議論できる（以下でも同様）。

業績不振になるとレバレッジが大きいほどROE は悪化する

　ところで，総資本事業利益率が利子率を上回るというのは，あくまで「予想」であって，事後的には業績不振で前者が後者を下回ってしまうことが起こりうる。そのような場合，企業が

表4・2　レバレッジと ROE の振幅の大きさとの関係

		総資本事業利益率		
シナリオ		85%	20%	0.5%
レバレッジ	生起確率	0.10	0.70	0.20
	D/E＝0/1,000	51%	12%	0.3%
ROE	*D/E*＝500/500	97.2%	19.2%	−4.2%
	D/E＝800/200	235.8%	40.8%	−17.7%

一定額の利息を他人資本提供者に約束通り支払うためには，自己資本が稼いだ事業利益の一部を利息の支払いに回す必要がある。このために，自己資本に帰属する利益は大きく減少する。

　いま，事業利益が 850，200，5 のいずれかになるだろうと予想し，それぞれの利益が稼得される予想確率が 0.10，0.70，0.20 だと仮定しよう。**表4・2** は EBIT の数値以外は表4・1 と同じ条件の下で，総資本事業利益率（税引前）が 85%（＝850/1,000，以下同様），20%，0.5% と予想されるそれぞれのシナリオの下で，負債比率（*D/E*）が 0，1.0，4.0 の 3 つのケースに対応して ROE がどのように変わるかを示している。

　総資本事業利益率が利子率の水準（8%）を大きく上回るケースでは，レバレッジ比率が高いほど自己資本利益率も高くなるが，逆に，総資本事業利益率が利子率を下回ってしまうケースでは，レバレッジ比率が高いほど，自己資本利益率は大きく減少する。表4・2 で，*D/E*＝0，*D/E*＝1.0，*D/E*＝4 の行をそれぞれ横にみていくと，レバレッジ比率が高いほど，総資本事業利益率が変動したときの自己資本利益率の振幅（ブレ）の程度は大きくなる（*D/E*＝0 の場合と *D/E*＝4.0 の場合を比較してみよう）。この振幅が大きいほど，自己資本利益率の不確実性は大きい。

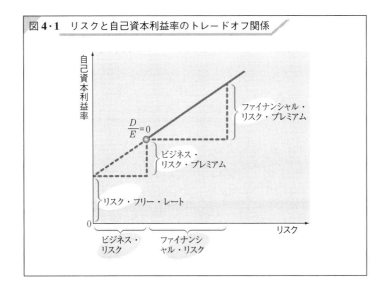

図4・1 リスクと自己資本利益率のトレードオフ関係

（図中のラベル）
自己資本利益率

ファイナンシャル・リスク・プレミアム

$\dfrac{D}{E}=0$

ビジネス・リスク・プレミアム

リスク・フリー・レート

0

リスク

ビジネス・リスク

ファイナンシャル・リスク

ビジネス・リスクとファイナンシャル・リスク

負債資本がゼロのときの自己資本利益率の振幅の大きさと，レバレッジ比率がたとえば4.0（$D/E=800/200$）のときの振幅の大きさとの差額は，負債資本に依存したことによって株主に追加的に発生するROEの不確実性であって，ファイナンシャル・リスク（financial risk）という。これに対して，事業活動そのものに付随するリスクをビジネス・リスク（business risk）といい，総資本事業利益率の不確実性の大きさがこれに相当する。

縦軸に自己資本利益率をとり，横軸にリスクをとった図4・1は，ビジネス・リスクや追加のファイナンシャル・リスクを負担すれば，どの程度の自己資本利益率が見込めるかを示している。一般に，リスクを負担することによって，リスクを負担しなくても得られる収益率（リスク・フリー・レート）を上回る収益率を得られるはずである。この上回った部分をリスク・プレミアムというが，

図4·1は，ビジネス・リスクや追加のファイナンシャル・リスクを負担することによって，それぞれのプラスのリスク・プレミアムが得られる関係を示している。

2 投資家の要求収益率と資本コスト

投資家の要求収益率と
証券の市場価値

簿価ベースで表示された企業の貸借対照表（B/S）の貸方は，基本的には，企業への資本の提供者が債権者である負債（D）と，提供者が株主である自己資本（E）とに区分されている。B/S の借方は，大きくは，資本の投資先である流動資産と固定資産に区分されている。

負債権者は，この企業から将来にわたって受け取る利息（および最終的な元本の返済を含む）の流列を，次のように，現在価値に割り引いて，負債の市場価値（B）を算定できる。

$$B = \frac{iD}{(1+k_d)} + \frac{iD}{(1+k_d)^2} + \frac{iD}{(1+k_d)^3} + \cdots \qquad (4-6)$$

ここで，k_d は，現有資産（A）で現行の事業活動を行っているこの企業に負債資本を提供していることに対して，負債資本提供者がその見返りとして求める要求収益率（required rate of return）である。この**負債資本提供者の要求収益率**は，負債資本提供者がこの企業と同じビジネス・リスクをもつ事業分野で活動している他の企業（同等の企業）に資本をいま提供すれば得られるであろう収益率と等しくなるはずであるから，機会費用（opportunity cost）という性格をもっている。

他方，株主も同様に，この企業から将来にわたって生み出され

ると予想される株主に帰属する利益からの配当の流列（DIV）を，次のように，現在価値に割り引いて，発行済株式全体の市場価値（株式価値総額，S）を算定できる。

$$S = \frac{DIV}{(1+k_e)} + \frac{DIV}{(1+k_e)^2} + \frac{DIV}{(1+k_e)^3} + \cdots \qquad (4-7)$$

ここで，k_e は，株主がこの企業に出資することの見返りとして求める要求収益率として計算される。**株主の要求収益率** は，この企業と同じビジネス・リスクと同じファイナンシャル・リスクをもつ他の同等企業の株式に投資したときに得られるであろう収益率に等しいという意味で，株主の機会費用という性格をもつ。

　経営者の役割は，現有資産を使って経営活動を行うにあたっては，これらの投資家たちの要求収益率を上回る事業利益を稼ぐことである。毎期の実際の事業利益が投資家たちの要求する利益を超過する部分は，正味の企業価値創造の源泉となる。

ハードル・レートとしての資本コスト

　財務理論において，経営者の目的は，株式価値の最大化であるから，経営者は，現有資産の活用であれ新しい投資プロジェクトの実施であれ，少なくとも現在の株式価値を維持するだけの利益率を獲得しなければならない。この必要最小限度獲得すべき利益率を **資本コスト** といい，カット・オフ・レート（cut off rate）とかハードル・レート（hurdle rate）ともいわれる。

企業の資本コストとプロジェクトの資本コスト

　上述の現在価値計算によって算出された株式価値総額（S）と負債価値総額（B）の和を企業の価値総額（V），すなわち，

　　企業の価値総額（V）＝株式価値総額（S）＋負債価値総額（B）

とする。株主の要求収益率（k_e）と負債権者の要求収益率（k_d）を，自己資本の価値（S）と負債資本の価値（B）が企業全体の価値総

額（V）に占める相対的割合でウェイトづけて合計すると，

$$\rho = \frac{S}{S+B} \, k_e + \frac{B}{S+B} \, k_d \qquad\qquad (4\text{-}8)$$

が得られる。すなわち，ρ は，k_e と k_d の加重平均値（weighted average）となっている。

　この株主の要求収益率と負債権者の要求収益率の加重平均値（ρ）は，経営者が企業の現有資産を使用するにあたって，現在の株式価値を最低限維持するために稼がなければならない利益率であるので，**企業の資本コスト**（firm's cost of capital）と呼ばれている。またその算出方法から企業の **加重平均資本コスト**（weighted average cost of capital，略してWACCという）とも呼ばれている。なお，企業の資本コスト（WACC）を構成する株主と負債権者の要求収益率を，それぞれ，**株主資本コスト** と **負債資本コスト** ともいう。

　これに対していま1つの重要な概念として，経営者がこれから実行しようとする新しい投資プロジェクトが，現在の株式価値を最低限維持するために稼がなければならない利益率は，**プロジェクトの資本コスト**（project's cost of capital）と呼ばれている。

　ところで，（4-8）式は法人税を考慮していない。負債の利息支払額は法人税計算上の費用であるから，企業に節税効果をもたらし，その効果は株主が享受する。したがって，企業にとっての税引後ベースの負債の要求収益率は，T を法人税率とすると，節税メリットを考慮して $(1-T)k_d$ となり，これに応じて税引後加重平均資本コストは，

$$\rho = \frac{S}{S+B} \, k_e + \frac{B}{S+B} \, (1-T)k_d \qquad\qquad (4\text{-}9)$$

となる。

3 モジリアーニ＝ミラー（MM）の定理

MM の第 1 命題 　総資本 1000 で事業活動を営んでいる前節の仮想企業 ABC 社のレバレッジ比率（簿価ベース）が 1.0（*D/E* = 500/500）であり，そして簡単化のために，営業利益と事業利益は等しいと仮定しよう。さらに，モジリアーニ（F. Modigliani）とミラー（M. H. Miller）が **MM の定理** を導くために，当初そうしたように（F. Modigliani and M. H. Miller [1958], "The Cost of Capital, Corporation Finance and the Theory of Investment," *American Economic Review*, Vol. 48, No. 3），法人税は課税されないと仮定しよう。また，利益は全額配当として支払われると仮定する。

　ABC 社の総資本営業利益率の最も起こりそうな数字の 20％を例にとって議論を進めると，このときの営業利益（operating income）の 200 は，**図 4・2** が示すように，負債資本提供者に利息として支払われる 40（= 500 × 0.08）と，株主に帰属する残余利益 160 へと分割される。

　負債資本の提供者の要求収益率は現在の金融環境の下で 8％であり（たまたま負債資本の平均利子率と一致している），株主の要求収益率は 16％であると仮定する。ここで，負債権者にとって倒産の可能性はきわめて小さく，8％はリスクのない場合の要求収益率（リスク・フリー・レート）と想定している。したがって，16％と 8％の差の 8％は，普通株主がビジネス・リスクとファイナンシャル・リスクをとることに対するリスク・プレミアムである。

　簿価ベースの負債資本（= 500）の市場価値は，200 の営業利益

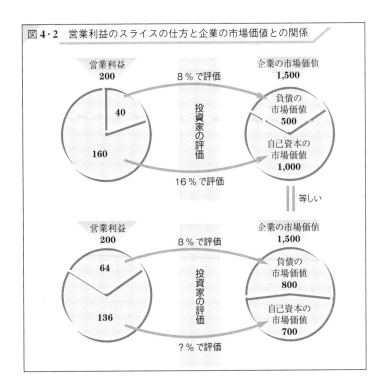

図4・2　営業利益のスライスの仕方と企業の市場価値との関係

営業利益
200

8％で評価

40

160

投資家の評価

企業の市場価値
1,500

負債の市場価値
500

自己資本の市場価値
1,000

16％で評価

等しい

営業利益
200

8％で評価

64

136

投資家の評価

企業の市場価値
1,500

負債の市場価値
800

自己資本の市場価値
700

？％で評価

が永久にコンスタントに続くとすると，巻末の付表2の $PVAF_{r,N}$ の年数 N を無限大とおけば $PVAF_{r,N} = 1/r$ となるので，

$$B = \frac{40}{(1+0.08)} + \frac{40}{(1+0.08)^2} + \frac{40}{(1+0.08)^3} + \cdots$$

$$= 40/0.08 = 500$$

となる。他方，自己資本の市場価値は，

$$S = \frac{160}{(1+0.16)} + \frac{160}{(1+0.16)^2} + \frac{160}{(1+0.16)^3} + \cdots$$

$$= 160/0.16 = 1,000$$

となる。したがって，企業全体の市場価値（V）は，図4・2が示

すように，

$$V = S + B = 1,000 + 500 = 1,500$$

となる。このとき，市場価値ベースのレバレッジ比率は 0.5（B/S = 500/1,000）である。

さて，ABC 社のレバレッジ比率（簿価ベース）が 1.0 ではなくて，4.0（D/E = 800/200）であったとしよう。このときも，負債資本の要求収益率は 8% で変わらなかったと仮定しよう。この仮定は，レバレッジ比率が 4.0 になっても，倒産リスクはきわめて小さく，負債は実質的に無リスクであることを意味している。このとき，200 の営業利益は，図 4・2 が示すように，負債資本提供者に対する 64 と，株主に帰属する残余利益 136 へと分割される。

では，企業全体の市場価値は，1500 より増えるだろうか，それとも減るであろうか。モジリアーニとミラー（以下，MM と表記）は，企業のビジネス・リスクが変わらないのであれば，すなわち営業利益の質が変わらないのであれば，企業全体の市場価値は，営業利益をレバレッジ比率が 0.5（市場価値ベース）のときと同じ加重平均資本コスト（WACC）で資本還元した値に等しくなると主張した。

レバレッジ比率（市場価値ベース）が 0.5 のときの ABC 社の加重平均資本コストは，（4-8）式より，

$$\rho = \frac{1,000}{1,000 + 500} \times 16\% + \frac{500}{1,000 + 500} \times 8\% = 0.1333\cdots$$

であるから，レバレッジ比率（簿価ベース）が 4.0 のときの ABC 社の企業価値は，

$$V = 200/0.1333 = 1,500$$

となって，レバレッジ比率が変わっても企業価値は変わらない，というのが MM の主張である。

　一般的に，MM によれば，営業利益の質が同等の企業群はビジネス・リスク・クラスが同じ企業と規定され，あるビジネス・リスク・クラス (q) に所属する企業の市場価値は，そのビジネス・リスク・クラス (q) に所属するすべての企業に適用される「企業の資本コスト」ρ_q でもって営業利益を資本還元した値に等しく，その企業の事業活動が自己資本と負債資本のどのような割合で資本調達されているかとは無関係に決まるのである。これを MM の第 1 命題（**MM 命題 1**）という。

　この MM 命題 1 は，負債資本提供者の要求収益率を 8％のまま

と仮定すると，負債の市場価値（B）は，$B=64/0.08=800$ となることから，株主資本の市場価値（S）は，$S=V-B=1,500-800=700$ となることを含意している。このとき，市場価値ベースのレバレッジ比率は 1.14（$=800/700$）である。

　では，何が MM 命題の成立を保証するのであろうか。MM はそれを裁定取引（arbitrage operation）に求めている。裁定取引は同じ財が異なる価格で売られている場合，価格差を利用して利益（裁定利益〔arbitrage profit〕という）を得る取引である。上記 2 つのケースにおいて，資本構成だけが異なりそれ以外は同等の 2 つの企業の価値評価が異なっている場合，負債の価値は正しく評価されていると仮定しておくと，株式が理論価値とは異なる価格で評価されていることを意味する。抜け目のない投資家は，相対的に株価が高いほうの企業の株式を売却し，他方の株式に乗り換えることによって，裁定利益を得ることができる。しかし，多くの投資家が自由に売買できる競争的市場では，このような裁定利益を得る機会は長続きせず，やがて株価は理論的価値に収束し，2 つの企業価値は等しくなる（裁定取引の設例については，章末参考文献の花枝・榊原［2009］）第 2 章を参照）。

MM の第 2 命題　　MM の第 1 命題によれば，仮想会社 ABC 社の企業価値は，レバレッジ比率（市場価値ベース）が 1.14（$B/S=800/700$）のとき，1500 に等しく，そして自己資本の市場価値は 700 であった。株主の帰属する利益は 136 であったから，株主は時価ベースで 1.14 というレバレッジ比率のときに，仮想企業に対して 19.43％（$=136/700$）という投資収益率を要求していたことになる（図 4・2 の下段の？に 19.43 という数字が入ることになる）。

　市場価値ベースでレバレッジ比率が 0.5（$B/S=500/1,000$）のと

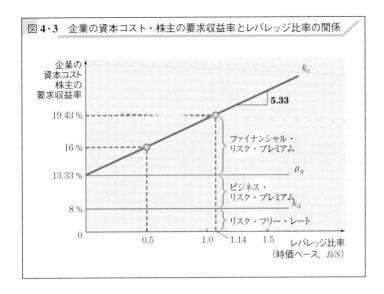

図4・3　企業の資本コスト・株主の要求収益率とレバレッジ比率の関係

きの株主の要求収益率が16％で，同比率が1.143のときの株主の要求収益率が19.43％であることは，株主の要求収益率（k_e）と市場価値ベースのレバレッジ比率（B/S）との間に，次の関係があることになる（2元1次連立方程式を解いてみよう）。

$$k_e = 13.33 + (13.33 - 8.0)\frac{B}{S}$$

$$= \rho_q + (\rho_q - k_d)\frac{B}{S} \tag{4-10}$$

ここでρ_qはビジネス・リスク・クラスqに所属し，全額自己資本で調達している企業に対する株主の要求収益率である。k_dは負債権者の要求収益率であり，MMの世界ではレバレッジ比率にかかわらずコンスタントな数字である。

図4・3は，ビジネス・リスク・クラスqに所属する企業について，企業の資本コストρ_qと株主の要求収益率k_eの，市場価値

ベースのレバレッジ比率との関係を示している。

一般的には，(4-8) 式を k_e について解いた次式である。

$$k_e = \rho + (\rho - k_d)\frac{B}{S} \qquad\qquad (4\text{-}11)$$

株主の要求収益率（k_e）とレバレッジ比率（市場価値ベース）の線型関係式が MM の第2命題（**MM 命題2**）である。

図4・3が示すように，企業の（加重平均）資本コスト（ρ）は資本構成にかかわらず一定であり（MM の第1命題），無負債企業の株主の要求収益率に等しい。また，株主の要求収益率（k_e）はレバレッジ比率（市場価値ベース）との右上がりの一次の関係にある（MM の第2命題）。

MM の第3命題　仮想会社 ABC 社が新しく資本を I だけ調達して，新しいプロジェクトを実施する場合を考えよう。投資実施前の企業価値を V_0，実施後の企業価値を V_1 とすると，この新プロジェクトが実施に値すると判断されるためには，企業価値が投資額以上に増加して，

$$V_1 \geqq V_0 + I$$

でなければならない。

新プロジェクトが生み出す利益率を R，新プロジェクト実施前の営業利益を X とする。この新プロジェクトの実施が ABC 社の所属するビジネス・リスク・クラスを変えないと仮定すると，上式の条件式は

$$\frac{X + RI}{\rho_q} \geqq \frac{X}{\rho_q} + I$$

と書き換えることができる。

上式を整理すると，

$$R \geqq \rho_q$$

を得る。

　新しいプロジェクトがプロジェクト実施前の企業の市場価値を維持するために最低限獲得しなければならないハードル・レートとしての「プロジェクトの資本コスト」は，「企業の資本コスト」ρ_q（=WACC）に等しい。これがMMの第3命題（MM命題3）である。この第3命題は新規投資額Iが株主から調達されたか負債の発行によって調達されたかに関係なく成立する。

MMの定理の拡張

MMの定理は，投資家と企業が同じ条件で負債を発行できること，証券の発行や売買において取引コストがかからないこと，法人税は課税されない，負債は企業倒産が発生しない範囲内で発行されるなどの，理論分析を容易にする抽象化された世界で導かれている。これらの諸仮定を緩和してもMMの定理が成立し続けるか否かは論争の的になっており，第12章ではいくつかの現実的要因を考慮してMMの定理を検討する。

本章で学んだキーワード

レバレッジ効果　　トレーディング・オン・ジ・エクイティ効果　　ファイナンシャル・リスク　　ビジネス・リスク　　負債資本提供者の要求収益率　　株主の要求収益率　　資本コスト　　企業の資本コスト　　加重平均資本コスト　　株主資本コスト　　負債資本コスト　　プロジェクトの資本コスト　　MMの定理　　MM命題1　　MM命題2　　MM命題3

演習問題
Seminar

1　東京急行電鉄や名古屋鉄道などの鉄道会社がファイナン
シャル・リスクをそれほど気にせずに多額の他人資本を取
り入れることができるのはなぜだろうか。

2　経営者のなかに，留保利益は企業が稼いだカネだから，
留保利益を設備投資に使うときの資本コスト（プロジェク
トの資本コスト）はゼロだ，という人がいたとする。あな
たはこの主張をどのように論評するだろうか。

3　本章の第3節「MMの定理」の解説のなかで，ABC社の
レバレッジ比率（簿価ベース）が9.0（$D/E = 900/100$）であ
るとき，負債資本の利子率が8%で変わらないとすれば，
MMの世界では，企業価値（MMの第1命題），株主資本の
価値，株主の要求収益率（MMの第2命題）は，それぞれ
いくらになるだろうか。

参考文献 ──────── **References**

エアハルト，M. C.（真壁昭夫・鈴木毅彦訳）［1994］『資本コス
トの理論と実務』東洋経済新報社。

花枝英樹・榊原茂樹編著［2009］『資本調達・ペイアウト政策』
（現代の財務経営3）中央経済社。

プラット，S. P.（菊地正俊訳）［1998］『資本コストを活かす経営』
東洋経済新報社。

第**5**章 | ポートフォリオ理論と *CAPM*

財務管理の基礎となる理論

Summary

Financial Management

　財務管理の基礎をなす理論の1つがH. マーコビッツのポートフォリオ選択の理論（theory of portfolio selection）を起点とするCAPM（キャップ・エム：capital asset pricing model：資本資産価格モデル）をはじめとするアセット・プライシング（asset pricing）の分野である。これらの分野における研究蓄積は膨大であり，学術的に重要であるだけでなく，実務にも多大な影響を与えている。

　ポートフォリオ理論は証券の期待リターンとリスクの測定方法を確立し，個別の投資家にとっての最適なポートフォリオ選択の問題に理論的な解を示しており，CAPM等の多くの財務管理の研究と実務の基礎となっている。CAPMは，リスク資産への投資リスクをどのように計測するか，また，リスクとリターンの間にどのような関係があるかを定式化している。企業の財務責任者は，CAPMを用いて，株主が企業に期待している収益率である株主要求収益率を知ることができる。資産運用の現場では，CAPMはファンドやファンドの運用責任者であるファンド・マネジャーの評価方法の1つとして用いられている。

　本章は，まずポートフォリオ理論におけるリスクとリターンの測定，それらをもとにした最適ポートフォリオの選択，CAPMとそれらの実践的応用について説明する。続いて，CAPMを拡張する研究を紹介する。

_1 期待リターンとリスクの測定

　個別証券の期待リターンとリスクの測定について解説する。

　証券AとBという2つの証券が存在する世界を仮定し，今後1年間に3つの経済シナリオを想定する。シナリオの生起確率はそれぞれ，シナリオ1（好況）とシナリオ3（不況）が25％，シナリオ2（平常）が50％である。シナリオごとに見込まれる証券Aの予想リターンは好況時に−2％，平常時に6％，不況時に10％であり，証券Bの予想リターンは好況時に30％，平常時に20％，不況時に−6％のリターンである。**表5・1**は，上述の仮定についてまとめたものである。

　個別証券の期待リターン（$E(R_i)$）は，シナリオの生起確率と予想リターンの加重平均値である（5-1）式から求めることができる。証券Aの期待リターン（$E(R_A)$）は，（5-1）式にシナリオの生起確率と証券Aの予想リターンを代入することで求めることができる。

$$E(R_i)=P_1 R_{i,1}+P_2 R_{i,2}+P_3 R_{i,3} \qquad (5-1)$$
$$E(R_A)=0.25\times-2\,\%+0.5\times6\,\%+0.25\times10\,\%$$
$$E(R_A)=5\,\%$$

　上記計算から証券Aの期待リターンは5％である。同様の計算を証券Bについても行えば，証券Bの期待リターンは16％である。

　次に，個別証券のリスクは，予想リターンが期待リターンからどの程度変動するかをとらえる尺度として標準偏差（σ）を用いて計測する。標準偏差は，シナリオの生起確率を予想リターンと

表5・1　シナリオ・アプローチによる証券投資収益率の予想

	生起確率	証券 A	証券 B	ポートフォリオ X 証券 A：証券 B $(0.75 : 0.25)$
シナリオ1 (好況)	$P_1(0.25)$	$R_{A,1}(-2\%)$	$R_{B,1}(30\%)$	$R_{X,1}\ (6.0\%)$
シナリオ2 (平常)	$P_2(0.50)$	$R_{A,2}\ (6\%)$	$R_{B,2}(20\%)$	$R_{X,2}\ (9.5\%)$
シナリオ3 (不況)	$P_3(0.25)$	$R_{A,3}(10\%)$	$R_{B,3}(-6\%)$	$R_{X,3}\ (6.0\%)$
期待リターン リスク		$E[R_A](5\%)$ $\sigma_A(4.36\%)$	$E[R_B](16\%)$ $\sigma_B(13.34\%)$	$E[R_X](7.75\%)$ $\sigma_X(1.75\%)$

期待リターンの差の2乗に掛けた値を合計した分散（σ^2）の平方根をとった値である。つまり，個別証券のリスクは（5-2）式から求めることができる。証券Aのリスクは，（5-2）式にシナリオ生起確率ならびに証券Aの予想リターンと期待リターンを代入することで求めることができる。

$$\sigma_i = \sqrt{P_1[R_{i,1}-E(R_i)]^2 + P_2[R_{i,2}-E(R_i)]^2}$$

$$\overline{+P_3[R_{i,3}-E(R_i)]^2} \qquad (5\text{-}2)$$

$$\sigma_A = \sqrt{0.25\times(-2-5)^2 + 0.5\times(6-5)^2 + 0.25\times(10-5)^2}$$

$$\sigma_A = 4.36$$

上記計算から証券Aの標準偏差であるリスクは4.36％である。同様の計算を証券Bについても行えば，証券Bのリスクは13.34％である。

2 ポートフォリオのリターンとリスクの測定

ポートフォリオのリターン ポートフォリオとは，複数の証券や資産を組み合わせた集合である。一般的にポートフォリオは株式，債券，投資信託，現預金で構成され，場合によっては不動産やその他の資産（貴金属や仮想通貨）が含まれる。ここでは，表5·1の例を用いて，2つの証券からなるポートフォリオの期待リターンとリスクを計測する。

表5·1では，投資資金のうち，75％を証券Aに，25％を証券Bに配分することでポートフォリオXを作成している。ポートフォリオXの期待リターンを求める手順は，以下のとおりである。まず，各シナリオにおけるポートフォリオXの予想リターンを求める。次に，各シナリオの生起確率と各シナリオにおけるポートフォリオXの予想リターンから，ポートフォリオXの期待リターンを求める。

シナリオ1におけるポートフォリオXの予想リターン（$R_{X,1}$）は，ポートフォリオXにおける証券Aの組入比率（w_A）とシナリオ1における証券Aの予想リターン（$R_{A,1}$）の積と，証券Bの組入比率（w_B）とシナリオ1における証券Bの予想リターン（$R_{B,1}$）の積の和である。

$$R_{X,1} = w_A R_{A,1} + w_B R_{B,1}$$
$$R_{X,1} = 0.75 \times -2\% + 0.25 \times 30\%$$
$$R_{X,1} = 6.0\%$$

上記計算からシナリオ1におけるポートフォリオXの予想リ

ターンは 6.0 ％である。同様の計算を行えば，シナリオ 2 におけるポートフォリオ X の予想リターンは 9.5 ％であり，シナリオ 3 におけるポートフォリオ X の予想リターンは 6.0 ％である。続いて，シナリオの生起確率と各シナリオにおけるポートフォリオ X の予想リターンを（5-1）式に代入することで，以下の（5-3）式が求まる。

$$E(R_X) = P_1 R_{X,1} + P_2 R_{X,2} + P_3 R_{X,3} \qquad (5\text{-}3)$$
$$E(R_X) = 0.25 \times 6.0 \% + 0.50 \times 9.5 \% + 0.25 \times 6.0 \%$$
$$E(R_X) = 7.75 \%$$

上記計算から，ポートフォリオ X の期待リターンは 7.75 ％である。加えて，（5-3）式を展開することで，ポートフォリオ X の期待リターンは，証券 A と証券 B の期待リターンと組入比率による加重平均値として求めることができる。

$$E(R_X) = P_1(w_A R_{A,1} + w_B R_{B,1}) + P_2(w_A R_{A,2} + w_B R_{B,2})$$
$$\qquad + P_3(w_A R_{A,3} + w_B R_{B,3})$$
$$E(R_X) = w_A(P_1 R_{A,1} + P_2 R_{A,2} + P_3 R_{A,3}) + w_B(P_1 R_{B,1}$$
$$\qquad + P_2 R_{B,2} + P_3 R_{B,3})$$
$$E(R_X) = w_A E(R_A) + w_B E(R_B) \qquad (5\text{-}4)$$

（5-4）式にポートフォリオ X における証券 A と B の組入比率とそれぞれの期待リターンを代入した以下の式を計算することでも，ポートフォリオ X の期待リターン 7.75 ％が求まる。

$$E(R_X) = 0.75 \times 5 \% + 0.25 \times 16 \%$$
$$E(R_X) = 7.75 \%$$

最後に，ポートフォリオに組み入れる証券の数を増加させた場合を考える。証券 1 から n までの N 個の証券から構成されるポートフォリオ P の期待リターンは，証券 1 から n までの期待リターンに各証券の組入比率 w_1 から w_n をそれぞれ掛け合わせて

合計した加重平均値となる。

$$E(R_P) = w_1 E(R_1) + w_2 E(R_2) + \cdots + w_n E(R_n) \qquad (5\text{-}5)$$

> ポートフォリオのリス
> クの計測

個別証券のリスクを求める場合と同様に，各シナリオにおけるポートフォリオ X の予想リターンがポートフォリオ X の期待リターンからどの程度変動するか，標準偏差を用いて測定する。(5-2) 式に，各シナリオの生起確率およびポートフォリオ X の各シナリオの予想リターンとポートフォリオ X の期待リターンを代入することで，以下の (5-6) 式が求まる。

$$
\begin{aligned}
\sigma_X^2 &= P_1 [R_{X,1} - E(R_X)]^2 + P_2 [R_{X,2} - E(R_X)]^2 \\
&\quad + P_3 [R_{X,3} - E(R_X)]^2 \qquad (5\text{-}6)
\end{aligned}
$$

$$
\sigma_X = \sqrt{
\begin{aligned}
&0.25(6.0 - 7.75)^2 + 0.5(9.5 - 7.75)^2 \\
&+ 0.25(6.0 - 7.75)^2
\end{aligned}
}
$$

$$\sigma_X = 1.75$$

上記計算からポートフォリオ X のリスクは 1.75 ％ である。(5-6) 式を展開することで，以下の (5-7) 式から (5-9) 式を得ることができ，ポートフォリオ X のリスクを別の形で求めることができる。

$$
\begin{aligned}
\sigma_X^2 &= P_1 [w_A R_{A,1} + w_B R_{B,1} - w_A E(R_A) - w_B E(R_B)]^2 \\
&\quad + P_2 [w_A R_{A,2} + w_B R_{B,2} - w_A E(R_A) - w_B E(R_B)]^2 \\
&\quad + P_3 [w_A R_{A,3} + w_B R_{B,3} - w_A E(R_A) - w_B E(R_B)]^2 \\
\sigma_X^2 &= w_A^2 \{ P_1 [R_{A,1} - E(R_A)]^2 + P_2 [R_{A,2} - E(R_A)]^2 \\
&\quad + P_3 [R_{A,3} - E(R_A)]^2 \} + w_B^2 \{ P_1 [R_{B,1} - E(R_B)]^2 \\
&\quad + P_2 [R_{B,2} - E(R_B)]^2 + P_3 [R_{B,3} - E(R_B)]^2 \} \\
&\quad + 2 w_A w_B \{ P_1 [R_{A,1} - E(R_A)] [R_{B,1} - E(R_B)]
\end{aligned}
$$

$$+P_2[R_{A,2}-E(R_A)][R_{B,2}-E(R_B)]$$
$$+P_3[R_{A,3}-E(R_A)][R_{B,3}-E(R_B)]\}\qquad(5\text{-}7)$$

（5-7）式の右辺第1項の中かっこのなかは証券Aの分散であり，右辺第2項の中かっこのなかは証券Bの分散である。さらに，右辺第3項の中かっこのなかは証券Aと証券Bのリターンの共分散（COV：covariance）となる。また，共分散は証券Aと証券Bのリターンの相関係数（$\rho_{A,B}$）とそれぞれの標準偏差を掛けたものであるため（5-7）式は以下の式に展開できる。共分散と相関係数については以下で説明する。

$$\sigma_X=\sqrt{w_A^2\,\sigma_A^2+w_B^2\,\sigma_B^2+2w_Aw_BCOV(R_A,R_B)}\qquad(5\text{-}8)$$

$$\sigma_X=\sqrt{w_A^2\,\sigma_A^2+w_B^2\,\sigma_B^2+2w_Aw_B\,\rho_{A,B}\,\sigma_A\,\sigma_B)}\qquad(5\text{-}9)$$

証券AとBのリターンの共分散は，（5-7）式の右辺第3項の中かっこのなかにあるように，それぞれの証券のシナリオにおける予想リターンと期待リターンの差の積とシナリオの生起確率の積の和であり，以下の式となる。

$$COV(R_A,R_B)=P_1[R_{A,1}-E(R_A)][R_{B,1}-E(R_B)]$$
$$+P_2[R_{A,2}-E(R_A)][R_{B,2}-E(R_B)]$$
$$+P_3[R_{A,3}-E(R_A)][R_{B,3}-E(R_B)]$$
$$COV(R_A,R_B)=0.25[-2-5][30-16]+0.5[6-5][20-16]$$
$$+0.25[10-5][-6-16]$$
$$COV(R_A,R_B)=-50$$

上記計算から証券AとBのリターンの共分散は-50である。また証券Aと証券Bのリターンの相関係数は，証券AとBのリターンの共分散を証券AとBの標準偏差の積で除した値であり，証券Aと証券Bのリターンの相関係数は-0.86である。相関係数は

-1から1までの範囲の値をとり，相関係数が0より大きく1に近ければ近いほど，2つのデータ間の関係は正の傾きをもった直線的関係に近づき，強い正の相関があることが示される。一方で，相関係数が0より大きく-1に近ければ近いほど，2つのデータ間の関係は負の傾きをもった直線的関係に近づき，強い負の相関があることが示される。

　最後に，ポートフォリオの組み入れる証券の数を増加させた場合を考える。証券1からnまでのN個の証券から構成されるポートフォリオPのリスクは，証券1からnまでの各証券の組入比率をw_1からw_nとした場合，上述の式を拡張することで，N個の組入比率の2乗とリスクの2乗の積の項および$(N^2-N)/2$個の共分散（または相関）を含む項の合計である分散の平方根をとった値として，以下の（5-10）式のように求まる。

$$\sigma_P = \sqrt{w_1^2 \sigma_1^2 + w_2^2 \sigma_2^2 + \cdots + w_n^2 \sigma_n^2 + 2w_1 w_2 \rho_{1,2} \sigma_1 \sigma_2 + \cdots \\ + 2w_{n-1} w_n \rho_{n-1,n} \sigma_{n-1} \sigma_n} \qquad (5\text{-}10)$$

3 証券ポートフォリオの期待リターンとリスク

　本節は，複数の証券を組み入れたポートフォリオの投資機会集合のなかから，各投資家に最適なポートフォリオの選択について述べる。まず，証券jと証券k，証券sの3つの証券のみが存在する世界を想定する。**表5・2**はこれら3つの証券の期待リターンとリスクを，**表5・3**は証券間の相関係数を示している。次に，**表5・4**は，証券jと証券k，証券sの2通りの組入比率とそれに

表 5・2 各証券の期待リターンとリスク

	証券 j	証券 k	証券 s
期待リターン	2 %	12 %	7 %
リスク	4 %	12 %	10 %

表 5・3 証券間の相関係数

	証券 j	証券 k	証券 s
証券 j	1	—	—
証券 k	− 0.8	1	—
証券 s	− 0.3	0.5	1

表 5・4 ポートフォリオの期待リターンとリスク，各証券間の組入比率

ポートフォリオ	期待リターン	リスク	組入比率		
			証券 j	証券 k	証券 s
Y	6.5 %	7.4 %	0.2	0.1	0.7
Z	6.0 %	3.8 %	0.5	0.3	0.2

対応するポートフォリオの期待リターンとリスクを示している。

　ポートフォリオ Y の期待リターンは（5-5）式に，ポートフォリオ Y のリスクは（5-9）式に表 5・2 から表 5・4 で想定される各証券の変数を代入することで求まる。

$$E(R_Y) = 0.2 \times 2\,\% + 0.1 \times 12\,\% + 0.7 \times 10\,\%$$

$$E(R_Y) = 6.5\,\%$$

$$\sigma_Y = \sqrt{0.2^2 \times 4\,\%^2 + 0.1^2 \times 12\,\%^2 + 0.7^2 \times 10\,\%^2}$$

$$\overline{+2 \times 0.2 \times 0.1 \times -0.8 \times 4\,\% \times 12\,\%}$$

$$\overline{+2 \times 0.2 \times 0.7 \times -0.3 \times 4\,\% \times 10\,\%}$$

$$+ 2 \times 0.1 \times 0.7 \times 0.5 \times 12\,\% \times 10\,\%$$

$\sigma_Y = 7.4\,\%$

　上記計算からポートフォリオ Y の期待リターンは 6.5 % であり，リスクは 7.4 % である。同様の計算をポートフォリオ Z についても行えば，ポートフォリオ Z の期待リターンは 6.0 % であり，リスクは 3.8 % である。

4 最適ポートフォリオの選択

投資機会集合と効率的フロンティア

　図 **5・1** に，証券 j と証券 k，証券 s の組み合わせから作成可能なポートフォリオのリスクと期待リターンを図示している。図 5・1 における j と s の間の双曲線（破線部分）は，証券 j と証券 s の 2 証券から作成可能なポートフォリオのリスクと期待リターンの軌跡を示している。同様に，図 5・1 における k と s の間の双曲線（破線部分）は，証券 k と証券 s の 2 証券から作成可能なポートフォリオのリスクと期待リターンの軌跡を示している。上述の破線部分から左方と上方に広がるアミかけ部分は，証券 j と証券 k，証券 s の 3 証券から作成可能なポートフォリオのリスクと期待リターンの軌跡であり，3 証券を用いて投資可能なポートフォリオの投資機会集合である。上述のポートフォリオ Y と Z はこの投資機会集合のなかにある。

　次に，リスク回避的な投資家であれば，この投資機会集合のなかからどのポートフォリオを選択するかを考えてみたい。リスク回避的な投資家は，リターンが一定であれば，リスクが最小のポ

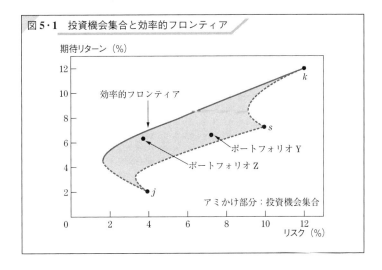

図5・1　投資機会集合と効率的フロンティア

期待リターン（%）

効率的フロンティア

ポートフォリオ Y

ポートフォリオ Z

アミかけ部分：投資機会集合

リスク（%）

ートフォリオを選択する投資家である。つまり，リスク回避的な
投資家は，投資機会集合のjとkの間の双曲線である最小分散境
界上のポートフォリオを選択するはずである。さらに，リスク回
避的な投資家は，リスクが一定であれば，リターンが最大のポー
トフォリオを選択する投資家である。つまり，リスク回避的な投
資家は，図5・1のjとkの間の最小分散境界上でも，実線で示し
た双曲線上部からポートフォリオ選択する。このjとkの間の双
曲線上部を **効率的フロンティア** と呼ぶ。加えて，効率的フロン
ティア上に位置するポートフォリオは **効率的ポートフォリオ** と
呼ばれる。投資家は，そのリスク回避度に応じて，効率的フロン
ティア上の効率的ポートフォリオを選択することとなる。

　加えて，図5・1は3証券による投資機会集合であるが，より
多くの証券を用いて投資機会集合を描いた場合も，図5・1と同
様の形状の投資機会集合となることが知られている。そのため，
より多くの証券が存在する場合においても，効率的フロンティア

は投資機会集合上の最小分散境界の双曲線上部となる。

> ### 分離定理

本項では，これまでの証券 j と証券 k，証券 s という 3 つのリスク証券しか存在しない世界にリスクのない**無リスク証券 f** を追加した世界における，個別投資家の最適ポートフォリオを考える。無リスク証券 f は他の証券との相関が 0 である。

図 5・2 は証券 j と証券 k，証券 s，無リスク証券 f の組み合わせから作成可能なポートフォリオをもとに，投資機会集合を図示している。薄いアミかけの部分は図 5・1 と同様に 3 つのリスク証券を投資対象としたときの投資機会集合であり，濃いアミかけの部分が無リスク証券を追加することで新たに投資可能となる投資機会集合である。

ここでも，リスク回避的な投資家であれば，この投資機会集合のなかからどのポートフォリオを選択するかを考えてみたい。上述のようにリスク回避的な投資家は，リターンが一定であればリスクが最小のポートフォリオを選択し，かつリスクが一定でリターンが最大のポートフォリオを選択するはずである。図 5・2 において，線分 j−f と線分 f−T はリターンが一定であれば，リスクが最小となるポートフォリオの軌跡であり，最小分散境界となる。次に，線分 j−f と線分 f−T からなる最小分散境界上において，線分 f−T がリスクが一定であれば，リターンが最大となるポートフォリオの軌跡となり，リスク回避的な投資家は，線分 f−T 上のポートフォリオを自身の投資ポートフォリオとして選択するはずである。つまり，線分 f−T が，無リスク証券が存在する場合における新たな効率的フロンティアとなる。線分 f−T は，接点 T においてリスク証券の投資機会集合と接しているため，ポートフォリオ T は**接点ポートフォリオ**と呼ばれる。

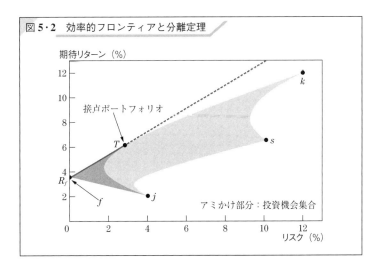

図5・2 効率的フロンティアと分離定理

期待リターン（%）

接点ポートフォリオ

R_f

f

j

s

k

アミかけ部分：投資機会集合

リスク（%）

　次に，線分f-TのTから左側に延長した破線部分のリスクに
対するリターンの比率は，薄いアミかけの部分で示されるリスク
証券のみから得られる投資機会集合の双曲線上である図5・1で
の効率的フロンティアよりも，優れていることがわかる。無リス
ク証券fの期待リターンと同じ金利で借入れを行い，接点ポート
フォリオTを追加購入できるのであれば，破線部分が投資可能
となり，破線部分も新たな効率的フロンティアとなる。

　最後に，投資家は，そのリスク回避度に応じて，効率的フロン
ティア上のポートフォリオを選択することとなる。図5・2のよ
うにリスク証券と無リスク証券が存在する場合，投資家は無リス
ク証券と接点ポートフォリオの組み合わせによるポートフォリオ
のなかから，最適なポートフォリオを選択することができる。こ
こで，すべての投資家にとってのリスク証券ポートフォリオは接
点ポートフォリオとなり，投資家が個別のリスク証券を選択する
必要はなくなる。つまり，投資家のリスク回避度とは関係なく，

すべての投資家にとって，接点ポートフォリオがリスク証券の最適な組み合わせ方となる。したがって，最適なリスク証券ポートフォリオは投資家のリスク許容度に依存しない。これらを **分離定理** という。

5 CAPM

分離定理によって，すべての投資家がリスク証券ポートフォリオとして接点ポートフォリオTを保有することから，接点ポートフォリオは市場に存在するすべてのリスク証券を含む **市場ポートフォリオ** でなければならない。したがって，効率的市場においてすべての投資家が現代ポートフォリオ理論に基づき同様の分析を行うのであれば，市場ポートフォリオは効率的ポートフォリオとなる。

そこで，図5·2において，接点ポートフォリオTを市場ポートフォリオMと改める。直線R_f-M（延長線を含む）は，すべての投資家に共通の効率的フロンティアとなり，R_f-Mの直線上にある任意の効率的ポートフォリオの期待リターンは，以下の（5-11）式で求まる。

$$E(R_p) = R_f + \left[\frac{E(R_M) - R_f}{\sigma_M}\right]\sigma_p \qquad (5-11)$$

次に，市場ポートフォリオMに含まれる証券iの期待リターンを求める。紙幅の関係で詳細に関しては省略するが，（5-11）式から以下のようになり，最終的に（5-12）式が求まる。

$$E(R_i) = R_f + \left[\frac{E(R_M) - R_f}{\sigma_M}\right]\frac{COV(R_i, R_M)}{\sigma_M}$$

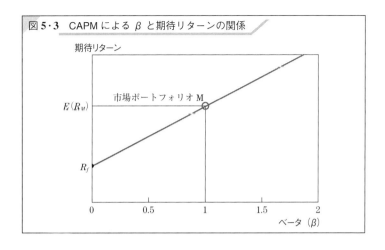

図 5・3　CAPM による β と期待リターンの関係

$$\beta_i = \frac{COV(R_i, R_M)}{\sigma_M^2}$$

$$E(R_i) = R_f + \beta_i[E(R_M - R_f)] \qquad (5-12)$$

（5-12）式は導出者の名前を冠して，シャープ（W. Sharpe）とリントナー（J. Lintner）の CAPM と呼ばれる。CAPM によれば，個別証券のリスク尺度は β 値（ベータ）で表される。個別証券のリスク・プレミアムは，証券iの β 値と市場リスク・プレミアムの積であり，個別証券iの期待リターンは無リスク証券のリターンに証券iの β 値と市場リスク・プレミアムの積を加えた値となる。

図 5・3 に示すように，β が大きいほど，期待リターンが高くなる。これは，β が1の場合，市場と同程度のリスクを有する証券であり，市場と同程度のリターンを期待できることを示している。β が1よりも小さい（大きい）場合は市場よりもリスクが小さい（大きい）証券であり，市場の期待リターンよりも小さい（大きい）リターンが期待されることを示している。

6 CAPMの応用

資本コストの推定　（5-12）式に個別の企業sの β 値と無リスク証券の金利，市場ポートフォリオの期待投資収益率を代入すれば，企業sの株式を保有することで得られると期待されている期待収益率を推定することができる。

　具体的には，企業sの期待収益率を得るためには，株価指数（TOPIX）を市場ポートフォリオとし過去の株式リターンをもとに β 値を推定する。推定された β 値が1.5であり，無リスク金利を1％，将来の期待される市場ポートフォリオのリターンを7％とすると，企業sの期待収益率は以下の式となる。

$$E(R_s) = R_f + \beta_s [E(R_M) - R_f]$$
$$E(R_s) = 1\% + 1.5 \times [7\% - 1\%]$$
$$E(R_s) = 10\%$$

　企業sの期待収益率は10％である。企業sの10％という期待収益率は，投資家が企業sの株式に投資した場合に期待する投資収益率であり，株主の要求収益率である。また，企業の側からみれば，期待収益率は，株主から預かっている資本のコストであり，企業の株主資本コストでもある。アメリカのサーベイ調査で明らかなように，多くの上場企業がCAPMを用いて自社の資本コストを推定している（J. R. Graham and C. R. Harvey [2001] "The Theory and Practice of Corporate Finance: evidence from the field," *Journal of Financial Economics*, Vol. 60 (2-3), pp. 187-243.）。

マルチファクター・モデルとアノマリー

CAPM は，証券の期待リターンが市場ポートフォリオのリターンで説明できることを示している。一方で，現実の世界において，時価総額や簿価時価比率等の基準でポートフォリオを作成した場合に，それらポートフォリオにおいて，市場ポートフォリオのリターンでは説明できない部分が存在することが知られている。

本項では，CAPM に基づき，日本の株式市場を対象に以下の式を推定し，時価総額と簿価時価比率に基づくポートフォリオの β と切片である a を計測する。

$$(月次リターン_{p,t} - R_{f,t}) = a + \beta(月次リターン_{topix,t} - R_{f,t}) + \varepsilon$$

p は，2000 年から 2020 年までにおける 3 月決算の上場企業を対象に，毎年 6 月末時点の時価総額と簿価時価比率で企業をそれぞれ 3 等分ずつした 3×3 の 9 つのポートフォリオのいずれかである。t は月である。被説明変数は，各ポートフォリオの毎年 7 月から翌年の 6 月までの月次リターンから R_f を引いたリスク・プレミアムである。各ポートフォリオの月次リターンは，ポートフォリオに含まれる企業の月次リターンの単純平均である。説明変数は市場ポートフォリオのリターンの代理変数である TOPIX の月次リターンから R_f を引いた市場リスク・プレミアムである。R_f は無担保コール翌日物金利の月中平均値を月次変換した値を用いている。図 **5・4** はこのポートフォリオ別の a を示している。

図 5・4 からわかるように，時価総額の小さいポートフォリオほど a が高く，かつ簿価時価比率の大きいポートフォリオほど a が高くなっている。CAPM が成り立つ世界であれば，これらポートフォリオのリターンはすべて市場リターン（リスク・プレミアム）で説明でき，0 と有意に異なる a は検出できないはずで

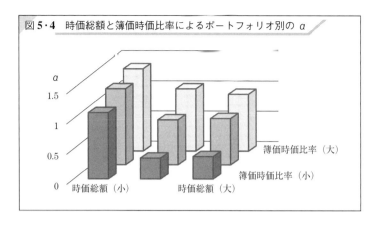

図5·4 時価総額と簿価時価比率によるポートフォリオ別の α

あるが，実際は検出されている。このことは，ファーマ（E. Fama）とフレンチ（K. French）の一連の研究結果と整合的であり，市場リスクだけでは，これら時価総額や簿価時価比率によるポートフォリオ別のリターンを説明できず，彼らは時価総額や簿価時価比率のリスク・ファクターを，CAPM に加えたファクター・モデルを提唱している。一方で，図 5·4 で示される現象は CAPM では説明できない**アノマリー**であるという解釈も存在する。

これは，市場が効率的であり，CAPM に新たなリスク・ファクターを追加することで，リターンが説明できるとする立場をとるか，市場は非効率的であり，上述のような CPAM では説明できないようなリターンはアノマリーであり，効率的市場仮説に対する反証であるとする立場をとるかの違いである。現在でも，多くの研究者が新たなリスク・ファクターやアノマリーの探索に多くの情熱を傾けている。

Column ⑤　年金資産運用における資産配分決定への応用

　現代ポートフォリオ理論が，年金資産の運用におけるアセット・クラスへの資産配分の決定に用いられている例を以下に示す。年金積立金管理運用独立行政法人（GPIF）は年金資産を国内債券，外国債券，国内株式，外国株式への運用資産配分の割合を公表しており，あわせて国内債券と外国債券，国内株式，外国株式の期待リターンとリスク，資産間の相関係数を公表している（表5·5に要約を示している）。GPIFの公表する基本資産配分は国内債券（25％），外国債券（25％），国内株式（25％），外国株式（25％）である。

　公表資料に基づき，GPIFの上述の資産配分に基づくポートフォリオの期待リターンとリスクを計算してみよう。期待リターンは（5-5）式を，リスクは（5-10）式を以下の式に変形し数値を代入することで求まる。

$$E(R_{GPIF}) = w_{\text{国内債券}}E(R_{\text{国内債券}}) + w_{\text{外国債券}}E(R_{\text{外国債券}})$$
$$+ w_{\text{国内株式}}E(R_{\text{国内株式}}) + w_{\text{外国株式}}E(R_{\text{外国株式}})$$
$$E(R_{GPIF}) = 1.725\%$$

$$\sigma_P = \left[w_{\text{国内債券}}^2 \sigma_{\text{国内債券}}^2 + w_{\text{外国債券}}^2 \sigma_{\text{外国債券}}^2 + w_{\text{国内株式}}^2 \sigma_{\text{国内株式}}^2 \right.$$

$$+ w_{\text{外国株式}}^2 \sigma_{\text{外国株式}}^2 + 2 w_{\text{国内債券}} w_{\text{外国債券}} \rho_{\text{国内債券, 外国債券}}$$

$$\sigma_{\text{国内債券}} \sigma_{\text{外国債券}} + 2 w_{\text{国内債券}} w_{\text{国内株式}} \rho_{\text{国内債券, 国内株式}}$$

$$\sigma_{\text{国内債券}} \sigma_{\text{国内株式}} + 2 w_{\text{国内債券}} w_{\text{外国株式}} \rho_{\text{国内債券, 外国株式}}$$

$$\sigma_{\text{国内債券}} \sigma_{\text{外国株式}} + 2 w_{\text{外国債券}} w_{\text{国内株式}} \rho_{\text{外国債券, 国内株式}}$$

$$\sigma_{\text{外国債券}} \sigma_{\text{国内株式}} + 2 w_{\text{外国債券}} w_{\text{外国株式}} \rho_{\text{外国債券, 外国株式}}$$

$$\sigma_{\text{外国債券}} \sigma_{\text{外国株式}} + 2 w_{\text{国内株式}} w_{\text{外国株式}} \rho_{\text{国内株式, 外国株式}}$$

$$\sigma_{\text{国内株式}} \sigma_{\text{外国株式}}$$

表 5・5 GPIF の想定する各アセット・クラスの期待リターンと
リスク，相関係数

	国内債券	外国債券	国内株式	外国株式
期待リターン（%）	−1.60	0.30	3.30	4.90
リスク（%）	2.56	11.87	23.14	24.85
相関係数				
国内債券	1	—	—	—
外国債券	0.290	1	—	—
国内株式	−0.158	0.060	1	—
外国株式	0.105	0.585	0.643	1

注）　期待リターンは名目期待リターンから名目賃金上昇率を差し引
　　　いた値である。

出所）　「基本ポートフォリオの変更について（詳細）」https://www.
　　　gpif.go.jp/topics/Adoption% 20of% 20New% 20Policy% 20Port-
　　　folio_Jp_details.pdf

図 5・5　国内債券，外国債券，国内株式，外国株式の投資機会
　　　　集合と GPIF のポートフォリオ

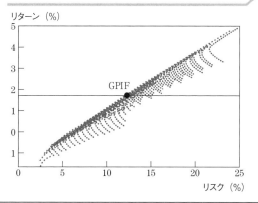

$\sigma_P = 12.234$

　上記計算から GPIF の公表数値に基づく，ポートフォリオの期待
リターンは 1.725 ％であり，リスクは 12.324 ％となる。GPIF は，
1.7 ％を目標リターンとしており，ポートフォリオの期待リターン

とおおむね一致している。

また，公表数値をもとに投資機会集合を図示したのが図5・5である。期待リターンが1.725％，リスクが12.324％の点を黒で示している。図5・5からわかるように，GPIFのポートフォリオは国内債券，外国債券，国内株式，外国株式で作成可能な投資機会集合の効率的フロンティア上におおむね位置していることがわかる。

これらのことは，外部者が公表データを用いて再現しても，GPIFが年金資産運用における資産配分を基本的に現代ポートフォリオ理論に沿って行っていることが推測でき，大変に興味深い。

本章で学んだキーワード

リターン　　リスク　　ポートフォリオ　　効率的フロンティア　　効率的ポートフォリオ　　無リスク証券　　接点ポートフォリオ　　分離定理　　市場ポートフォリオ　　CAPM　　アノマリー

演習問題
Seminar

　以下の表で3つの経済シナリオ別に示されている証券Xと証券Yの次期の予想リターンを参考に，次の問いに答えてみよう。

経済シナリオ	生起確率	証券X	証券Y
好　況	20 %	20 %	10 %
平　常	60 %	10 %	8 %
不　況	20 %	− 10 %	2 %

1　証券Xの期待リターンを求めてみよう。

2　証券Yのリスクを求めてみよう。

3 　証券 X と証券 Y の相関係数を求めてみよう。

4 　証券 X を 60％，証券 Y を 10％組み入れたポートフォリオの期待リターンとリスクを求めてみよう。

5 　CAPM に基づいて，Z 社の株主資本コストを求めてみよう。市場ポートフォリオの期待リターンは 10％，無リスク証券の期待リターンは 2％，Z 社の β 値は 1.5％と予想されている。

参考文献 ━━━━━━━━━━━━━━━━━━━━━━━━━━ **References**

榊原茂樹［1986］『現代財務理論』千倉書房。

日本証券アナリスト協会編，小林孝雄・芹田敏夫［2009］『新・証券投資論 I　理論編』日本経済新聞出版社。

日本証券アナリスト協会編，榊原茂樹・青山護・浅野幸弘［1998］『証券投資論』第 3 版，日本経済新聞社。

新しい金融商品の仕組みと評価

Summary

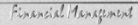

　デリバティブの勉強は35歳まで，とまことしやかに金融業界ではささやかれているそうである。それは京都大学理学部数学科の教授が発明した高度な定理を使ったモデルを学習しなければならないからである。そのためには，一般化したウィナー過程，幾何ブラウン運動，伊藤のレンマ等々，難解な概念を理解しなければならない。しかしここでは，デリバティブの理論やモデルのユーザーとして，デリバティブの基本を身につけるために，この章を学習しよう。

　本章は，デリバティブのなかでもオプションを取り扱う。英和辞典を引くとオプションとは選択権のことである。大事なことは，権利（right）であって義務（obligation）ではないことである。石油や大豆などの商品（commodity）や金融商品を売買する権利であるオプションの種類やオプション取引からの損益，オプションの価値を求めるモデルについて解説していく。

　本章を学習すると，読者は option is everywhere ということを実感されるだろう。普通株や転換社債は実はオプションの一種である。各種の手付金も，ある商品やサービスを手に入れる権利を確保する一種のオプションである。特許権も，新製品を製造・販売する権利を表す一種のオプションである。オプションを学習すると，世の中の社会現象を観察する見方が豊かになるだろう。

デリバティブとは　　　　デリバティブとは文字通り，あるモノか
ら派生したものであり，元にあるモノを
原資産（primitive or underlying asset〔根本にある資産ないし基礎に
ある資産〕）という。この原資産に由来する，あるいは原資産か
ら派生してできた資産ないし証券を派生資産ないし派生証券
（derivative asset or security）と呼び，単にデリバティブと呼称さ
れる。デリバティブは，あくまでも派生的なものであるから，そ
の価値はそのデリバティブのもつ特性だけでなく，原資産の価値
にも依存している。その価値（利得）が他の資産（＝原資産）の
価値に依存して決まる資産を派生資産（派生証券）という。

　代表的なデリバティブとしては，第一義的には図6・1が示す
ように先物（futures）・先渡し（forward）とオプション（option）
があるが，実務的には，さまざまな仕組み商品（スワップなど）
も含めて，デリバティブと呼ぶことが多い。原資産には，貴金属，
原油，穀物などの商品（commodity）もあれば，為替，金利，債券，
株式，株価指数といった金融商品もある。

　本章では，財務管理の理論と実務の双方にとって重要なオプシ
ョンを取り扱う。

1 オプション取引の基本用語

　原資産を，事前に決められた価格で，一定数量，事前に特定さ
れた将来のある時点において，または，その日を含めてそれ以前
のいつでも，買ったり売ったりできる権利をオプションという。
原資産を買う権利を **コール・オプション**（call option）といい，原
資産を売る権利を **プット・オプション**（put option）という。

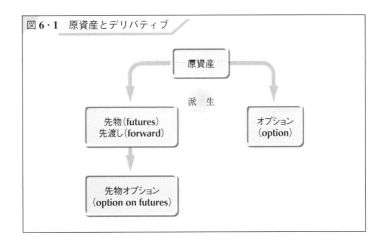

図6·1　原資産とデリバティブ

原資産

派　生

先物(futures)
先渡し(forward)

オプション
(option)

先物オプション
(option on futures)

　事前に決められた価格を権利行使価格という。前述の事前に決められた特定日を権利消滅日ないし満期日といい，この日のみ権利行使できるタイプのオプションを，**ヨーロピアン・オプション**（ヨーロッパ型）という。これに対して，権利消滅日までのいつでも権利行使できるオプションを **アメリカン・オプション**（アメリカ型）という。

　オプション取引は，オプション証券の発行者（ライター〔writer〕ともいう）からオプション証券の買い手（ホルダー〔holder〕ともいう）へとオプション証券が引き渡され，それと引き換えに買い手から発行者へと代金が支払われることをもって始まる。この代金のことをオプション・プレミアム（単にプレミアムともいう）と呼ぶ。このプレミアムを支払って権利を買うのである。

　オプションの保有者は，権利を行使することが利益を生むと判断すれば，コール・オプションの場合には，権利行使価格を発行者に支払って原資産を買うことができ，プット・オプションの場合には，発行者に原資産を売って，権利行使価格を手に入れるこ

とができる。オプションの保有者が権利行使したときには，その
オプションの発行者は必ずそれに応じる義務を負うのである。こ
のためオプション証券の発行者は大きな損失を被る可能性がある。

2 コール・オプションのリスクとリターン

　　個別株式のオプションを例にとって，話を進めよう。

> コール・オプションの
> 買い手の損益

A氏はXYZ社の株式に関するコール・
オプションを発行し，B氏がそれを購入
した。オプション購入代金は50円で，
権利行使価格は950円である。このオプションは権利消滅日が1
ヵ月後の6月8日のヨーロピアン・オプションである。このコー
ル・オプションの権利行使日における価値は6月8日のXYZ
社の株価に依存している。たとえば，XYZ株のこの日の始値が
1100円であるとしよう。B氏は権利行使価格の950円を支払っ
てXYZ株を買い，直ちに市場で1100円で売却すれば，150円の
売却益を手に入れることができる。すなわち，このコール・オプ
ションは，原資産（XYZ株）の価格が1100円のとき，150円の
価値をもつのである。ただし，B氏の実際の利益は，150円から
オプション・プレミアムの50円を差し引いた残りの100円であ
る。

　他方，XYZ株の株価がこの1日に一度も950円を上回ること
なく推移したとすれば，B氏は権利行使するチャンスのないまま
6月8日を終えることになり，このオプションは紙くずとなって
しまう。

　表6・1は，権利消滅日の株価の水準と，それに対応したコー

表6・1　コール・オプションの買い手にとっての価値と損益

権利消滅日の予想株価	850	900	950	1,000	1,050	1100
権利消滅日のオプション価値	0	0	0	50	100	150
プレミアム控除後の損益	−50	−50	−50	0	50	100

権利行使しない　　　　　　権利行使する

図6・2　コール・オプションの買い手の価値線と損益線

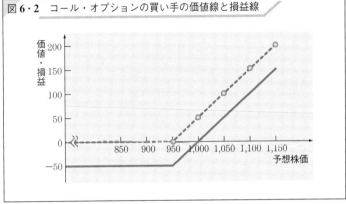

ル・オプションの価値，そしてプレミアム控除後のオプションの買い手にとっての損益を示している。横軸に権利消滅日の予想株価をとり，縦軸に価値ないし損益をとった図6・2は，表6・1を図示したものである。破線の折れ線は，権利消滅日におけるコール・オプションの価値を表し，実線の折れ線はプレミアム控除後の損益を表している。

コール・オプションの
発行者の損益

では，コール・オプションの発行者の損益はどうなるであろうか。株価が1100円であるとしよう。この場合，オプションの買い手は権利を行使してくるので，発行者であるA氏はこれに応じる義務がある。市場で売れば1100円を手に入れること

権利消滅日の予想株価	850	900	950	1,000	1,050	1,100
権利消滅日のオプション価値	0	0	0	− 50	− 100	− 150
プレミアム控除後の損益	50	50	50	0	− 50	− 100

権利行使されない　　　　権利行使される

図 6・3　コール・オプションの発行者の価値線と損益線

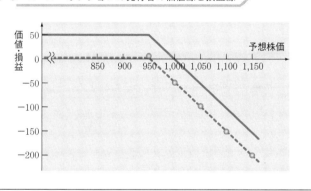

ができる XYZ 株と交換に，A 氏は B 氏から権利行使価格の 950
円を受け取る。結局，A 氏のオプションを発行しているポジショ
ンの価値は − 150 円であり，また，A 氏のすでに受け取っている
オプション・プレミアム 50 円を考慮した純損失は 100 円である。
オプションの発行者と買い手にとってのそれぞれのオプション価
値を合計した金額と，それぞれの利益と損失を合計した金額はと
もにゼロである。オプション取引はゼロ・サム・ゲーム（合計が
ゼロとなるゲーム，ただし取引手数料を無視している）である。**表
6・2** はコール・オプションの発行者にとってのオプション価値
と損益を表し，**図 6・3** は，図 6・2 と同じように，それらを図示
したものである。

3 プット・オプションのリスクとリターン

　次に，通貨オプションを例にとってプット・オプション取引の
損益をみてみよう。

> プット・オプションの
> 買い手の損益

プット・オプションは，事前に取り決め
た価格で，原資産をプット・オプション
の発行者に売りつける権利である。

　1ドル＝100円を社内レートとしている輸出メーカーが，2ヵ
月後のドル建ての輸出代金が円高の進行によって円転換時に目減
りすることを防止するために，通貨プット・オプションを買うケー
スを考えよう。権利行使価格は1ドル＝100円である。横軸に
予想為替レートをとり，縦軸に価値ないし損益をとった**図6・4**
において，破線の折れ線は，1ドルを100円で発行者に売る権利
の価値を表している。たとえ市場で1ドル＝95円になっても，1
ドルを100円と交換できるのであるから，このプット・オプショ
ンは5円の価値をもつ。他方，予想に反して円安となり，1ド
ル＝110円となれば，マーケットでドルを売れば110円手に入る
のに，権利を行使すれば100円しか手に入らないのであるから，
そのような権利の価値はゼロであろう。図6・4の実線の折れ線
は，このプット・オプションを5円のプレミアムを払って買う買
い手にとっての損益を表している。

> プット・オプションの
> 発行者の損益

前述したように，オプション取引はゼ
ロ・サム・ゲームであるから，プット・
オプションの発行者にとっての価値と損
益は，**図6・5**のようになる。輸出メーカーと将来の為替レート

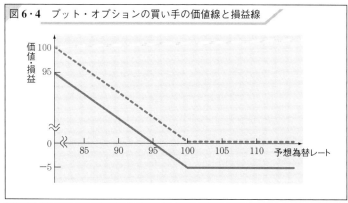

図6・4　プット・オプションの買い手の価値線と損益線

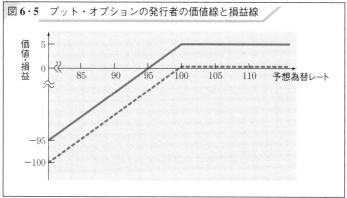

図6・5　プット・オプションの発行者の価値線と損益線

の水準について正反対の予想をしてオプションの発行者となった
銀行は，円安になれば，権利放棄が行われるので，プット・プレ
ミアムを手元に残せるが，予想が外れて円高になった場合には大
きな損失を被るリスクを抱え込んでいる。

4 オプション価格モデル

　原資産をあらかじめ決められた値段で将来のある時点で売買できる権利の現在の価値はいくらだろうか。ヨーロッパ型のコール・オプションのプレミアムの価値を求めるモデルとして，コックス（J. Cox）＝ロス（S. Ross）＝ルビンスタイン（M. Rubinstein）のバイノミアル・オプション価格モデル（binomial option pricing model）とブラック（F. Black）＝ショールズ（M. Scholes）のオプション価格モデルが有名である（J. C. Cox, S. A. Ross and M. Rubinstein［1979］"Option Pricing: A Simplified Approach," *Journal of Financial Economics*, 7, pp. 229-263; F. Black and M. Scholes［1973］"The Pricing of Option and Corporate Liabilities," *Journal of Political Economy*, 81(3)，pp. 637-654）。

4.1 コックス＝ロス＝ルビンスタインのバイノミアル・ オプション価格モデル

　原資産としてある会社の株式を想定し，この株式を買う権利であるコール・オプションの価値を求めよう。議論を簡単にするために，期首（現時点，$t=0$）と期末（$t=1$）の２つの時点からなる１期間モデルを考える。期間の長さは１週間でも１ヵ月でもよい。このコール・オプションはヨーロッパ型で，期末（$t=1$）においてのみ権利行使可能である。

　ある会社の株式の現時点の株価（S_0）は 50 で，期末の株価（S_1）は 75 に上昇（up）するか（$S_1^u=75$），25 に下落（down）するか（$S_1^d=25$）のいずれかだと予想されている。権利行使価格（K）は

Column ⑥　トヨタ自動車の種類株式発行 ～～～～～～～～～～

　株主にも多様な経済的または会社支配のニーズがありうることに配慮して，株式会社には普通株式との関係において，<u>一定の事項につき権利内容の異なる株式（「種類株式」という）の発行</u>が認められている（「株主平等の原則」の修正）。その一定の事項として，会社法108条1項は，配当金支払いの順序や会社解散時の残余財産の分配の順序の優先・劣後（優先株式，劣後〔後配〕株式）をはじめとして9項目を列挙している。

　トヨタ自動車は，<u>長期保有の個人株主を増やすことを目的として</u>，2015年6月16日の株主総会の決議を経て，7月24日に第1回「ＡＡ型種類株式」と呼ばれる種類株式を発行した（第5回までを予定）。　その内容は，①非上場，②議決権付き，③譲渡制限付き，④普通株式に優先する配当金支払い，⑤普通株式に優先する残余財産の分配，⑥おおむね5年経過後，会社に発行価額相当額で取得を請求可，⑦おおむね5年経過後，会社に普通株式との交換（原則1対1）を請求可，⑧おおむね5年経過後，会社は発行価額相当額で買い戻し可，⑨国内投資家向け，であった。

　このトヨタの種類株式は，優先株式に本章で学習したオプションを組み込んでいる。どのようなオプション・ポジションが内蔵されているかを確認しよう。

　種類株式の発行条件は，①発行価額は普通株式の7月2日終値8153円の130%に当たる1万598円（購入は100株単位），②発行総額は4991億円（4710万株），③種類株式発行による1株当たり利益希薄化回避のため，最大6000億円の普通株式の自社株買い実施，④配当金は，配当利回りが発行価額に対して1年目0.5%，2年目1%，その後0.5%ずつ引き上げ，5年目から2.5%（5年間の平均1.5%，普通株式は発行当時2.3%）となるように「確実に」支払う，というものであった。

　投資家は，この種類株式を100株買い付ける代わりに普通株式を計算上130株買い付けることもできた（種類株式購入申し込み時にも普通株式の株価が8153円と仮定して）。普通株式の当時の配当利回り2.3%が5年間継続すると仮定して，5年後の普通株

の予想株価に応じて2つの投資案の5年度の投資損益額がどうなるかを,横軸に普通株式の予想株価をとり縦軸に投資損益をとった図に描き比較してみよう。ただし,5年間に受け取る配当金は単純合計する。

2021年4月6日付『日本経済新聞』によると,トヨタは4月3日に種類株式の全株数の買い取りを終え,消却した(上述の⑧の実施)。現状では再び発行する予定はないという。

50. 1期間の無リスク利子率(r)は0.25(25%)と仮定しよう。これらの条件の下では,ヨーロピアン・コール・オプションの現在の価値(C_0)はいくらだろうか。

期末に株価が上昇したとき,株価は権利行使価格を上回っているので(このような状態をイン・ザ・マネーという),コール・オプションの権利を行使すると,株価と支払うべき権利行使価格の差額に等しい価値(25=75-50)が得られる。すなわち,株価が上昇したときのコール・オプションの期末の価値(C_1)は,

$$C_1 = \text{Max}\,[0, S_1 - K] = \text{Max}\,[0, 75 - 50] = 25$$

となる。ここで,Max $[a, b]$ は,a と b の大きいほうをとることを意味している。

他方,期末に株価が下落したとき,株価は権利行使価格を下回って(このような状態をアウト・オブ・ザ・マネーという)権利行使されないので,コール・オプションの価値はゼロとなる。すなわち,株価が下落したときのコール・オプションの価値(C_1)は,

$$C_1 = \text{Max}\,[0, 25 - 50] = \text{Max}\,[0, -25] = 0$$

となる。

解くべき問題は,期末に株価が上昇したときには25の価値をもち,下落したときにはゼロの価値しかないコール・オプション

表6・3　ヨーロピアン・コール・オプションの価値の導出例

ポートフォリオ	$t=0$ 時点の キャッシュフロー	$t=1$ 時点のキャッシュフロー	
		$S_1^d = 25$	$S_1^u = 75$
コール2枚の発行 株式1株の買付け 20の借入れ	$+2C_0$ $-1S_0$ $+20$	0 25 -25	-2×25 75 -25
計	?	0	0

に，あなたは現在いくらの価値を付けるかである。この問題を解くために表6・3のようなポートフォリオを考えよう。すなわち，原資産の株式を S_0 で1株買い付け，コール・オプションを C_0 のプレミアムで2枚発行，20の借入れ，というポートフォリオである。このポートフォリオを期首に構築したときのキャッシュの流出入は，表6・3が示すように，コール・オプションを2枚発行したことによる $2C_0$ の流入（$+2C_0$），株式1株の買付けによる S_0 の流失（$-1S_0$），借金による借入元本の流入（$+20$）の合計である。

　他方，期末のこのポートフォリオからのキャッシュフローは，株価が上がっても下がってもゼロである。株価が上がったとき，コール・オプションの保有者は権利を行使してくるので，コール・オプションの発行者のポジションからは 50（$=2$枚$\times 25$）の損失が発生する。保有株1株の価値は75で，借入金の元利返済額は金利が25%なので，25（$=20 \times (1+0.25)$）となる。したがって，ポートフォリオ全体の正味キャッシュフローはゼロである。株価が下がったときも同じように計算すればよい。

　期末の価値が確実にゼロのポートフォリオにあなたは現在いくら払うだろうか。もちろんゼロである。それゆえ，

$$2C_0 + (-1S_0) + 20 = 0$$

が成立する。上の式を解くと，コール・オプションの現在の価値として，$C_0 = 15$ を得る。

コール・オプション価値の導出の一般化

上述のコール・オプションの価値を求めるステップは 2 つの部分に分解される。第 1 のステップは，コール・オプションの発行と株式の買付けを組み合わせたポートフォリオからの利益が，期末の予想株価にかかわらず同じとなるように（上述の例では +25），ポートフォリオを組むことである。このようなポートフォリオは，株価が上がろうが下がろうがその価値が 25 とコンスタントであるので，ヘッジド・ポートフォリオ (hedged portfolio) と呼ばれ，発行されたコール・オプション 1 枚当たりの買付け株式数を ヘッジ比率 (hedge ratio, h) という（上述のケースでは $h = 1/2$ である）。第 2 のステップは，第 1 のステップのコール・オプションの発行と株式の買付けの組み合わせに借入れを追加して，ポートフォリオ全体の価値をゼロにすることである。

ヘッジ比率とヘッジド・ポートフォリオ

ヘッジ比率の求め方は，表 6・4 に示されている。コール・オプションの 1 枚の発行と株式の h 株数の買付けを組み合わせたポートフォリオを作ることにより期首に発生するキャッシュフローは，コール・オプションの発行により手に入れた C_0 と，株式の買付けにより出ていった hS_0 である。他方，この組み合わせの期末の価値は，株価が上昇したときには，オプションが権利行使されたと想定したときの損失 $-C_u$ と株式の価値 huS_0 の合計であり，株価が下落したときには，オプションが権利行使されたと想定したときの損失 $-C_d$ と株式の価値 hdS_0 の合計である。ここで，u は 1 ＋株価上昇率（現在のケースでは $1 + 0.5 = 1.5$），d は 1 －株価下落率（現在のケースでは $1 - 0.5 = 0.5$）である。

表6・4 コール・オプション価値の導出のためのヘッジド・ポートフォリオの構築

組み合わせ	$t=0$時点の キャッシュフロー	$t=1$時点の価値	
		$S_1^d = dS_0$	$S_1^u = uS_0$
コール1枚の発行 株式 h 株の買付け	$+C_0$ $-hS_0$	$-C_d$ hdS_0	$-C_u$ huS_0

ただし，C_d＝株価が下落した場合のコールの価値＝$\text{Max}[0, dS_0 - K]$
C_u＝株価が上昇した場合のコールの価値＝$\text{Max}[0, uS_0 - K]$

　表6・4の組み合わせがヘッジド・ポートフォリオとなるためには，期末において次の式が成立しなければならない。

$$-C_d + hdS_0 = -C_u + huS_0$$

　上の式を h について解くと，ヘッジ比率として，

$$h = (C_u - C_d)/(uS_0 - dS_0) \qquad (6-1)$$

が得られる。先の例では，

$$uS_0 = (1 + 0.5) \times 50 = 75$$

$$dS_0 = (1 - 0.5) \times 50 = 25$$

$$C_u = \text{Max}\,[0, uS_0 - K] = \text{Max}\,[0, 1.5 \times 50 - 50]$$

$$\quad = \text{Max}\,[0, 25] = 25$$

$$C_d = \text{Max}\,[0, dS_0 - K] = \text{Max}\,[0, 0.5 \times 50 - 50]$$

$$\quad = \text{Max}\,[0, -25] = 0$$

であるから，

$$h = (25 - 0)/(75 - 25) = 0.5$$

となって，発行されたコール・オプション1枚当たり0.5株の株式を買うことになる。

1期間のバイノミアル・オプション価格モデル

　第2のステップは，コール・オプションの発行と株式の買付けの組み合わせに借入れを組み込んだポートフォリオの期末価値を，株価が上がろうが下がろうが，ゼロにすることである。

表 **6・5** バイノミアル・オプション価格モデルの導出

組み合わせ	$t = 0$ 時点の キャッシュフロー	$t = 1$ 時点のキャッシュフロー	
		$S_1^d = dS_0$	$S_1^u = uS_0$
コール1枚の発行 株式 h 株の買付け	$+C_0$ $-hS_0$	$-C_d$ hdS_0	$-C_u$ huS_0
借入れ	$\dfrac{-C_d + hdS_0}{R}$	$C_d - hdS_0$	$C_u - huS_0$
総　計	$C_0 - hS_0 + \dfrac{-C_d + hdS_0}{R}$	0	0

　表 **6・5** の第3行目は，期首に借入れすべき金額が，第1ステ
ップで作られたヘッジド・ポートフォリオの期末の価値（株価が
上がろうが下がろうが同一なので，どちらをとってもよい）を無リス
ク利子率で割り引いた現在価値に等しいことを示している。コー
ル・オプションの発行，株式の買付け，借入れの3つからなるポー
トフォリオの期末の価値はゼロとなるので，そのようなポート
フォリオの現在の価値は当然ゼロでなければならない。すなわち，
次の式が成立する。

$$C_0 - hS_0 + (-C_d + hdS_0)/R = 0 \qquad (6-2)$$

ここで，R は $(1 +$ 無リスク利子率 $r)$ である。$(6-2)$ 式に $(6-1)$
式のヘッジ比率を代入して整理すると，次のヨーロッパ型コー
ル・オプションの1期間の **バイノミアル・オプション価格モデル**
が得られる（株価の変化が2通り〔binomial〕であることに由来する）。

$$C = \frac{C_u \dfrac{R-d}{u-d} + C_d \dfrac{u-R}{u-d}}{R} = \frac{C_u P + C_d (1-P)}{R} \qquad (6-3)$$

$$\text{ただし，} \quad P = \frac{R-d}{u-d} \qquad (6-4)$$

$(6-3)$ 式は，分子の数字を無リスク利子率で割り引いて現在価

値に換算している。このように無リスク利子率で割引できるのは，1期後にどちらになるか不確実な C_u と C_d の値にそれぞれ P と $(1-P)$ を掛け合わせて合計した加重平均値を確実なものとみなせる（リスク中立的な）値に変換しているからである。この意味で，P は**リスク中立確率**（risk neutral probability）と呼ばれる。バイノミアル・オプション価格モデルは，まさに第 **2** 章で解説した不確実性処理へのリスク中立アプローチによるリスク資産の評価モデルである。

（6-3）式に先のケースの数字を代入すると，コール・オプションの価値として

$$C_0 = \frac{25\left\{\dfrac{1+0.25-(1-0.5)}{1+0.50-(1-0.5)}\right\} + 0\left\{1-\dfrac{1.25-0.5}{1.50-0.5}\right\}}{1+0.25} = 15$$

ただし，$P = 0.75$

が得られる。

> **2 期間のバイノミアル・オプション価格モデル**

多期間のケースの最もシンプルなケースとして 2 期間を考えよう。現在（$t=0$），来期（$t=1$），翌々期（$t=2$）の 3 つの時点で株価とオプションの価値が成立する。議論を簡単にするために，株価は来期から翌々期にかけてもこれまでと同様に上昇するか下落するかの 2 項過程（バイノミアル・プロセス）をたどり，上昇と下落の割合もこれまでと同じ +50％ と −50％ と仮定する。また来期から翌々期にかけての無リスク利子率も同じ 25％ と仮定する。これらの仮定の下で現在から翌々期までの株価の推移をたどったのが，図 **6・6** である。

図 **6・7** は，株価の推移に対応したコール・オプションの価値

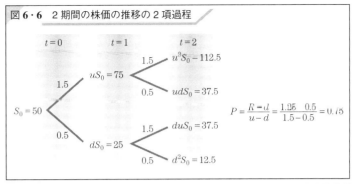

図6・6　2期間の株価の推移の2項過程

$t=0$　　　　　$t=1$　　　　　$t=2$

$S_0 = 50$

$uS_0 = 75$　（1.5）　$u^2S_0 = 112.5$
　　　　　　（0.5）　$udS_0 = 37.5$

（1.5）

$dS_0 = 25$　（1.5）　$duS_0 = 37.5$
　　　　　　（0.5）　$d^2S_0 = 12.5$

（0.5）

$$P = \frac{R-d}{u-d} = \frac{1.25-0.5}{1.5-0.5} = 0.75$$

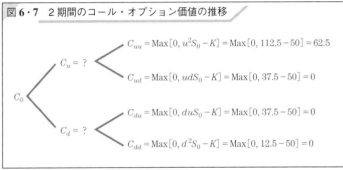

図6・7　2期間のコール・オプション価値の推移

C_0

$C_u = ?$

$C_{uu} = \text{Max}[0, u^2S_0 - K] = \text{Max}[0, 112.5-50] = 62.5$

$C_{ud} = \text{Max}[0, udS_0 - K] = \text{Max}[0, 37.5-50] = 0$

$C_d = ?$

$C_{du} = \text{Max}[0, duS_0 - K] = \text{Max}[0, 37.5-50] = 0$

$C_{dd} = \text{Max}[0, d^2S_0 - K] = \text{Max}[0, 12.5-50] = 0$

の推移を示している。添え字（u と d）はその時点で株価が上昇したか下落したかを示し，2つある添え字の前のものは来期，後のものは翌々期のものを意味する。翌々期（$t=2$）はオプションの権利消滅日で，この時点のコール・オプションの価値は，図6・7が示すように，株価から権利行使価格を引いた差額とゼロの大きいほうの値をとる。このようにして権利消滅日のオプションの価値が，$C_{uu}=62.5$，$C_{ud}=0$，$C_{du}=0$，$C_{dd}=0$ と，4通り求められる。

　来期のオプションの価値 C_u と C_d は，1期間のバイノミアル・モデルを使うと，それぞれ次のように求められる。

$$C_u = \frac{C_{uu}P + C_{ud}(1-P)}{R} = \frac{62.5 \times 0.75 + 0(1-0.75)}{1+0.25} = 37.5$$

$$C_d = \frac{C_{du}P + C_{dd}(1-P)}{R} = \frac{0 \times 0.75 + 0(1-0.75)}{1+0.25} = 0$$

結局，今期のオプションの価値は，もう一度 1 期間のバイノミアル・モデルを使うと，

$$C_0 = \frac{C_u P + C_d(1-P)}{R} = \frac{37.5 \times 0.75 + 0(1-0.75)}{1+0.25} = 22.5$$

となる。2 期間の場合のコール・オプションの価格モデルは，一般的に表現すると，

$$C_0 = \frac{\dfrac{C_{uu}P + C_{ud}(1-P)}{R} \times P + \dfrac{C_{du}P + C_{dd}(1-P)}{R} \times (1-P)}{R}$$

$$= \frac{P^2 C_{uu} + 2P(1-P)C_{ud} + (1-P)^2 C_{dd}}{R^2} \qquad (6\text{--}5)$$

となる（ただし，$C_{ud} = C_{du}$）。3 期間以上になっても，基本的解き方は変わらない。

コール・オプション価値の決定要因

以上から，コール・オプションの価値は，①1＋株価上昇率，②1－株価下落率，③権利行使価格，④無リスク利子率，⑤現在の株価水準，⑥権利消滅日までの期間の長さ，によって決まることがわかる。株価の上昇率と下落率は株価の変動の大きさを決めるので，株価の上昇率と下落率を1つに統合してボラティリティ（volatility）と表現すると，オプションの価値は，次の5つの要因によって規定される。

(1) 株価のボラティリティ

(2) 権利行使価格

(3) 権利消滅日までの期間の長さ

(4) 無リスク利子率

(5) 現在の株価水準

4.2 ブラック゠ショールズのオプション価格モデル

コックスらのバイノミアル・オプション価格モデルは，株価は
ある時間間隔をおいて変化する離散型変数と仮定していた。これ
に対して，ブラックとショールズは，株価は連続的に幾何ブラウ
ン運動（geometric Brownian motion）に従って変動すると仮定して，
配当を支払わない株式を原資産として発行されたコール・オプシ
ョンに関する，次のような ブラック゠ショールズ型オプション価
格モデル（OPM）と呼ばれる有名なモデルを開発した。

$$C = SN(d_1) - Ke^{-rT}N(d_2) \tag{6-6}$$

ここで，各記号の意味は次のとおりである。

S ＝現在の株価水準

r ＝連続複利で計算される無リスク利子率（年率換算）

K ＝権利行使価格

T ＝権利消滅日までの日数を年単位で表示したもの

e ＝自然対数の底（＝2.71828）

$N(d) = d$ で評価された規準正規分布の累積密度

$$d_1 = \frac{\ln(S/K) + rT}{\sigma\sqrt{T}} + \frac{1}{2}\sigma\sqrt{T} = \frac{\ln(S/K) + \left(r + \frac{1}{2}\sigma^2\right)T}{\sigma\sqrt{T}}$$

$$d_2 = \frac{\ln(S/K) + \left(r - \frac{1}{2}\sigma^2\right)T}{\sigma\sqrt{T}} = d_1 - \sigma\sqrt{T}$$

σ ＝連続複利で計算された株式の投資収益率の標準偏差
　　（ボラティリティ）

$\ln(S/K) = S/K$ の自然対数

なお，（6-6）式の右辺 $N(d_1)$ の経済的意味は，今日（$t=0$）原資産株式に投資した1円が，オプションの権利消滅日（$t=T$）にオプションがイン・ザ・マネーとなっている状態においてとる予想価値に，それぞれの状態のリスク中立確率を掛け合わせて合計した金額を，リスク・フリー・レートで今日（$t=0$）時点まで割り引いた現在価値である（このような解釈は，榊原茂樹「特許権の評価へのリアル・オプション・アプローチ」古賀智敏・榊原茂樹・與三野禎倫編著［2007］『知的資産ファイナンスの探求』中央経済社，第5章所収による）。また，$N(d_2)$ の経済的意味は，オプションが権利消滅日にイン・ザ・マネーの状態で終わるリスク中立確率である（ブラック＝ショールズ・モデルによってオプション価格を実際に計算してみることに興味をもった読者は，榊原ほか［2013］第12章コラム，新井富雄・高橋文郎・芹田敏夫［2016］『コーポレート・ファイナンス』中央経済社，第11章，およびハル［2009］〔例13.6〕を参照）。

　横軸に株式の現在の価格，縦軸にコール・オプションの現在の価値をとった**図6・8**において，下に凸の曲線は権利消滅日までに時間を残すコール・オプションの価値線を表している。いま直ちに権利行使すると仮定した場合のコール・オプションの価値は，図6・8において，現在の株価が権利行使価格未満であれば原点から権利行使価格までの間はゼロで，株価が権利行使価格を上回ると右上がりの45度の傾きをもった直線上に位置する折れ線を形成する。この Max $[S-K, 0]$ で表される価値は，**オプションの本質価値**（intrinsic value）と呼ばれる。これに対して，曲線で示されるオプションの理論価値が本質価値を上回る部分は，**オプションの時間価値**（time value）と呼ばれる。現在，オプションがたとえアウト・オブ・ザ・マネーの状態にあったとしても，権利消

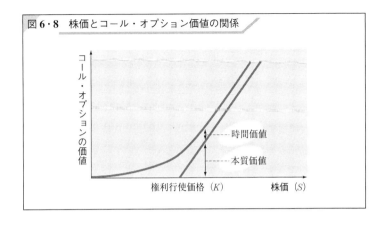

図6・8 株価とコール・オプション価値の関係

（縦軸）コール・オプションの価値
（横軸）権利行使価格（K）　株価（S）

時間価値
本質価値

減日までの期間にイン・ザ・マネーの状態になる可能性があるかぎり，その可能性を評価してアウト・オブ・ザ・マネーのオプションもプラスの価値をもつのである。

5 プット・コール・パリティ関係とプット・オプションの価格モデル

　権利消滅日までの間に配当を支払わない株式を原資産として発行されたヨーロッパ型のコール・オプションとプット・オプションの価値（プレミアム）の間に，下記の **プット・コール・パリティ関係** と呼ばれる関係が成立することが知られている。

$$S + P = C + Ke^{-rT} \tag{6-7}$$

　ここで，S は現在の株価，P はプットの価値，C はコールの価値，Ke^{-rT} はコールとプットに共通の権利行使価格（K）を無リスク利子率 r を割引率として権利消滅日の T 時点から今日まで連続複利で割り引いた現在価値である。

(6-7) 式の C に（6-6）式のブラック゠ショールズ型オプション価格モデルを代入してプット・オプションの価値 P について解くと，次のプット・オプションの価値を求める公式が得られる。ただし，記号の意味はいままでと同じである。

$$P = -S\left(1-N(d_1)\right) + Ke^{-rT}\left(1-N(d_2)\right)$$
$$= -SN\left(-d_1\right) + Ke^{-rT}N\left(-d_2\right) \tag{6-8}$$

本章で学んだキーワード

コール・オプション　プット・オプション　ヨーロピアン・オプション　アメリカン・オプション　ヘッジド・ポートフォリオ　ヘッジ比率　バイノミアル・オプション価格モデル　リスク中立確率　ブラック゠ショールズ型オプション価格モデル（OPM）　オプションの本質価値　オプションの時間価値　プット・コール・パリティ関係

演習問題
Seminar

1　トヨタ株を 1 株 3500 円で買い付けると同時に，トヨタ株を原資産とする権利行使価格が 3500 円のプット・オプションを 1 枚 100 円で買ったときの総合ポジションの価値線と損益線を図示してみよう（このような投資戦略はポートフォリオ・インシュアランスと呼ばれる）。

2　3 期間のバイノミアル・オプション価格モデルを導出してみよう。

3　A 大学の入試試験に合格した X さんは，入学金と 1 年分の授業料を納付期限までに納めた。その後 X さんは本命の B 大学の入試に合格したので，A 大学に納めた入学金と 1 年分の授業料の返還を求めた。オプションの考え方を使って，入学金と授業料を返還すべきかどうかを考えてみよう。

参考文献 ——————————————— References

甲斐良隆・榊原茂樹編著［2009］『企業リスク管理の実践』（現代の財務経営5）中央経済社。

甲斐良隆・榊原茂樹・若杉敬明編著［2009］『企業リスク管理の理論』（現代の財務経営4）中央経済社。

榊原茂樹［1992］『株式ポートフォリオのリスク管理』東洋経済新報社。

榊原茂樹・城下賢吾・姜喜永・福田司文・岡村秀夫［2013］『入門証券論』第3版，有斐閣。

高橋誠・新井富雄［1996］『ビジネス・ゼミナール デリバティブ入門』日本経済新聞社。

ハル，J. C.（三菱UFJモルガン・スタンレー証券市場商品本部訳）［2016］『フィナンシャルエンジニアリング』第9版，金融財政事情研究会。

第7章 コーポレート・ガバナンスと *ESG*

企業価値最大化をめざす経営の理想と現実

Summary

Financial Management

　本章では，理想と現実の世界を対比することで，コーポレート・ガバナンスおよび ESG（environment, social, and governance）について概観する。

　コーポレート・ガバナンスは，企業と関連する経済主体間においてどのような利害対立が存在するのか，どのように利害対立が起こるのか，どのようにすれば利害対立を緩和できるのかを主に研究対象としている。

　財務管理の理論において，企業経営における絶対の目的は企業価値最大化である。理想の世界において，すべての株主の目的は企業価値最大化であり，株主から企業経営を委託された企業経営者は，企業価値最大化をめざして経営を行う。加えて，理想の世界において，企業価値最大化を目的とした経営は，債権者や顧客，従業員，取引先，社会，環境という株主以外のステークホルダーの利益を害さない。

　しかし，現実の世界は理想の世界とは違い，株主価値最大化を目的とした経営を行ううえで，図7・1に示す株主，経営者，債権者，それ以外のステークホルダーの間での利害の対立が存在する。

　本章では，株主と経営者，株主と債権者，企業と他のステークホルダー，株主と株主の間の利害対立についてそれぞれ説明を行い，どのようにそれらを緩和するための制度や政策が実施されているかについて述べる。

1 株主と経営者

のプリンシパル・エージ
ェント理論
企業の目的は企業価値最大化である。理想の世界において，株主から企業経営を委託された企業経営者は，受託者責任を果たすべく企業価値最大化を目的とした経営を行う。しかし，現実の世界では，経営者は企業価値最大化とは異なる目的のために企業経営を行い，株主と経営者の利害対立が生じる可能性がある。

　この株主と経営者の関係は，プリンシパル・エージェント理論におけるプリンシパルとエージェントの関係と一致する。プリンシパル・エージェント理論は，依頼人としての経済主体（プリンシパル）と依頼人のために活動する代理人としての経済主体（エージェント）の間の契約に関する理論である。株主と経営者の関係は，株主がプリンシパル，経営者がエージェントであり，株主と経営者は **プリンシパル・エージェント** の関係にある。

　プリンシパル・エージェント理論に従えば，代理人と依頼人の利益は必ずしも一致せず，代理人は依頼人の利益を犠牲にし，代理人自身の利益または目的を優先した行動をとる可能性が高いと考えられる。この依頼人と代理人の利益または目的の不一致を**エージェンシー問題** と呼ぶ。依頼人である株主と代理人である経営者の間におけるエージェンシー問題は，経営者が企業価値最大化という株主の目的を犠牲にし，経営者自身の利益を追求した経営を行うことである。経営者の利益または目的として，業界内での名声を得るための売上規模拡大，在任中の利益のみの最大化，再任または保身に走ることなどが考えられる。一方で，企業価値

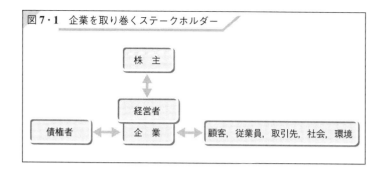

図7・1　企業を取り巻くステークホルダー

株　主

経営者

債権者　　企　業　　顧客，従業員，取引先，社会，環境

最大化のための経営改革等の経営努力を行わないことも，エージェンシー問題である。

　このエージェンシー問題のために，株主は経営者を監視（モニタリング）し，規律づける必要がある。ただし，株主は経営者に比べて企業の情報に精通しておらず，株主と経営者の間には企業に対する情報の非対称性が存在する。そのため，株主は情報を収集するためのコストを負担する必要がある。加えて，株主は経営者を規律づけるための **エンゲージメント** といわれる企業との対話や議決権行使を行うコストを負担する必要がある。エージェンシー理論では，依頼人が代理人を監視し規律づけるために費やすコストと，代理人の自己利益の追求によって依頼人が喪失した利益の合計を **エージェンシー・コスト** と呼ぶ。

　以下では，どのように株主が経営者を監視し規律づけを行うのか，その制度と概要に関して説明する。

株主総会と議決権行使　上述のエージェンシー理論に従えば，株主が経営者を監視し規律づけることで企業価値最大化をめざした経営を行わせる必要があるが，株主が経営者を直接監視し規律づけることは困難である。

　そこで，株式会社では株主総会を1年に1度（毎事業年度終了

後の一定期間内に）定時株主総会を開催し，主に会社定款の変更，利益処分，取締役選任等が決議される。株主は，株主総会において，自らの代理として取締役を選任し，企業経営者の監督，任命に当たらせる。取締役は経営者が株主価値の最大化に向けた企業経営を行っているかを監視・評価し，経営者を交代させる権限を有している。

社外取締役と社内取締役 株主と経営者の間のエージェンシー・コストを緩和するために，株主が株主総会において選任した取締役によって構成される取締役会制度を用いた機関設計が多くの国で採用されている。取締役会の役割は，経営戦略および投資案件等を議論し，それらを承認する経営意思決定を行うことと，最高経営責任者（CEO）をはじめとする業務執行者である経営者を選定し，経営者を監視・評価することにある。ただし，CEOを含む経営者が取締役を兼ねることは世界的にみて一般的である。

　取締役は社内取締役と社外取締役に分類される。社内取締役とは，企業の内部出身者または企業の関係者である取締役を指す。一方で **社外取締役** とは，企業の外部出身の取締役であり，企業とは独立した取締役である。とくに，社外取締役には，株主と経営者の間のエージェンシー問題を緩和することが期待されている。具体的には，株主の利益に沿った企業価値最大化を目的とする企業経営のために，取締役会での企業の業務執行の監視と業務執行に対する助言の2つの側面が期待されている。

　図7・2 に，日本における社外取締役比率と次項で説明を行う設置機関別の企業割合を示している。図からわかるように2014年と15年を境に，社外取締役比率が上昇していることがうかがえる。2014年に改正（15年に施行）された「会社法の一部を改

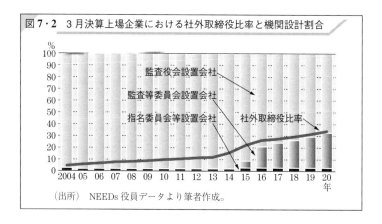

図7・2 3月決算上場企業における社外取締役比率と機関設計割合

(出所) NEEDs役員データより筆者作成。

正する法律」(改正会社法)において，上場企業等は社外取締役を置いていない場合に，株主総会において「社外取締役を置くことが相当でない理由」を説明することが定められている（327条の2)。加えて，2015年のコーポレートガバナンス・コードは上場企業に少なくとも2人以上の社外取締役の導入を要請している。そのため，多くの上場企業は上記の法改正とコード導入に合わせて，社外取締役を導入している。また，2019年に改正（21年に施行）された改正会社法では，上場企業は社外取締役を置かなければならないと定められており（327条の2)，現在すべての上場企業は社外取締役を導入している。さらに2021年の改訂版コーポレートガバナンス・コードは取締役会に女性取締役の確保に加えて，ジェンダーや国際性，職歴，年齢の面を含む多様性の確保を求めている。日本においては，今後，よりいっそうのコーポレート・ガバナンス改革が予想される。

機関設計

日本においては，監査役会設置会社，監査等委員会設置会社，指名委員会等設置会社の3つの **機関設計** が存在する。図7・2は，2004年から20

年までのこれら3つの機関設計を有する上場企業の割合の推移を示している。また，**図7・3**には3つの機関設計の概要を示している。

監査役会設置会社においては，株主は株主総会で取締役と監査役の両方を選任する。監査役のうち，半数以上は当該企業から独立した社外監査役であり，監査役は業務執行の適法性監査と会計監査を行う。ただし，監査役は取締役会での議決権は有しておらず，ガバナンス機能が弱い可能性が指摘されている。図7・2からわかるように，監査役会設置会社制度を採用している企業の割合は2014年以前において約99％であったが，20年においては70％程度にまで減少している。

次に，**監査等委員会設置会社**制度が，2015年施行（14年改正）の改正会社法に伴い導入されている。監査等委員会設置会社では，取締役会の下に監査等委員会を設置し，監査等委員会の委員の過半数は社外取締役でなければならない。この要件は，監査役会設置会社の監査役の要件と類似しており，2020年時点で約30％の会社が監査等委員会設置会社制度を採用しており，近年，採用企業数は増加傾向にある。

最後に，欧米で一般的な**委員会等設置会社**制度（現行の**指名委員会等設置会社**）が日本においても2003年より導入されている。委員会等設置会社では，取締役会の下に指名委員会，報酬委員会，監査委員会を設置し，これらの委員会の委員の過半数は社外取締役でなければならない。また，委員会等設置会社では，社外取締役は経営業務に関する執行を行うことができず，業務執行については執行役が行うこととされており，経営意思決定および監督と業務執行が分離されている（執行役については会社法402条に定めがある）。委員会等設置会社は監査役会設置会社や監査等委員会

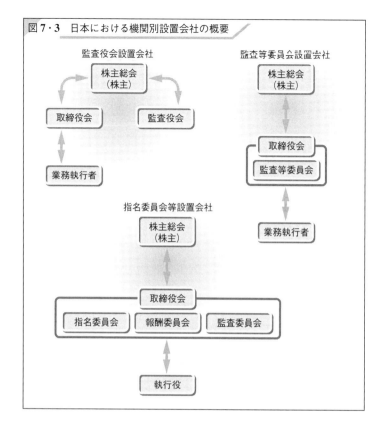

図7・3　日本における機関別設置会社の概要

設置会社と比べて，経営者に対するガバナンス機能が高い機関設計となっている。そのため，日本における採用企業の数は極端に少ない。

2 企業価値最大化と債権者利益

　理想の世界において，企業価値最大化に向けた企業経営と債権

者利益は一致するはずである。つまり理想の世界において，債権者は自身の利益を害する可能性のある借入れの増加や増配，成長投資によるフリー・キャッシュフローの減少を気にする必要はない。

なぜならば，すでに第4章のMMの定理で学んだように，総資本における株主資本と借入れである負債資本の割合や，新規資本調達を株主から調達するか借入れによる負債の発行によって調達するかは，企業価値に影響を与えない。たとえば，借入金の増加は財務リスクの上昇を通して株主資本コストを押し上げ，借入金の増加前後で加重平均資本コストと企業価値は等しくなる。

現実の世界において，株主と債権者の間の利益相反は彼らのフリー・キャッシュフローに対する請求権順位と受取りの違いから生じる。債権者は，フリー・キャッシュフローに対して最初の請求権を有する。ただし，債権者の取り分は，債権債務契約時に決定されており，契約以上の請求はできない。

株主は，フリー・キャッシュフローに対して最後の請求権を有する。つまり，フリー・キャッシュフローのなかでも，債権者への利息支払いと企業が必要とする投資・運転資本を除いた最後の額が株主の取り分である。債権者にとっては，過剰投資によるフリー・キャッシュフローの減少，借入れの増加や過剰な株主還元は，現在および将来の債権者利益を損なう可能性を懸念させる。そのため，債権債務契約時に，企業の保有する資産に対して担保設定をしたり，財務制限条項を課すことが考えられる。

3 株主価値最大化とステークホルダー

　ステークホルダー とは，株主，債権者，顧客，従業員，取引先，社会，環境を含む利害関係者のことである。ここでは，すでに取り上げた株主と債権者を除いた顧客，従業員，取引先，社会，環境等の利害関係者をその他のステークホルダーと定義する。理想の世界において，企業価値最大化とその他のステークホルダーの利益の間に対立は起きず，企業価値最大化を目的とした企業経営がステークホルダーの利益を害することはない。たとえば，商品の検査不正，従業員に対する残業代の未払い，納入業者に対する過剰に低い納品価格の強要，人権や環境を無視した社会的コストを伴う企業経営は，将来フリー・キャッシュフローの悪化を招くため，企業価値を高めず，むしろ低下させる。なぜならば，顧客や従業員，取引先からの利益搾取による短期的なフリー・キャッシュフローの確保は，将来的なコストとなり将来のフリー・キャッシュフローの悪化をもたらし，企業価値を高めないからである。同様のことは，環境やガバナンスに関しても当てはまる。

　一方で，現実の世界において，将来の潜在的コストや社会的コストが企業に課されないか，非常に小さいために，株主価値最大化を目的とした企業経営がその他のステークホルダーの利益を害する可能性および害した経営がなされている場合があり，こうした負の外部性が存在する。

　現在は，企業も法人であり，社会のメンバーであるということから 企業の社会的責任（corporate social responsibility：CSR）が意識されている。法令を遵守した雇用契約，取引先との共存，人権

　企業の CSR や ESG 活動が注目を集めている。いくつかの格付け機関等が企業の CSR 活動や ESG 活動を評価したスコアや格付けを公表している。アメリカの研究では，2008 年の金融危機の際に，CSR 活動に関するスコアが高い企業ほど，金融危機による株式価値の下落が緩和されていることが発見されており，この結果は日々の CSR 活動が社会的資本や信用となり危機による株式価値に対する負のインパクトを和らげる効果を示唆しているとされている。同様の手法で，コロナ禍において CSR 活動に関するスコアと株式価値の関連を研究した論文が数多く出ているが，結果は錯綜している。本コラムでも，MSCI（モルガン・スタンレー・キャピタル・インターナショナル）の ESG 格付けを用いて，日本における格付けの高い企業と低い企業のコロナ禍前後での株価の変化を検証してみる。

　具体的には，2020 年 1 月の取引開始日を起点として，20 年 1 月 1 日時点の MSCI の ESG 格付けが AA 以上の企業と B 以下の企業でポートフォリオを作成し，累積株式収益率を比較する。図7・4 に，ESG 格付けが AA 以上の企業による高 ESGrating ポートフォリオと，B 以下の企業による低 ESGrating ポートフォリオの 2018 年から 21 年までの累積株式収益率（起点は 2020 年 1 月初取引日）を示している。図7・4 は，ESG 格付けの高い企業と低い企業どちらも，2020 年初めからの世界的な新型コロナウイルスの流行による株式価値の下落を経験していることを示している。また，コロナ禍にお

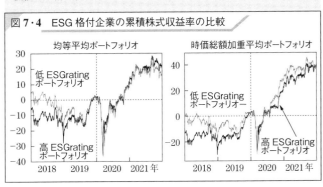

図7・4　ESG 格付企業の累積株式収益率の比較

ける，ESG 格付けの高い企業と低い企業の株式価値の下落に大き
な差はなく，その後の株式価値の回復においても一様な差を発見で
きていない。

　もちろん，第 5 章で学んだように，企業ごとにマーケット・リス
ク・プレミアムに対する感応度も異なり，加えてマーケット・リス
ク・プレミアム以外の他のリスク・ファクターも考えられる。今後，
さまざまな要因をコントロールした検証が待たれる。

や環境に配慮した企業経営が求められている。加えて，環境と社
会，ガバナンスの重要性が強く認識され，ESG（environment,
social, and governance）に配慮した企業経営が求められている。上
場企業のなかには，ウェブサイトや統合報告書等を通して，ESG
データを公表している企業もある。多くの場合，環境データとし
てエネルギー使用量や温室効果ガス排出量，水資源の利用量のデ
ータが公表されている。社会データとしては，女性比率，男女別
の育児休業取得率，男女の給与ギャップ，研修時間等が公表され
ている。また，取引先との関係も社会に含まれており，2020 年
から経済産業省が取引先企業との共存共栄を図ることを宣言する
「パートナーシップ構築宣言」と呼ぶ取り組みを進めており，多
くの企業が宣言に署名している。ガバナンス・データとしては，
取締役会の構成や法令遵守体制が主であり，近年では取締役の経
歴等の多様性を示すスキル・マトリックスを公表している例もあ
る。

　ESG はコストではなく，企業におけるリスク・マネジメント
であるという考え方が重要であろう。たとえば，資源の取得可能
性やエネルギー価格の変動というリスクを軽減するためにも，環
境データにおける資源やエネルギーの効率的な利用が必要であろ

うし，社会データにおける女性比率や育児休業取得率などは，人材獲得競争において優秀な人材を惹きつける1つのファクターであろう。企業経営におけるリスクであるESGをどのようにコントロールし，企業価値最大化に結び付けるかが重要である。加えて，ESGが金融危機等の危機時に社会的資本（信用）となり，企業価値の下落を緩和しているという研究もある。

4 株主間の対立

理想の世界において，すべての株主の目的は企業価値最大化である。もし，経営者との利害対立が想定されるのであれば，すべての株主は一様に経営者を監視し，規律づける努力を行うことが予想される。

しかし，現実の世界において，株主はさまざまな属性をもっており，その持ち分の規模もまちまちである。創業家であれば，企業価値最大化とともに企業に対する影響力の維持を目的とすると考えられる。持ち分の大きい株主は，経営者を監視し規律づけるコストを上回る企業価値の増加等の便益を得ることができる可能性が高いが，持ち分の小さい株主は大株主にフリーライドする可能性が考えられる。

図7・5に，日本における金額ベースの株主属性別株式保有比率の推移を示している。1990年代から，かつて日本的な物言わぬ株主であった銀行生損保その他金融の株式保有比率が低下する一方で，外国人と信託銀行の株式保有比率が増加している。加えて，投信年金信託の株式保有比率が増加している。ただし，個人の株式保有比率は横ばいであり，個人の直接的な株式保有は増加

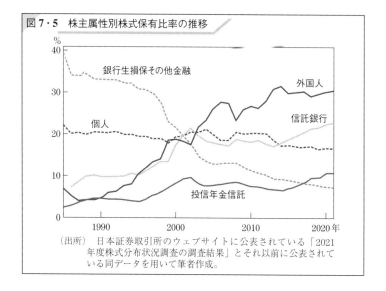

図7・5 株主属性別株式保有比率の推移

（出所）日本証券取引所のウェブサイトに公表されている「2021
年度株式分布状況調査の調査結果」とそれ以前に公表されて
いる同データを用いて筆者作成。

していないことがうかがえる。つまり，外国人投資家を除いた場
合，投資家の機関化が進んだことがわかる。

株主の機関化 に伴い，個人や年金基金等の資金の出し手であ
る資産保有者としての投資家と，投資家から資金を受託し運用を
行う資産運用者としての機関投資家の間の利益相反に関する懸念
が生じ，かつ日本経済の持続的成長のためにも機関投資家が投資
先企業とエンゲージメント（「目的をもった対話」）を行い，投資
先企業の長期的な成長に資することが求められている。日本にお
いては，2014年に**日本版スチュワードシップ・コード** が導入さ
れ，17年，20年の2度の改訂が行われている。日本版スチュワ
ードシップ・コードは，機関投資家が投資先企業に対してエンゲ
ージメントを行い，投資先企業の企業価値の向上や持続的成長を
促し，「責任ある機関投資家」として「スチュワードシップ責任」
を果たすことを求めている。日本版スチュワードシップ・コード

は，原則主義といわれる「プリンシパル・ベース・アプローチ」と法的拘束力のない「コンプライ・オア・エクスプレイン」（原則を実施するか，実施しない場合にはその理由を説明するか）の手法をとっている。つまり，各機関投資家が自身の置かれた状況を勘案し，どのように「スチュワードシップ責任」を果たすかを決定する必要がある。

　2021年末において，大手の信託銀行，保険会社だけでなく，多くの資産運用会社，年金基金，議決権助言会社等の約320社が日本版スチュワードシップ・コードの受け入れを表明している。これらのコードを受け入れている機関の多くは，コードの求める議決権行使指針と個別議決権行使結果に加えて，エンゲージメント活動の概要を公表しているところもある。機関投資家は，議決権行使とエンゲージメント活動を通して，投資先企業のガバナンスの改善と企業価値の改善に資するような行動を近年は積極的に行っている。コードを受け入れることで，受託者責任を果たし，資金の出し手である投資家との利益相反も緩和し，投資先企業の企業価値の上昇に資することが期待されている。

本章で学んだキーワード

プリンシパル・エージェント　　エージェンシー問題　　エンゲージメント　　エージェンシー・コスト　　社外取締役　機関設計　　監査役会設置会社　　監査等委員会設置会社　委員会等設置会社（指名委員会等設置会社）　　ステークホルダー　　企業の社会的責任（CSR）　　ESG　　株主の機関化　日本版スチュワードシップ・コード

1 　株主と経営者の利益相反を緩和するために，異なる経営者報酬の支払方法が用いられることがある。どのようなものがあるか調べてみよう。またそれらの経営者報酬の支払方法のメリット・デメリットを考えてみよう。

2 　企業のウェブサイトで ESG データに関して調べてみよう。どのようなものが公表されているか，業種によって違いがあるのか調べてみよう。

3 　日本版スチュワードシップ・コードで求められているような責任ある投資家として機関投資家がどのような方針をもってエンゲージメント活動を行っているのか調べてみよう。

参考文献　　　　　　　　　　　　　　　　　　　**References**

湯山智教［2020］『ESG 投資とパフォーマンス――SDGs・持続可能な社会に向けた投資はどうあるべきか』金融財政事情研究会。

第II部

投資決定と企業価値

第 8 章
投資案の評価

第 9 章
投資価値の創造

| 第**8**章 | 投資案の評価 |

評価手法の比較と NPV の適用方法

Summary

Financial Management

　投資案を検討・評価して高い収益を生む投資案を選択できるか否かは，長期間にわたり企業価値を規定することになる。この意味で，投資決定は最も重要な財務的意思決定の 1 つといえる。

　第 8 章では，この投資案の評価手法について検討する。まず，投資案の選択に用いられる代表的な意思決定指標の優劣の比較を行う。次に，投資案評価に用いるべきキャッシュフローについて基本的考え方を説明した後，数値例を用いてより具体的な検討を行う。最後に，投資決定についてチェックすべき事項について述べる。

　投資案の評価を行うには，NPV（正味現在価値）を意思決定指標とすべきである。従来用いられてきた平均投資収益率や回収期間法などの指標には問題が多い。IRR（内部収益率）は多くの場合にNPV と同じ結論を導くが，プロジェクトによっては問題が生じる場合がある。投資案の評価には，原則として投資実行に伴って変化する増分キャッシュフローを割り引く。ただ，実際に何を「増分」と考えるかについては判断を要する。

　優れた指標であるといっても，NPV も完璧ではない。とくに，戦略投資などの評価への適用については概念上の問題があり，近年ではこのような投資の判断にはリアル・オプション・アプローチの利用が提案されている。

1 NPVによる投資案評価の基本

NPVと投資案の採否

NPV（net present value〔正味現在価値〕）の基本的な考え方については，第2章で説明した。NPVは，投資によって創造される価値の総額と投資額との差額を示しており，投資を実行すべきか否かの判断指標になる。NPVが正であれば，当該投資案は実行すべきである。一方，NPVが負のときには投資は実行すべきではない。

簡単な数値例をみてみよう。いま当初投資額が100億円の投資プロジェクトがある。この投資からは，5年間にわたり毎年30億円ずつのキャッシュフローが生み出されると見込まれる。割引率を10％と仮定すると，NPVは次のように計算できる。

$$-100+\frac{30}{(1+0.1)}+\frac{30}{(1+0.1)^2}+\frac{30}{(1+0.1)^3}+\frac{30}{(1+0.1)^4}$$
$$+\frac{30}{(1+0.1)^5}=-100+113.72=13.72$$

これは，この投資によって13.72億円の価値が創造されることを示している。したがって，この投資案は採用すべきである。

NPV計算に用いる割引率

NPV計算の割引率には，全社共通の加重平均資本コストが用いられることが多い。しかし，これについては留意すべき前提条件がある。それらは，①当該プロジェクトのリスク特性が全社の平均と類似している，②当該事業分野における標準的な資本構成と自社の目標資本構成がほぼ合致している，などである。

逆にいえば，既存事業と非常に異なるリスク特性をもつ新規プロジェクトの評価には，自社の加重平均資本コストではなく進出

先の事業分野の専業企業の加重平均資本コストを用いるべきである。

伝統的な投資評価法との比較

〈財務会計数値に基づく平均投資収益率〉　多くの企業が投資決定に財務会計数値に基づく平均投資収益率を用いている。平均投資収益率は基本的に投資期間中の予想利益の平均値を投資資産の償却後簿価の平均値で割ることによって求められる。平均収益率が企業の定めた基準以上であれば，そのプロジェクトは採択される。この方法には，①貨幣の時間価値を無視している，②キャッシュフローでなく財務会計上の利益額を基準にしている，③採否の客観的基準が存在しない，などの概念上の問題がある。

〈回収期間法〉　　回収期間法（payback period）もよく用いられるプロジェクト評価法である。回収期間法とは，投資額を何年間のキャッシュフローで回収できるかを評価する方法である。そして，所定の回収期間内に投資回収ができるプロジェクトを採択する。たとえば，投資額が 100 億円で以降 5 年間毎年 30 億円のキャッシュフローを生むという場合，回収期間は 3.3 年となる。仮に採否の基準となる回収期間が 4 年であるとすれば，この投資案は採用される。

　回収期間法も問題点の多い投資評価方法である。それらは，①所定期間を超えた時点で発生するキャッシュフローを考慮に入れていない，②貨幣の時間価値を無視している，③採否基準の決定方法が恣意的である，などである。

2 内部収益率（IRR）とその問題点

IRR（internal rate of return〔内部収益率〕）は平均投資収益率や回収期間法と違い，かなり合理的な意思決定ツールである。多くの場合，IRR は投資案の採否について NPV と同じ結論を導く。しかし，IRR には以下で述べるような問題点がある。

> IRR とは

IRR は NPV をゼロにする割引率であり，投資期間中の複利基準の平均投資収益率を表す指標である。IRR を用いた投資の意思決定ルールは，基本的には IRR が要求収益率よりも高ければ投資案を採択するというものである。

例として，投資額が 100 億円で以降 5 年間毎年 30 億円のキャッシュフローを生むという前に示した投資案について IRR を計算してみよう。求める IRR を r とおくと，解くべき方程式は次のとおりである。

$$-100+\frac{30}{(1+r)}+\frac{30}{(1+r)^2}+\frac{30}{(1+r)^3}+\frac{30}{(1+r)^4}+\frac{30}{(1+r)^5}=0$$

この式の左辺は，割引率が r のときの NPV を表している。この方程式の答えは，スプレッド・シートなどを用いて簡単に計算できる。答えは 15.24 ％になる。いま要求収益率が 10 ％であれば，IRR＝15.24 ％＞10 ％なので，このプロジェクトは採択される。

> IRR 利用に関する問題点

IRR はわかりやすく，多くの場合正しい意思決定を導く指標である。しかし，以下のような問題が発生することもある。

順番にみていこう。

〈貸付型と借入型のプロジェクト〉　通常のプロジェクトでは当初に資金流出があり，その後に資金流入がある。このパターンは貸付に似ているので，貸付型プロジェクトと呼ばれる。しかし，資金の流出入の順序が逆，すなわち資金流入が先で資金流出が後にくるものもあり，借入型プロジェクトと呼ばれる。この場合には，採否ルールを通常と逆にしなければならない。適用すべきルールをまとめると次のようになる。

　　　貸付型のプロジェクト：IRR ≧要求収益率　のとき採択
　　　借入型のプロジェクト：IRR ≦要求収益率　のとき採択

なぜこうなるかの理由は，貸付と借入れの類推で考えてみれば明らかである。次の問題は，プロジェクトが貸付型か借入型かの判定になる。1期間プロジェクトの場合には判定は簡単である。しかし，追加投資を伴うような多期間プロジェクトの場合には判断が難しくなる。判断の難しいプロジェクトの代表例には，天然資源採掘プロジェクトがある。天然資源採掘では，環境破壊を防止するためにプロジェクトの最終年に採掘現場を採掘前の状態に戻す必要があり，これには，しばしば多額の資金がかかる。この種の追加投資が必要な投資案件は貸付型か借入型かの判定が難しく，採否の判断には結局 NPV を計算せざるをえない。

〈複数の IRR〉　追加投資が必要になり，各年のキャッシュフローの符号が何度か変わる場合には，もう1つ問題が発生する。それは IRR を計算すると複数の解が得られることである。その場合には，どの IRR と要求収益率を比較すればよいのかわからない。このときにも，結局 NPV に頼らざるをえない。

〈相互排他的なプロジェクト〉　性能の異なる数種類の機械設備のなかから特定の1つを選ばねばならないようなケースがある。こ

れらは，相互に排他的なプロジェクトと呼ばれる。このとき IRR を選択の基準とすると判断を誤ることがある。たとえば，設備を入れ替えるときに，値段の安い従来設備 A と価格は高いが高性能の新鋭設備 B の候補があるとする。IRR（収益率）は A のほうが高いが，NPV（価値創造金額）は B のほうが高い。このとき，IRR を基準にして A を選択するのは誤りである。株主価値の最大化のための正しい判断基準は，価値創造金額すなわち NPV の大小でなければならない。

投資の意思決定ツールとしての IRR と NPV

以上のように，IRR にはいくつかの潜在的な問題点がある。たしかに多くの場合，NPV と IRR は同じ結論をもたらすが，なかには IRR では正しい決定を行えないケースが存在する。そのような場合には，結局，NPV に頼らざるをえない。そうであれば，はじめから NPV を用いたほうが合理的である。

3 投資案評価に用いるべきキャッシュフロー

NPV によるプロジェクト評価の際には，キャッシュフローにどの数字を採用すべきか，かなりの判断を要することが多い。以下ではこの点に関して考えてみよう。

会計上の利益とキャッシュフロー

NPV を用いた投資評価には，会計上の利益ではなく，資金流入額から投資額などの流出額を控除したネットのキャッシュフローを割り引く。このネット・キャッシュフローは，しばしばフリー・キャッシュフローと呼ばれている。それは，次のように定義される。

$$\text{フリー・キャッシュフロー} = \text{営業利益} \times (1 - \text{法人税率})$$
$$+ \text{減価償却費等} - \text{設備投資} - \text{正味運転資本の増分}$$

　割引計算には，減価償却費等の資金の流出を伴わない費用を足し戻したキャッシュフローの数字を問題にしなければならない。減価償却費以外に資金流出を伴わない費用項目には，繰延税金や引当金の繰入れなどがある。

> 増分キャッシュフロー
> の割引

　次のポイントは，プロジェクト採用時と不採用時のキャッシュフローの差額，すなわち **増分キャッシュフロー** を割り引くことである。この点について注意点は次のとおりである。

　〈サンク・コスト〉　　**サンク・コスト**（sunk cost〔埋没費用〕）とは，投資案の採否によって影響されない支出済み費用のことである。たとえば，過年度の研究開発費は，事業化のいかんを問わず戻ってこないのでプロジェクト採否の決定には無関係である。その他のサンク・コストには，事業化に先立って行う市場調査費などがある。

　〈機会費用〉　　投資プロジェクトの評価には，**機会費用** を勘案すべきである。例として遊休工場用地を使って別の製品を生産する工場を建設するプロジェクトを考える。この場合，遊休土地を他の用途に用いたときの価値を推定して，投資額の一部として考慮する必要がある。

　〈正味運転資本〉　　事業展開には設備資金だけでなく運転資金も必要である。運転資金の必要額は，**正味運転資本** としてとらえる。正味運転資本は，営業のために必要な現預金，売上債権，棚卸資産などの流動資産から買入債務などの流動負債を差し引いたものである。運転資本は順次回収されていくので，毎年の必要額は正味運転資本の増加額になる。なお，正味運転資本は，通常，

プロジェクトが終了した後で全額回収されると仮定される。

〈税引後のキャッシュフローの利用〉　割引の対象となるキャッシュフローには，税引後の金額を用いる。ここでの注意点は３つである。第１は，税引後利益として営業利益 × (1 − 法人税率) を用いることである。その理由は，資金調達方法とは独立にプロジェクト評価を行うことである。そのため株主および債権者の両者が受け取るキャッシュフローの合計額を表す営業利益を基準にする。そして割引率には，支払利息の税控除メリットを勘案した税引後加重平均資本コストを用いる。なお，この税引後キャッシュフローの考え方は，第３章で説明したキャッシュフロー計算書のとらえ方と異なるので注意する必要がある。

　第２の注意点は，投資プロジェクトから一定期間発生する赤字の取扱いである。ある年のプロジェクト損益が赤字の場合，赤字金額に税率を掛けた金額だけ資金流入があると考える。会社全体では黒字のときには，その金額だけ全社基準の税負担が減少するからである。第３に，実際の税金支払いタイミングと会計上の税金にズレがある際には，実際の支払いタイミングに合わせる。

〈副次的な効果〉　副次的な効果の典型例には，新製品の導入に伴い自社の既存製品の売上が侵食される効果がある。この場合，既存製品の侵食分をキャッシュフローから控除する。ただ，自社で新製品を販売しなくても，競争相手が類似製品を出して自社のシェアが食われてしまうような場合には，あえて副次的な効果を勘案する必要はない。なお，社内の他部門の製品を部品として使用するなどプラスの副次的な効果が期待されるときにはそれを勘案する。

〈間接費の配賦〉　本社経費などの間接費は，管理会計上は人員比例などの基準で各々のプロフィット・センターに賦課されるの

が普通である。ただ，これらの間接費は必ずしも資金流出額と考える必要はない。勘案する必要があるのは，投資案採用に伴い実際に間接費が増加する場合である。

4 投資案評価の数値例

　以上述べてきた事項の確認のために，次のような投資プロジェクト案について検討してみよう。

EV プロジェクトの評価

　以下は，日本自動車という仮想企業の例である。2022 年，従来，EV（電気自動車）の生産に積極的でなかった日本自動車は EV 工場の建設プロジェクトを検討していた。このプロジェクトの概要は次のとおりである。

　日本自動車は，EV 開発にこれまで 3000 億円の研究開発費をつぎ込んできていた。生産設備については，2023 年に 5000 億円の設備投資（機械設備等の購入）を行う。工場の稼働開始は 2024 年である（単純化のためプロジェクトは 2030 年に終了予定であると仮定する）。日本自動車は，数年前にトラック市場から撤退していた。しかし，その後もトラック工場の跡地を保有し続けていた。EV 工場用地としては，この旧トラック工場の跡地を利用することにした（トラック工場跡地の現在の市場価値は 800 億円である）。このプロジェクトでは，売上高の 3 ヵ月分が正味運転資本として必要である。工場の操業開始後，EV 部門は，部門売上高の 10 ％を本社間接費として賦課される。しかし，EV プロジェクトに伴って実際に増加する本社経費は部門売上高の 4 ％と見込まれる。機械設備は 2030 年末の残存価額がゼロであるという前

提に基づき定額法を用いて7年間で償却する。法人税率は30％である。

　なお，日本自動車はEV部門以外の乗用車部門の事業によって，全社ではプロジェクト期間中1年当たり3000億円以上の税引前利益をあげると予想される。工場用地はプロジェクト終了後の2031年にも，現在と同じ800億円の市場価値をもつと予想される。2030年末の正味運転資本残高は2031年に回収される。日本自動車ブランドのEVの発売によって，日本自動車の従来型車種の市場の一部は侵食されるかもしれないが，EVで先行している他社のことを考えると，自社製品ライン間の侵食効果は無視できると考えられる。

　日本自動車の社内資料によると，このプロジェクトからの収益は表8・1に示したように予想されていた。なお，表中の営業費用には，本社間接費の賦課分（売上高の10％）が含まれている。このプロジェクトに適用すべき適切な割引率は8％である。以上の前提の下で，このプロジェクトの評価をNPV法を使って行ってみよう。

　分析結果は，次の表8・2に示してある。ここで注意すべきポイントを順にみてみる。まず，NPV計算のもとになる各年のフリー・キャッシュフロー（FCF）は，原則的には

$$\text{FCF} = \text{営業利益} \times (1 - \text{法人税率}) + \text{減価償却費等}$$
$$- \text{設備投資} - \text{正味運転資金増分}$$

と計算される。ただし，このケースの場合には，下記の点に注意してキャッシュフローを計算する必要がある。

・機会費用：工場建設にはトラック工場跡地を利用予定なので現金流出はないが，プロジェクトを実施しない場合に遊休土地として売却する等の収益機会を犠牲にすることになるので，土地

表8・1 EVプロジェクトの収益見通し

(単位：10億円)

	2024年	2025年	2026年	2027年	2028年	2029年	2030年
売上高	250.00	450.00	600.00	800.00	950.00	1,000.00	800.00
営業費用（除く減価償却費）	240.00	430.00	520.00	650.00	760.00	800.00	640.00
減価償却費	71.43	71.43	71.43	71.43	71.43	71.43	71.43
税引前営業利益	− 61.43	− 51.43	8.57	78.57	118.57	128.57	88.57
法人税等（30％）	− 18.43	− 15.43	2.57	23.57	35.57	38.57	26.57
税引後営業利益	− 43.00	− 36.00	6.00	55.00	83.00	90.00	62.00

表8・2 NPVの計算

(単位：10億円)

	2023年	2024年	2025年	2026年	2027年	2028年	2029年	2030年	2031年
売上高	0.00	250.00	450.00	600.00	800.00	950.00	1,000.00	800.00	0.00
営業費用（除く減価償却費）	0.00	240.00	430.00	520.00	650.00	760.00	800.00	640.00	0.00
（戻し入れ）本社間接費	0.00	15.00	27.00	36.00	48.00	57.00	60.00	48.00	0.00
減価償却費	0.00	71.43	71.43	71.43	71.43	71.43	71.43	71.43	0.00
税引前利益（本社間接費調整後）	0.00	− 46.43	− 24.43	44.57	126.57	175.57	188.57	136.57	0.00
法人税等（30％）	0.00	− 13.93	− 7.33	13.37	37.97	52.67	56.57	40.97	0.00
税引後営業利益	0.00	− 32.50	− 17.10	31.20	88.60	122.90	132.00	95.60	0.00
設備投資	500.00	0.00	0.00	0.00	0.00	0.00	0.00	0.00	0.00
機会費用	80.00	0.00	0.00	0.00	0.00	0.00	0.00	0.00	− 80.00
正味運転資本増分	0.00	62.50	50.00	37.50	50.00	37.50	12.50	− 50.00	− 200.00
フリー・キャッシュフロー	− 580.00	− 23.57	4.33	65.13	110.03	156.83	190.93	217.03	280.00
同上現在価値（@8％）	− 580.00	− 21.83	3.71	51.70	80.87	106.73	120.32	126.63	151.28

NPV＝39.42

代800億円は機会費用として機械設備等の購入代金5000億円と合算し総額5800億円を広義の当初設備投資と考える。また，土地はプロジェクト終了後に，原状回復して800億円の価値をもつと予想して投資資金の戻し入れを行う。

・間接費の賦課：EV部門は，売上高の10％相当を本社間接費として賦課される。しかしプロジェクトを実施したときに実際に増加する本社経費は部門売上高の4％相当なので，差の売上

たとえば，基礎技術の研究開発について NPV を計算すると，ほとんどの場合にマイナスとなる。しかし，これらのプロジェクトのなかには，企業の命運を制するものもある。代替的技術分野の研究開発を行っていなければ，将来，製品や生産プロセスなどの技術体系が大きく変わった場合に対応できない。

このような将来を見据えた「戦略投資」について，その採否を計数的に分析するためにリアル・オプション・アプローチが利用される。つまり，研究開発から生まれる将来の投資機会についてのオプション的要素をプロジェクト評価において勘案するわけである。リアル・オプション手法は，まだ発展途上の段階にある。一部の分野，たとえば資源開発投資などの分野では実用化もかなり進んでいるが，その他の分野への応用には課題も多い。油田開発投資のように原油価格という市場リスクによってオプション価値の大部分が左右される場合には，問題は比較的単純である。しかし，その他の場合には固有リスクの比重が大きく，また競合会社の対抗策など考慮に入れなければならない要因が多く問題が複雑になる。しかし，アメリカの大手医薬品会社のメルクなどでは，研究開発投資の評価にリアル・オプションの考え方をすでに一部利用していると伝えられている。

比 6 ％分は営業費用を減額する。なお，EV プロジェクトを実施したときに実際に増加する本社経費を超えて賦課されるこの部門売上比 6 ％相当の間接費は，EV プロジェクトを実施してもしなくても発生するものである。EV プロジェクトが実施されない場合には，この金額は，管理会計上，日本自動車のその他の事業部門に賦課されることになる。したがって，この金額部分に関しては日本自動車全社ベースの利益額や納税額は，プロジェクトの採否に左右されない。

・サンク・コスト：これまで投下した研究開発費の 3000 億円は，

プロジェクトの採否にかかわらず回収不可能な支出であるので勘案しない。

・操業当初の赤字：操業当初の 2024 年と 25 年には，EV 部門は営業赤字になる予想である。このとき営業赤字金額（本社経費の賦課については部門売上比 4 ％を控除したほうの数値）に税率の 30 ％を掛けた金額だけ，日本自動車全社ベースの納税額を減少させる効果があるので，これを調整した税引後営業利益を考える。

・副次的効果：EV で先行している競合メーカーのことを勘案すると，日本自動車が EV 車事業を始めることによって発生する自社製品ライン間の侵食効果は，無視できるという判断なので，副次的効果は考えない。

その結果，このプロジェクトの NPV は，表 8・2 の最下段に示したように 394.2 億円とプラスになるので，当プロジェクトは採用すべきである。

5 NPV のチェックと限界

その他の意思決定ツールよりも優れているといっても，NPV は万能ではない。当然，実際の投資決定にあたってはさまざまな追加的な分析や判断が必要である。

正の NPV の要因分析と感応度分析

NPV が正の値であるからといってすぐ満足してはならない。その数値の前提条件や信頼性についての検討が必要である。計算された NPV の値を鵜呑みにするのは危険である。とくに，事業部門から本社に提出される投資計画は，しばしば楽観的にな

りがちなので注意したい。キャッシュフローの推定に用いた各種のパラメータの仮定については感応度分析を行い，分析結果の頑健性をチェックする必要がある。

> リアル・オプション

NPVの本質的な限界は，経営の柔軟性を考慮できないことである。NPV分析では，プロジェクト開始以降，終了時点まで追加的な意思決定が行われないと仮定する。しかし，実際には，企業は状況に応じて追加投資，撤退などの意思決定を行うことができる。この種のプロジェクト期間中の選択肢（オプション）の影響についてNPVはうまく評価できない。この問題をきちんと定式化して解くために，金融オプションの理論を実物資産投資へ応用したリアル・オプション（real options）が研究されている。

本章で学んだキーワード

NPV（正味現在価値）　回収期間法　IRR（内部収益率）
相互に排他的なプロジェクト　フリー・キャッシュフロー
増分キャッシュフロー　サンク・コスト　機会費用
正味運転資本　副次的な効果　リアル・オプション

演習問題
Seminar

1　投資の採否基準としての平均投資収益率や回収期間法の問題点は何だろうか。

2　事業リスクが非常に異なる事業部門を抱える企業において，事業部ごとの投資案の評価に異なる割引率を用いることの問題点について述べてみよう。

NPV に基づく投資判断がもつ限界とリアル・オプション
の関係について述べてみよう。

参考文献 ——————————————————— References

新井富雄・高橋文郎・芹田敏夫［2016］『コーポレート・ファイ
　ナンス——基礎と応用』中央経済社。

ブリーリー，R., S. マイヤーズ，F. アレン（藤井眞理子・国枝繁
　樹監訳）［2014］『コーポレート・ファイナンス』第 10 版,
　上・下，日経 BP 社。

第9章 投資価値の創造

資本市場における企業価値の評価方法

Summary

Financial Management

　企業の最終的な経営目標は，資本市場における企業価値の評価額（＝株式時価総額＋負債時価総額）の最大化である。第9章では，資本市場における企業価値の評価方法について具体的に検討する。企業価値評価の基本は，企業が将来生み出すキャッシュフローを割り引いて合計する割引キャッシュフロー法である。これには大きく分けて2種類の方法がある。

　第1は，最も素直に，企業が将来生み出すフリー・キャッシュフローを加重平均資本コストで割り引いた現在価値を合計する方法である。このような企業価値評価法をフリー・キャッシュフロー法と呼び，企業価値評価の最も基本的な方法である。ただ，フリー・キャッシュフロー法では，投資キャッシュフローを発生時に全額控除するので期間ごとのパフォーマンス評価には利用しにくい。その点を改善した考え方がEVA（経済的付加価値）である。EVAは，広義の残余利益モデルの範疇に入る考え方である。EVAを利用すれば，企業活動が企業価値向上に寄与しているか否かを期間ごとに評価できる。さらに，将来のEVAの現在価値を合計したMVA（市場付加価値）を求めることによって企業価値の評価にも用いることができる。EVAは，経営者や幹部従業員のインセンティブ報酬システムの基準にも利用されている。

1 フリー・キャッシュフロー・バリュエーション

フリー・キャッシュフ
ロー・バリュエーショ
ンとは個別の投資プロジェクト評価に用いた
NPV（net present value〔正味現在価値〕）
は，割引キャッシュフロー法（discount-
ed cash flow method：DCF 法）という価値評価法の範疇に入る。こ
れを企業全体に適用して企業価値を求めるアプローチが **フリ
ー・キャッシュフロー・バリュエーション** である。

割引の対象になる各年の **フリー・キャッシュフロー**（FCF）の
計算式は，基本的には個別投資プロジェクトの場合と同じである。

フリー・キャッシュフロー（*FCF*）

　　=*NOPAT*＋減価償却等−設備投資−正味運転資本の増分

ただし，*NOPAT*（net operating profit after taxes〔税引後営業
　　　利益〕）＝営業利益 ×（1−法人税率）

個別投資プロジェクトの場合との重要な相違点は，企業のゴー
イング・コンサーンを前提に未来永劫の先のキャッシュフローま
で割引の対象にすることである。**企業価値**（株主値と負債価値の
合計額）の評価式は次のように表される。

$$V_0 = \sum_{t=1}^{\infty} \frac{FCF_t}{(1+WACC)^t}$$

ここで，

　　V_0 ＝現在時点の企業価値（＝株式価値＋負債価値）

　　FCF_t ＝t 期におけるフリー・キャッシュフローの期待値

　　WACC＝税引後加重平均資本コスト

実際の計算では一定年数についてだけキャッシュフローを個別

に予想して，それより先のキャッシュフローの価値は継続価値として両者を合算する。

数　値　例

具体例をみてみよう。中山電機という仮想の企業を考える。

同社の前期末時点における投下資本は 1000 億円である。負債金額は簿価と時価が等しく 500 億円とする。同社の発行株式数は 2 億株である。中山電機は，今年度 100 億円の純投資を計画している。なお，純投資とは，設備の更新投資を含む粗投資額から更新投資を差し引いたものを指す。単純化のために，更新投資額と減価償却費は等しいと仮定する。今年度以降の純投資額は**表 9・1** に示したとおりである。6 年目より先の投資については，更新投資のみが行われ減価償却費を控除した後の純投資額はゼロと想定する。

正味運転資本に関しては，中山電機では流動資産と短期借入金を除く流動負債が同額であると仮定してゼロとする。その結果，投下資本は毎年純投資額だけ増加する。加重平均資本コストは 10 ％と推定され，税引後営業利益を期首の投下資本で割った投下資本利益率は，今後 5 年間は 20 ％で 6 年目以降は 12 ％に低下すると予想されている。

以上の前提の下で，中山電機の企業価値を計算してみよう。各年のフリー・キャッシュフローの金額およびそれらを資本コストで割り引いた現在価値金額は，表 9・1 に示している。中山電機の 1 株当たり株価の計算は，**表 9・2** に要約してある。5 年目までのフリー・キャッシュフローの現在価値に 6 年目以降の継続価値を加えると，同社の企業価値は約 1672 億円になる。これから負債額を引いた株式価値を発行済み株式数の 2 億株で割ると，中山電機の 1 株当たり株価は 586 円と計算できる。

表9・1　FCF 法による中山電機の企業価値

（単位：億円）

年	投下資本（期首）	純投資	税引後営業利益（NOPAT）	FCF	FCF の現在価値	FCF の現在価値の累積和
1	1,000	100	200	100	90.91	90.91
2	1,100	120	220	100	82.64	173.55
3	1,220	140	244	104	78.14	251.69
4	1,360	160	272	112	76.50	328.19
5	1,520	180	304	124	76.99	405.18
6年以降	1,700	0	204	204	1,266.68	1,671.86

表9・2　FCF 法による中山電機の株価評価

FCF の現在価値の累積和（1〜5 年）（億円）	405.18
＋継続価値（6 年目以降）の現在価値（億円）	1,266.68
＝企業価値（株式価値＋負債価値）（億円）	1,671.86
－負債（億円）	500.00
＝株式時価総額（億円）	1,171.86
発行済み株式数（億株）	2
1 株当たり株価（円）	586

2 E V A

　日本においても近年，EVA®（Economic Value Added〔経済的付加価値〕）を経営管理指標に採用する企業が増加してきた（EVA®は，もともとアメリカのコンサルティング会社であるスターン・スチュワートが提唱した概念で同社の登録商標である。その他のコンサルティング会社も類似概念に異なる名前を付けているが，以下では最も流布している EVA® という呼称を一般名詞的に用いて単に EVA と表記する）。EVA は株主価値の最大化という観点から企業業績を期間ごとに評価するために非常に有用な評価尺度である。

NPV の計算やフリー・キャッシュフロー・バリュエーションでは，将来のフリー・キャッシュフローの期待値を適切な割引率を用いて割り引く。こうした割引キャッシュフロー法は期間ごとの業績評価には不便である。投資を行った年に投資額全額が控除されてしまうのに，投資の効果はその後何年にもわたって現れるからである。これでは各年の事業パフォーマンスを評価するのに不便である。この点を工夫したのが EVA，経済的付加価値である。EVA は次のように定義される。

$$EVA_t = 税引後営業利益（NOPAT_t）- 資本費用$$
$$= NOPAT_t - 投下資本_{t-1} \times 加重平均資本コスト（WACC）$$
$$= 投下資本_{t-1} \times （投下資本利益率 - WACC）$$

ただし，

$$投下資本_{t-1} = 短期借入金_{t-1} + 固定負債_{t-1} + 株主資本_{t-1}$$

ないし，

$$投下資本_{t-1} = 流動資産_{t-1} - 流動負債_{t-1} + 短期借入金_{t-1}$$
$$+ 固定資産_{t-1}$$

$$投下資本利益率 = NOPAT_t ／投下資本_{t-1}$$

EVA は，企業や事業部門が，各年に投資家の要求する最低収益（資本費用）をいくら上回る付加価値をあげたかを示す。ここで資本費用とは，期首の償却後投下資本に加重平均資本コスト（WACC）を掛けたもので，負債だけでなく株主資本を含めた資本に対する費用を指す。なお，投下資本は，基本的には，バランスシートの右側の数字を使って「短期借入金＋固定負債＋株主資本」と定義することもできるし，バランスシートの左側について企業間信用を調整して「流動資産－流動負債＋短期借入金＋固定資産」と定義することもできる。

EVA には，次のような特徴がある。第1
は，株主資本コストも含む資本費用を控

EVA の特徴

除した経済的利益であることである。財務会計における利益計算
では，債権者の資本提供に対する対価の支払利息は控除するが，
株主の資本提供に対する対価は控除されない。それに対して
EVA の経済的利益計算では，株主に対する資本費用も控除して
おり，株主に対する収益責任が明示化される。

第2の特徴は，資本費用の算出に WACC を用いることである。
WACC の構成要素のうち，とくに株式資本コストに関しては，事
業ごとのリスクが反映される。その結果，リスクを反映させた資
本費用の控除が可能になる。

第3の特徴は，収益や費用の認識について経済学的な観点から
タイミング選択をしていることである。厳密な EVA 計算では，
財務会計数値に対して非常に多くの修正を加える必要がある。た
とえば，研究開発費の修正がある。研究開発費は財務会計上，全
額が期間費用として計上されるが，その効果は何年にもわたって
現れると考えられる。そのため，厳密に EVA を算出する際には，
研究開発費を一度資産計上して一定の期間をかけて償却すること
が推奨されている。

第4の特徴は，EVA 流列の現在価値の総和として市場価値ベ
ースの付加価値が計算できることである。これは，英語の market value added の頭文字を取って MVA（**市場付加価値**）と呼ばれ
ている。MVA は，次のように企業の市場価値と投下資本の差額
と定義できる。

$$MVA_0 = 企業の市場価値 (V_0) - 投下資本$$

$$= \sum_{t=1}^{\infty} \frac{EVA_t}{(1+WACC)^t}$$

EVA の特徴の最後は，前述のとおり，投資を投下資本に対する資本費用として多期間に分けて認識するので各年の業績評価に利用しやすいことである。

EVA の計算例

EVA の計算を具体例でみてみよう。遠藤精機という仮想企業を考える。同社の損益計算書と貸借対照表が**表9・3**と**表9・4**に示されている。遠藤精機の加重平均資本コストは 10 ％であると仮定する。税引後営業利益は，400 億円 ×（1 − 法人税率〔30 ％〕）で 280 億円，投下資本は 2300 億円（＝短期借入金＋固定負債＋株主資本ないし流動資産 − 流動負債＋短期借入金＋固定資産）になる。その結果，遠藤精機の EVA は，税引営業利益の 280 億円から資本費用の 230 億円を差し引いて 50 億円になる。

EVA を用いた事業のパフォーマンス評価の考え方は原理的には単純である。EVA がプラスであれば，その金額だけ価値創造を行っていることになる。逆にマイナスであれば，その金額だけ価値の破壊を行っていると解釈できる。ただ現実に EVA を事業部門別のパフォーマンス評価などに利用している企業では，EVA の絶対水準でなく前年と比較した変化額をより重視している例が多い。

EVA は投下資本に超過収益率を掛けた形式で表すこともできる。遠藤精機の例の場合，投下資本利益率は 12.174 ％（＝280÷2,300）で，資本コストの 10 ％を 2.174 ％ポイントだけ上回る超過収益率をあげている。これに投下資本の 2300 億円を掛けた 50 億円が EVA である。

表9・3　今期損益計算書

（単位：億円）

売上高	3,500
営業費用	3,000
営業利益	400
支払利息	40
経常利益	360
法人税等（30 %）	108
税引利益	252

表9・4　前期末貸借対照表

（単位：億円）

資産勘定		負債・株主勘定	
流動資産	1,200	流動負債	1,100
固定資産	2,000	うち短期借入金	200
		固定負債	600
		株主資本	1,500
総資本	3,200	総資本	3,200

3 割引キャッシュフロー法とEVA

　次に割引キャッシュフロー法と EVA，MVA の関係についてみてみよう。最初に単純な数値例を検討してみよう。

　NPV と MVA の比較　　いま 3 年間の投資プロジェクトがあって，投資額が 120 億円，各年のキャッシュフローは**表9・5**のとおりとする。このプロジェクトの価値を NPV と MVA の両方で評価してみよう。法人税率は 30 %，割引率は 10 %と仮定する。まず，NPV は，表9・5 の上側部分に示されているとおりで，3.85 億円となる。

　次に，表9・5 の下の部分をみてみよう。各年の EVA を計算して，その現在価値の合計を求めると，MVA は NPV と同じ 3.85

（単位：億円）

	0	1	2	3	合計
NPV による評価					
設備投資	120	0	0	0	
営業利益		20	30	10	
NOPAT		14	21	7	
減価償却費		40	40	40	
正味運転資本増分		60	20	− 80	
フリー・キャッシュフロー	− 120	− 6	41	127	
現在価値（@ 10 %）	− 120.00	− 5.45	33.88	95.42	3.85
EVA による評価					
投下資本	120	140	120	0	
NOPAT		14	21	7	
資本費用		12	14	12	
EVA		2	7	− 5	
現在価値（@ 10 %）		1.82	5.79	− 3.76	3.85

（注）　投下資本$_t$＝投下資本$_{t-1}$＋設備投資$_t$－減価償却費$_t$＋正味運転資本分$_t$

億円になる。NPV と MVA は等しくなるというこの関係は一般的に成立する。

フリー・キャッシュフロー・バリュエーションと EVA アプローチ

次に EVA を用いた企業価値評価の例についてみてみよう。フリー・キャッシュフロー・バリュエーションで用いた中山電機の例をもう一度検討する。**表9・6**には表9・1とほぼ同じ数字が並んでいるが，割引計算の対象が異なる。表9・6では，各年の EVA の現在価値合計である MVA を計算している。

　EVA アプローチによる計算結果を示した**表9・7**をみてみよう。ここでは，MVA に投下資本額を加えて企業価値を計算している。得られた企業価値と株価は，表9・2の数値と一致している。2つのアプローチによる企業価値評価額は，この例に限らず原理的に一致する。

EVA のまとめ

EVA 法は，財務理論的には広義の残余利益モデルの範疇に入り，投資家の要求

表9・6　EVAによる中山電機の企業評価

(単位：億円)

年	投下資本 (期首)	純投資	税引後営業利益（NOPAT）	資本費用	EVA	EVAの 現在価値	EVAの現在 価値の累積和
1	1,000	100	200	100	100.00	90.91	90.91
2	1,100	120	220	110	110.00	90.91	181.82
3	1,220	140	244	122	122.00	91.66	273.48
4	1,360	160	272	136	136.00	92.89	366.37
5	1,520	180	304	152	152.00	94.38	460.75
6年以降	1,700	0	204	170	34.00	211.11	671.86

表9・7　EVAによる中山電機の株価評価

EVAの現在価値の累積和（1〜5年）（億円）	460.75
＋継続価値（6年目以降）の現在価値（億円）	211.11
＋期首投下資本（億円）	1,000.00
＝企業価値（＝株式価値＋負債）（億円）	1,671.86
－負債（億円）	500.00
＝株式時価総額（億円）	1,171.86
発行済み株数（億株）	2
1株当たり株価（円）	586

収益額を上回る利益をもとに価値評価を行う手法の一種である。EVAでは各期ごとのパフォーマンス評価に好都合なように投資を投下資本に対する資本費用として期間案分して認識する。

　その原理は，以下のとおりである。各期の資本費用と減価償却費（および残存価値）の現在価値の総和は当初投資額と等しくなる。その基本的な考え方は，設備投資にあたって機械を自社購入するか，リースするかという問題と基本的に似ている。割引キャッシュフロー法が機械を自社購入するケースにあたり，EVA＝MVAアプローチはリース料の割引に相当するわけである。制度的な問題点を無視すれば，自社購入とリースが経済的に同等になるのと同様に，NPVとMVAとは等しくなる。また，企業価値評価に関してもフリー・キャッシュフロー・バリュエーションとEVAを用

EVA は，インセンティブ報酬システム制度にも応用されている。従来，インセンティブ報酬システム制度の基礎になる業績測定には，管理会計や財務会計上の数値が用いられてきた。これらの数値には，恣意性を避けにくい，事業部門間のリスクの相違を反映できないなど種々の難点が存在する。

一方で，ストック・オプションなど株価に直接リンクした報酬システム制度には，①株式市場全体の騰落に自社株価が大きく影響される，②自社の株価が妥当でないと判断されるときがある，③部門別のパフォーマンスの差異をうまく反映させられない，などの問題がある。このためアメリカでは，従来からのインセンティブ報酬システムの代わりに部門ごとの EVA にリンクしたインセンティブ報酬システムを導入する会社が増加している。また日本でも，同様な仕組みを導入する企業が現れている。

いた企業価値評価は原理的に同じ結論を導く。

原理としてはこのとおりであるが，価値創造と直接結び付く尺度を用いて期間収益を把握しようという目的のために，EVA がきわめて有効な指標であることは間違いない。そのため EVA ないし類似概念を経営管理指標として用いている企業が，世界中で増加している。世界的に最も有名な事例はコカ・コーラであるが，日本でも花王，HOYA，ソニーなど EVA を管理指標に利用する企業が増加している。

本章で学んだキーワード

フリー・キャッシュフロー・バリュエーション　フリー・キャッシュフロー　企業価値　EVA（経済的付加価値）　資本費用　MVA（市場付加価値）

1 フリー・キャッシュフロー・バリュエーションで用いた中山電機の例について，加重平均資本コストと 6 年目以降の投下資本利益率が 8 ％であると仮定して，同社の企業価値はいくらになるか計算してみよう。

2 経営評価指標として EVA が優れている点は何か述べてみよう。

3 EVA と MVA の関係について説明してみよう。

参考文献 ────────────────────────── **References**

新井富雄・高橋文郎・芹田敏夫［2016］『コーポレート・ファイナンス──基礎と応用』中央経済社。

スチュワート，G. B.（日興リサーチセンター／河田剛・長掛良介・須藤亜里訳）［1998］『EVA 創造の経営』東洋経済新報社。

第III部

資本調達とペイアウト政策

第10章 長期資金調達の制度

企業成長を支えるファイナンス

Summary

Financial Management

　企業は成長のために投資を行う必要がある。投資計画を実行するには資金が必要である。企業の内部に十分な現金があれば，それを用いれば問題がない。しかし十分な資金がなければ，外部から調達する必要がある。それでは，どのような手法が存在するのだろうか。さらには，それぞれの手法にはどのような特徴があるのだろうか。

　資金調達の場のことを金融市場と呼ぶ。本章ではまず，金融市場を構成する要素を，取引を行う主体，調達時の金融機関の役割，取引方法によって整理する。次に金融市場の中でも，企業の資金調達の場としてとくに重要である株式市場と社債市場の特徴を説明する。さらに金融市場では銀行や証券会社などのさまざまな金融機関が活躍している。それら金融機関の役割を紹介する。

　最後に長期資本調達の場である金融市場は，過去どのように変化をしてきたかを確認する。日本は第2次世界大戦後から今日に至るまで，企業の資金調達の在り方が銀行依存型から市場依存型に大きく変化し，それにともない金融機関の役割も変化してきた。

　これらを通じて，本章では，証券市場を中心に企業の長期資金調達の制度的側面について概説する。

1 金融市場とその分類

金融市場の分類　成長のためには大型投資を行うことが必須である。もちろん大型投資には多くの資金が必要である。企業の内部に現預金があればそれを用いればよいが，ない場合は外部から調達する必要がある。

〈金融市場とは〉　企業などが資金到達を行う場のことを金融市場と呼ぶ。「場」といってもさまざまであり，実際に人々がそこに立ち会う物理的な場所もあれば，インターネットなどのオンライン・ネットワーク上に存在するものもある。金融市場は文脈によってその範疇が異なる。狭義の金融市場は，不特定多数の参加者が参加する市場のみを指す。たとえば株式市場や国債市場がこれに当たる。広義の金融市場では相対取引を含める。この場合，銀行融資や預金，場合によっては友人間でのお金の貸借といった金融契約を行う場も含む。金融市場を定義するのはやや難しい議論になりかねないので，以下では金融市場を特徴づけるキーワードを紹介することで，その概要を説明する。

　金融市場は金融取引が行われる場である。金融取引とはお金のやりとりである。お金は大事なものであるから，その仔細を明記した書類を作成する必要がある。金融取引を行うに際して発行される，契約内容が書かれた書類を証券と呼ぶ。書類というからには紙に書かれたものを想像するかもしれないが，現在では上場企業の株式やコマーシャル・ペーパーなどで電子データ化が進んでいる。証券の例としては株式（株券などとも呼ばれる）や債券，銀行預金時に発行される預金証券，保険契約時の保険証書などが

挙げられる。証券のなかでも株式や債券のように譲渡が可能なものを有価証券と呼ぶ。

〈金融取引の担い手〉　　金融取引を行うにあたっては一方には資金提供を行う資金余剰主体である資金提供者，もう一方には資金調達をする資金不足主体である資金調達者が存在する。財務管理においては企業が資金調達者になる。企業は調達した資金を実物資産（たとえば工場建設や他社のM&A〔企業の合併・買収〕など）への投資に利用し，ほかの金融資産を購入して資金運用することは想定されない。このように調達した資金をほかの金融資産に変換しない主体を究極的資金調達者と呼ぶ。また，究極的資金調達者が発行する証券のことを本源的証券と呼ぶ。

一方で資金の出し手のことを資金運用者と呼ぶ。資金運用者のことを投資家とも呼ぶこともある。資金運用者のなかでも，自身の資金を投資する主体を究極的資金運用者と呼ぶ。一般に家計は労働から得られた給与のうち，消費を行わない余剰分を貯蓄あるいは投資に回すため，究極的資金運用者とみなすことができる。家計の余剰資金の運用方法は年金，保険，株式投資など多岐にわたる。

究極的資金運用者と究極的資金調達者の間で金融契約が交わされ，証券が交わされる金融形態を **直接金融** と呼ぶ。株式や社債などによる資金調達がこれに該当する。他方で，究極的資金調達者が発行した証券を究極的資金運用者が保有しない金融形態を **間接金融** と呼ぶ。間接金融の場合は間に金融仲介機関が介在し，究極的資金調達者と究極的資金運用者の双方との間に異なる金融契約を締結し，それに伴いそれぞれに異なる証券が取引される（図 **10·1**）。

間接金融の担い手の代表例として銀行（普通銀行）を挙げるこ

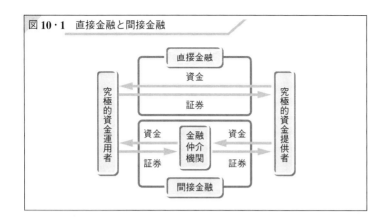

図 10・1　直接金融と間接金融

直接金融

究極的資金運用者 ← 資金 ← 究極的資金提供者
究極的資金運用者 → 証券 → 究極的資金提供者

資金 ← 金融仲介機関 ← 資金
証券 → 金融仲介機関 → 証券

間接金融

とができる。銀行は預金者との間で預金契約を行う。この際に預金証書が発行される。さらに銀行は預かった預金を企業などに対して貸出する。この際に金銭貸借契約書などといった証書が発行される。このように預金者の預けたお金は企業に流れる過程において，銀行を通じて異なる金融資産に変換されている。

　上場企業の株式を売買する際には，証券会社を通じて注文発注をする。このことから，証券会社を金融仲介機関と誤認することがある。しかし，証券会社は株式売買の補助をするが，銀行のように異なる証券に変換しているわけではない。

　近年の金融市場の発展に伴い，新たな金融手段，金融商品が出現した。たとえば，投資信託や後の章で紹介する証券化などが該当する。これらは直接金融と間接金融のいずれであろうか。投資家が運用会社にお金を託し，運用会社はそのお金を用いて特定の証券（たとえば「日経平均連動型」と名前につく投資信託では，日経平均株価指数を構成する 225 種の株式）に分散投資を行う。このとき投資信託の購入者は直接，本源的証券である **株式** を購入しているわけではないため，そのため間接金融の一種に分類される。

とはいえ，運用会社は狭義の金融市場を通じた資産運用を行っており，銀行などの伝統的な間接金融とは異なる。

〈発行市場と流通市場，取引所と店頭市場〉　金融市場のなかでも，資金調達者が資金運用者から資金の提供を受ける場を **発行市場** と呼ぶ。企業が投資家に対して株式を発行して資金調達をすることや，政府が国債を発行して投資家から発行収入金を得るのは，発行市場を通じた資金調達の例である。一方で，すでに発行された証券を投資家間で売買を行う場を **流通市場** と呼ぶ。ニュースや新聞報道で目にすることが多い株価は，多くの場合は流通市場における取引価格である。

　流通市場では投資家同士が取引をしているため，そこで株価が上昇したとしても発行企業にはお金が入るわけではない。しかし，流通市場が発達していることは発行企業にとっても重要である。投資家の立場に立つと，流通市場が発達していると，必要なときに保有証券の売却ができるため，より投資をしやすくなる。したがって，発行企業は流通市場が発達しているときに証券を発行することで，より多くの投資家からの需要を見込むことができる。

　流通市場において売買が活発にされていることを，流動性が高い，と表現することがある。流動性とは，取引をしたいときに即時に，市場価格に近い価格で現金に変換ができることを意味する。銀行預金は，ATM を使えばすぐに現金を引き下ろすことができる。そのことから銀行預金は流動性が高い金融資産とみなすことができる。一方で流動性が低い資産の例としては不動産が挙げられる。不動産を現金化する手続きを考えてみよう。まず取引相手をみつけて，価格を交渉し，契約書の確認などをした後に売却し，現金となる。急いで現金化をしたい場合などは，足元をみられて適正価格よりも大きな割引（投げ売り）をしないと売却できない可能

性もある。

　一般に投資家は流動性が低い証券を保有することを嫌う。たとえば10年国債を購入する場合を考える。既発国債の流通市場における流動性が高い場合，償還期日までの間に事情があって売却したい際に，それほど割引をする必要もなく売却をすることが可能である。流通市場が未発達の場合は，必要な際に売却ができない，あるいは売却するには必要以上に大きな割引を迫られる。そのため投資家は流動性が高い証券を選好する。また十分な流動性が存在すれば，たとえば10年国債を1年のみ保有する予定で購入することが可能であるが，流動性がない場合にはそのような柔軟な投資を行うことができない。

　狭義の金融市場は取引情報の集まり方によっても，取引所と店頭市場に分類できる。同一証券について売り手，買い手の情報を集約させたうえで，誰かが責任をもって取引を成立させる市場を取引所と呼ぶ。代表的なものとして株式取引所を挙げることができる。投資家が株式を購入する際は，通常，証券会社経由で売買情報を株式取引所に集約して，売り注文と買い注文の約定を行う。

　投資家が各々で取引相手を探し出す市場を **店頭市場** という。取引所は株式などの条件が均質的で投資家が多い証券の取引に，店頭取引は債券など満期までの残存期間や担保の有無などにより多数の条件が存在する証券や，そもそも投資家数が少ない証券の取引に選択される傾向にある。

代表的な金融市場

〈株式市場〉　本来，ある企業の株式を購入することは非常に面倒な作業である。あなたが将来性のある企業をみつけてその企業の株式を購入したいと思ったとき，その企業の株式をすでに保有している主体を探し出して，価格の交渉を行ったうえで売買契約の締結を行う必要

がある。場合によっては企業の取締役会での承認も必要である。そのため，煩雑な手続きなしで購入できる場が必要となった。その役割を担う場が証券取引所である。証券取引所に登録されている企業の株式は，上述の煩雑な手続きなしで購入することができる。このように，株式取引所で売買可能な状態のことを上場と呼ぶ。上場している企業を上場企業あるいは公開会社と呼び，上場企業以外を未上場企業あるいは非公開会社と呼ぶ。

　株式市場を通じて企業が追加で株式発行を行うことを増資と呼ぶ。増資を通じて資金調達できることは，株式市場の発行市場としての役割である。とくにそれまで上場していなかった企業が株式取引所に上場することを**新規株式公開（IPO）**と呼ぶ。たとえばフリマ・アプリを運営するメルカリは，2018 年 6 月に IPO を行い，その際に 500 億円程度の資金を投資家から調達した（*Column* ⑩参照）。

　一度増資された様式は，投資家間で売買される。これは株式市場の流通市場としての役割である。投資家が取引所で注文する方法にも複数の種類が存在する。日本の株式市場では一部を除きオークション形式の取引が行われている。オークション形式のもとでは，投資家がそれぞれの売り注文と買い注文を出す。その際，指値注文では取引をしたい株式数と価格で注文する。その条件に対応する反対売買が存在すれば，取引が成立する。

　たとえば A 社株を 100 株，250 円での指値買いの注文を入れたとする。その時点で他の誰かが A 社株を 250 円で 100 株以上売りたいとの注文を出していれば，両者間で取引が成立する。取引が成立することを約定という。しかし，250 円で売りたいとの注文を出している相手がいなければ，売買が成立しない。いくらでもいいから，とにかくすぐに特定の株式を売りたい（買いた

Column ⑩　新規株式公開（IPO）当日の株価

　IPO を行った日から，その企業の株式は株式市場を通じて取引可能になる。証券取引所が企業の IPO を認可すると，IPO 企業と主幹事証券会社は，投資家からの需要を事前に確認し，それをもとに IPO 時点において投資家に売却する株価である発行価格を決定する。主幹事証券会社は投資家から IPO 株式に対する応募を募り，抽選を行う，または証券会社の裁量で投資家に IPO 株式を分配する。その後 IPO を行った日に市場で付く株価のことを初値と呼ぶ。実務家は初値を始値（取引日の初めに市場で付いた株価）で，研究者は終値（取引日の最後に付いた株価）で算出することが通例である。公募価格から初値までの株価収益率のことを初期収益率と呼ぶ。初期収益率は一般にプラスであることが多い。場合によっては 100 ％以上，つまり 1 日で株価が 2 倍以上になることもある。株価が上がるのはいいことにみえそうであるが，果たしてそうであろうか。

　IPO を行った日に株価が上昇することにより，IPO 株式を保有していた投資家は収益を得ることができる。しかし企業側からすれば，本来なら得ることができた収益機会を逸していたともいえる。以下では，具体的な企業の事例をもとに考察する。

　フリマ・アプリを運営するメルカリは，2018 年 6 月に東証マザーズ市場に上場した。同社は IPO により調達した資金を，宣伝広告や事業投資に用いるとしていた。公開価格は 3000 円であったのに対して初値は 5300 円（終値）であった。このことから，IPO 時点で同社の株式を購入していた投資家は，終値で売却していれば 1 日で 77 ％の投資収益を得ることができた。

　IPO 企業の観点から考える。同社は IPO にあたり約 1816 万株の公募増資を行った。それにより約 545 億円を調達することができた。仮に公開価格が初値であれば約 962 億円を調達することができた。つまり 417 億円を投資家に渡したことになる。メルカリは急成長が見込まれる企業であり，上述のとおり公募増資により得た資金を将来の成長機会のために投資を行うとしていた。つまり同社は 417 億円の将来の成長のための資金を得る機会を逸したことになる。

　この 417 億円をどのように考えればいいのだろうか。企業から

すれば，上述のように，本来得られたはずの資金を調達する機会を逃したことになる。投資家からすればリスクを引き受けたことの代償と解釈できる。IPO 前の段階では，メルカリの株価がどの程度であれば適切であるのか判断できない。そのため，公開価格が割高である可能性も否めない。そのことを考慮すると，IPO 株式に投資することにはリスクがある。企業と引受け主幹事証券会社としては，投資家に対するリスク・プレミアムとして公開価格を低く設定していると考えられる。そうはいっても一晩で 77％の収益率というのは，投資家が負っているリスクにとってはあまりに高すぎるリターンであり，ほかの要因があるのかもしれない。たとえば投資家心理が過熱していた，非合理的な投資家が購入していた，などという理由により，本来の価格より高すぎた，との解釈も可能である。

い）という場合は，株式数のみを条件に付ける成行注文を行う。この場合，その時点で約定していない反対売買の指値注文のうち，最も条件のよい価格の注文との間で取引が成立する。成行注文の場合，反対売買の指値注文が少ない場合は，割高な価格で購入，あるいは割安な価格で売却しなければならない可能性もある。

　なんらかの事情で取引注文が一時的に減少した際に，オークション形式では即座に売買することができない。そのような状況に対応するのがマーケット・メイク方式である。マーケット・メイク方式のもとではマーケット・メイカーが担当株式を自身で保有し，指値注文が少ないときにはその在庫を投資家に売却することにより流動性を提供する。またマーケット・メイカーはその時点での売り買いの参考価格を提示する。マーケット・メイカーの買値つまり投資家の売値をビット，マーケット・メイカーの売値つまり投資家の買値のことをアスクと呼ぶ。ビットとアスクの差をビット・アスク・スプレッドと呼び，スプレッドが小さいほど流

動性の高い株式であるとされている。

〈社債市場〉　事業会社は債券を用いた資金調達を行うことも可能である。事業会社が発行する債券を **社債** と呼ぶ。一般には普通社債を指すが，広義には新株予約権付き社債も含まれる。社債は企業のニーズと投資家のニーズに対応して，償還までの期間，金利，返済順位，担保，発行通貨などさまざまな条件が付けられている。償還までの期間はさまざまである。社債のなかでもとくに返済までの期間が 1 年未満の債券を **コマーシャル・ペーパー（CP）** と呼ぶ。かつては手形でしか発行できなかったため，社債とは異なっていたが，2003 年に電子化された。「短期社債」や「電子 CP」とも呼ばれる。

金利も社債発行時の重要な条件である。金利相当分を額面金額より割り引いて発行される債券を割引債ないし，ゼロ・クーポン債と呼び，額面で発行した後に一定期間ごとに利息が支払われる債券を **利付債** と呼ぶ。金利もあらかじめ決められている固定金利と，その時々に応じて変動する変動金利がある。変動金利の場合は，なんらかのベースとなる金利に所定の金利を上乗せする。ベースとなる金利は日々変動するが，上乗せ分は変化しない。金利はリスク・プレミアムを含むため，企業の倒産確率と正比例する。

そのほかの条件としては返済順位が挙げられる。たとえば倒産などの際には事業を一時的に停止して，企業が保有する資産を債権者の間で分配する。この際，分配順位が高い債券を優先債，低いものを劣後債と呼ぶ。劣後債は，倒産時に返済されない可能性が高いため，相対的に利回りが高い。

銀行融資の場合は担保を課されることがある。担保とは債務不履行の際に債務の返済の代わりに実物資産を差し出すことである。

しかし多くの場合，社債には担保がつかない（無担保社債という）。ただし電力会社など特定の産業の企業が発行する社債には一般担保という名称で，優先返済権を付すことが認められている。

　また債券発行の通貨もさまざまである。日本企業が海外での事業展開のために資金調達をするのであれば　日本円で調達したものを他国通貨に両替するより，直接，海外通貨で調達したほうが，手間が少ない。日本企業が国外で発行する債券のうち，円建てで発行した社債をユーロ円債，現地通貨で発行された社債を外貨建債券（外債）と呼ぶ。円建てで発行した場合は調達・返済ともに日本円で行うために，発行側の日本企業にとっては為替リスクが発生しない。逆に，外国企業が日本国内において円建てで発行する社債のことを円建外債あるいはサムライ債と呼ぶ。

　債券のデフォルト確率は格付けとして表現される。格付けが高いほど倒産確率が低いとされており，企業が支払う金利も低くなる。そのなかでも格付けが高い基準に達した企業の債券を投資適格債，低い企業のそれをジャンク債（投資不適格債）と呼ぶ。1996 年までは，社債の発行が可能なのは適債基準を満たした企業のみに制限されていた。適債基準が撤廃されて以降は，信用力の低い企業も社債の発行が可能になった。ただし日本ではジャンク債の発行はほとんど例がない。

2 金融市場のプレーヤー

　金融取引を行うにあたっては資金の調達者と提供者が直接，契約を行うわけではなく，多くの場合は専門家が仲介する。このような専門家を金融機関と呼ぶ。金融機関はさらに金融仲介機関と

その他の金融機関に分類できる。

金融仲介機関　間接金融のなかで，資金調達者と資金提供者の間に立ち，それぞれに対して異なる金融契約を結ぶ金融機関のことを金融仲介機関と呼ぶ。金融仲介機関をさらに細分すると，預金取扱機関と，非預金取扱機関に分類できる。

　預金取扱機関の代表例としては銀行（状況によっては普通銀行や市中銀行と呼ばれる）を思い浮かべる人が多いだろう。それ以外にも信用金庫，信用組合，商工組合中央金庫，農業協同組合，漁業協同組合などが存在する。銀行は家計などの資金提供者とは預金契約を，企業などの資金調達者とは貸出契約を結ぶ。銀行は預金と貸出以外にも預金口座を用いた決済機能を提供する。企業間取引では取引に伴う支払いを行うために，毎回現金の授受をもって行うのは不便である。そのため一般的には銀行口座を用いた送金により取引の決済を行う。この意味で，企業活動の地理的範囲は銀行決済が行える範囲に制限されるといえる。

　非預金取扱機関の種類は多岐にわたり，代表的なものとしては保険会社や年金基金，ノンバンクが挙げられる。保険会社は多くの保険加入者に対して保険契約のもとで保険料を徴収し，企業などの資金調達者が発行する株式や債券に投資を行う。このとき，保険加入者と企業の間で，それぞれ異なる金融契約を締結することから，間接金融に含まれる。ノンバンクは，預金を受け付けないが，資金調達者にお金を貸す金融機関である。リース会社，クレジットカード会社，消費者金融が含まれる。

その他の金融機関　金融仲介機関以外にも多くの金融機関が存在する。たとえばいわゆる証券会社は，投資家間の証券取引の仲介，企業が狭義の証券市場で行う資金調

達のサポート，自己資金によるディーリング（証券売買）等といった伝統的な事業活動に加えて，近年ではM&Aのアドバイザリー業務やリサーチ業務など，多岐にわたる事業を行っている。もともとは免許制であり新規参入は難しかったが，1998年に基準の緩い登録制に変更され，いわゆるオンライン証券会社の新規参入につながった。

　証券会社が行う業務内容は1990年代以降の金融自由化や国際化に伴って膨れ上がり，複雑になった。そのため証券会社という1つのカテゴリーで規制をすることは困難になった。それに対応して，証券会社としてひとまとめにするのではなく，業務によるくくり直しが行われた。具体的には2007年の証券取引法等の一部改正による金融商品取引法の施行に伴い，金融商品取引業者と呼ばれるようになり，それぞれの金融機関が自身の事業モデルに応じて第一種金融商品取引業，第二種金融商品取引業，投資助言・代理業，投資運用業のいずれかを登録することになった。証券会社と名前がつく金融機関が，これらのすべてに登録するわけでもなく，また証券会社と名前のつかない企業がいずれかの登録を受けている場合もある。

　証券取引所も重要な金融機関である。証券取引所は，上場株式や債券などの円滑な売買を実現するために設けられた証券取引の市場である。証券取引所のなかでも，ニュースなどでよくみかけるものは株式の取引を仲介する株式取引所である。

　現在，日本には，株式会社日本取引所グループが開設する東京証券取引所のほか，札幌，名古屋，福岡株式取引所が存在する。東京証券取引所はさらにプライム，スタンダードおよびグロース市場といった市場から構成される。それぞれの市場に上場できる基準は異なる。プライム市場は比較的規模が大きく，株式の流動

性も高く，また海外の投資家からも注目される企業が，スタンダード市場はプライムに次ぐ規模をもつ企業が，グロース市場はリスクが高いものの高い成長が見込まれる企業が上場する。

　株式投資家は，証券取引所以外でも株式の売買が可能である。代表的なものは金融機関が独自に運営するPTS（私設取引システム）である。PTSを用いることで金融機関は自身の投資家から注文を受け付け，取引所を介さずに売買の約定を行う。証券取引所と比較して，長時間の取引（取引所が開く前や閉まった後の時間帯の取引），小刻みな値幅での取引，細かな取引単位での売買が可能といったメリットが存在する。

　社債発行企業に対しては格付け機関と呼ばれる金融機関が，A，B，Cなどの簡易な記号で倒産確率を表現する。その記号のことを格付けと呼ぶ。各投資家が企業の倒産確率を評価するのではなく，格付け機関が代表して評価をすることにより，社会全体での情報探索コストを圧縮させることができる。格付けは社債以外の債券，たとえば政府が発行する国債や，学校法人が発行する債券などにも付与される。

3 株式会社と株主

　企業の形態としては，株式会社，合同会社，合資会社，合名会社がある。現在の日本に存在する企業の多くは，株式会社の形態をとっている。株式会社の特徴は所有と経営の分離である。とくに上場企業の場合は株式市場を通じて広く投資家からの出資を募るため，結果として多数の株主により所有されている。

　いうまでもなく株主は企業の持ち主であり，さまざまな権利が

付与されている。それらを大別すると，大きく共益権と自益権がある。共益権とは企業経営に参加する権利である。主なものとしては，株主総会における議決権が挙げられる。通常は1株当たり1議決権が付与される。取締役の選解任，配当金の決定などといった普通決議は，過半数超の議決権による賛成が集まれば可決される。定款の変更，事業譲渡の承認などの決議事項といった特別決議には3分の2以上の賛成が必要である。これら以外にも株主総会での議案提起をする株主提案権もある。

　自益権とは株主の経済的利益に関する権利である。さらに細分すると，利益の一部を株主間で分配したものを受け取る権利と，会社の清算時に残余利益を受け取る権利が存在する。これらの財産の所有権も **普通株式** の場合は株式数に比例する。企業が成長すれば，それらの権利の価値は高くなるであろう。

　企業が倒産した際には，株主は出資した分のみの損失を負担することになる。しかし企業の債務については責任を負う必要はない。このように倒産時の限度が出資額に限られていることを **有限責任** と呼ぶ。

　企業の所有と経営を分離することは，まどろっこしいように感じられるかもしれない。所有と経営を分離することの利点の1つとして，所有権のさらなる細分が可能である点が挙げられる。多くの株式を発行することで，1株の権利は小さなものになるが，安価で取得することが可能である。また株主の間で売買が容易になる。

　このようなメリットは，小さな企業ではそれほど大きくないかもしれないが，企業の規模が大きくなるにつれて顕著になる。たとえばアップル社の時価総額は2022年1月に300兆円を超えた。これだけの規模の資金を少数の経営陣のみで出し合うことは，お

よそ困難であろう。しかし，所有権が細分化されていることから，数万円単位から同社の株式を購入することが可能となる。

4 資本コスト

株式と負債

企業の資金調達手段は株式発行と負債発行の2つに大別できる。株式発行は投資家に対して株式を発行し，対価として投資家から資金を調達することである。負債発行は銀行などから借入れすることや，投資家に対して社債を発行することである。負債の場合は返済をする必要がある。負債契約締結時に，借入金額，金利，満期，担保の有無などといった諸条件が事前に決められる。一方で株式発行による場合は，返済日を決めることはなく，また株主に対するリターンについても契約時点で決める必要がない。

　返済の必要がないことは，企業にとって都合がいいように聞こえるかもしれない。しかし企業が株主に支払う投資に対する対価は大きい。契約時点では株主に支払うリターンは事前に決まっていないとはいうものの，次項で説明するとおり，債権者に対する利子率より高い。また，株主が増えると既存株主の議決権の影響力が低下する。そのため，株式発行を多く行うことは既存株主の反対が大きい可能性もある。

資本コスト

企業が資金提供者に支払う，投資の対価のことを **資本コスト** と呼ぶ。費用（コスト）といっても，単位は金額（たとえば円）ではなく，調達額に対するパーセンテージで表すのが一般的である。企業の経営者は，この資本コストを超えるだけのキャッシュフローを事業から

もたらす必要がある。そのために経営者にとって資本コストを把握することは重要である。なお，資本コストのことを，超えなければならないハードルということからハードル・レート，あるいは投資家が要求する収益率なので要求収益率とも呼ぶ。

ここで問題になるのは，資本コストが債権者に対するものと株主に対するものでは異なる点である。以下では，債権者と株主それぞれの要求する資本コストについて説明をする。債権者に対する資本コストのことを負債の資本コストと呼ぶ。債権者の求める収益は債権の利回り，利息がそれに該当する。詳細な求め方は次章を参照してほしい。

株主に支払う資本コストを株主資本コストと呼ぶ。株主資本コストはキャピタル・ゲインとインカム・ゲインの和である。キャピタル・ゲインは株価の値上がり分であり，インカム・ゲインは配当である。さらには，日本にはこれ以外にも株主優待という形で株主に自社製品や金券，飲食物などを分配する企業も存在する。金銭的価値を算出することが難しいなどという理由から，株主優待は株主資本コストの算出に際しては考慮しない。

契約時点で金利が決まっている負債契約とは異なり，株主資本コストは事前に投資家に対して約束されていない。そのために，株主が投資に対してどれだけの対価を求めているかを見積もる必要がある。株主の要求する資本コストの算出方法としては，CAPMやファクター・モデルなどが用いられる。詳細は本書の第5章を確認されたい。

通常，株主資本コストは負債資本コストより高い。原因は投資に対するリスクの違いに起因する。第1に，債権者の得られるキャッシュフローは株主のそれより安定している。企業が貸出額と利子の合計以上の利益をあげているかぎり，その程度にかかわら

ず，債権者が得られるキャッシュフローは貸出額と利子の合計である。一方で，株主がどれだけの配当を得ることができるかは，企業の利益に依存する。第2に，企業が事業の継続を断念した際には，まず債権者に対する債務の支払いが行われ，残った資産を株主の間で分配することになる。通常，債務不履行に陥る企業は銀行への債務支払いができない状態であることから，株主に十分な資金が回ることは稀である。

　以上をまとめると，平常時の株主への配当がいくらになるかは不明確であり，その振れ幅（リスク）も大きいうえに，倒産時には資産価値がゼロになる。これらを踏まえると，株主が負担するリスクは債権者のそれよりも高いことになる。株主がリスク回避的であるならば，投資家に高いリスクの株式による投資を促すためには，高いリターン（リスク・プレミアム）を株主に提供する必要がある。

5 日本の証券市場の変遷

第2次世界大戦から高度経済成長期

第2次世界大戦前の日本企業，とくに大企業は株式市場を通じた資金調達手段への依存が大きかった。銀行は今日ほどに大きなプレゼンスをもっていなかったが，徐々に銀行による融資も一般化してきた。戦前の銀行融資の特徴としては，共同融資団と呼ばれる複数の銀行による協調融資を挙げることができる。つまり単一銀行が責任をもつのではなく，複数の銀行で融資金額とリスクを分散する仕組みである。

　戦争により，とくに都市部にあった企業の生産設備・施設は大

部分が破壊された。そのため戦後の経済復興と 1970 年代初頭までの高度経済成長期にかけて，日本企業は多くの設備投資を行う必要があった。しかしながら当時の企業はそのための十分な内部資金をもっておらず，外部資金に依存する必要があった。その際に，経済のなかで銀行が代表して預金を集め，投資先を決める，銀行を中心とした間接金融型のシステムに変化した。このことにより，究極的資金運用者から投資機会に応じて究極的資金調達者まで資金がスムーズに流れることが可能になり，戦後の高成長を支えることができた。

このような銀行を中心とした制度の利点としては，銀行による情報生産を挙げることができる。銀行は融資を行うのみならず，役員派遣や取引先の紹介などの多岐にわたるサービスを行っていた。これにより，株式投資家などが取得できないような私的情報を収集することが可能となったとされる。それらの情報は，より効率的な貸出を行うために用いられていた。同時期，銀行間の過度な競争を削減するため，銀行の監督官庁であった大蔵省は，銀行業をはじめとする金融機関に対して強い規制を定めていた。

1970 年代以降，経済成長率の減速に伴う企業の投資意欲の鈍化や国際化，経済の多様化が進むにつれて，銀行に依存した経済成長にも陰りがみえだした。とくに企業部門が十分な内部資金を蓄えるにつれ，銀行に過度に依存する必要性も低下した。さらには株式市場や社債市場の台頭に伴い，間接金融の比較優位性は徐々に低下していった。

1987 年 10 月にアメリカでブラック・マンデーと呼ばれる急激な株価下落が発生した。これによる不況を回避するために，各国が政策金利の引下げなどの金融緩和を行った。日本も同様に政策金利を低いままで据え置いた。このため市中の資金が増加し，土

地や株式などに大量の投資資金が集まった。そのことにより資産価格は上昇し，たとえば株式市場を代表する日経平均株価指数は1985年に1万2000円程度だったものが89年末には3万8915円87銭にまで上昇した。この時期，企業は本業のためのみならず，資産価格上昇が見込まれる不動産などに投資するために，融資や証券発行により多くの資金調達を行ったといわれている。その後の資産価格の暴落に伴い，多くの企業の収益は悪化し，また企業に対して不動産を担保に多くの貸出を行っていた銀行の収益性は大きく悪化し，その後の銀行危機につながった。

　1990年代後半の日本の銀行危機を通じて，銀行の役割はかつてと比較して低下した。さらには1998年の金融ビッグバンなどにより金融システムの自由化・多様化が進んだ。その原因の1つには，インターネットの普及に伴うオンライン金融機関の台頭の影響も挙げられる。とくに近年はフィンテックと呼ばれる金融とテクノロジーの融合が進んでおり，それにより経済内でのお金の融通がより効率化・活性化されることが期待される。

株式市場の近年の変遷　　2000年代に入ってから，株式市場ではさまざまな変遷があった。まず2000年に入り新潟，京都，広島に存在した株式取引所が廃止され，札幌，東京，名古屋，大阪，福岡が残った。いずれの株式取引所も，上場基準により一部と二部，さらには新興企業向け市場に分かれていた。一般に一部が最も上場基準が厳しく，次いで二部，新興企業向け市場の順に緩和されていた。また株式市場とは別に店頭市場として，店頭株式市場が存在した。2004年に株式取引所に組織変更し，名称もJASDAQとなった。その後，2008年にJASDAQは大阪証券取引所と合併した。

　2013年に東京証券取引所と大阪証券取引所は合併を行い，日

本取引所グループと呼ばれるホールディング・カンパニーとなった。株式取引所は東京証券取引所に，デリバティブ取引などは大阪取引所にまとめられた。さらに 2022 年 4 月から，東京証券取引所と名古屋証券取引所で，それまでの一部，二部，新興市場向け市場の市場区分から，プライム，スタンダード，グロースの区分に変更になった。

　2000 年代以降の特徴としては，新興企業向け市場の設立を挙げることができる。これらはいわゆるベンチャー企業の資金調達の場として機能することを目的とし，緩和された上場基準が採用されている。東京証券取引所にマザーズ，大阪証券取引所にNASDAQ Japan（後のヘラクレス），札幌証券取引所にアンビシャス，名古屋証券取引所にセントレックス，福岡証券取引所にQ-Board，JASDAQ に JASDAQ NEO が相次いで設立された。2010 年に大阪証券取引所内のヘラクレスと JASDAQ が統合した。その後，2013 年の大阪証券取引所との市場統合に伴い，東京証券取引所のなかにはマザーズと JASDAQ の 2 つの新興企業向け市場が併存していたが，22 年 4 月の市場区分見直しに伴い，新興市場向け市場はグロースのみになった。

本章で学んだキーワード

直接金融　　間接金融　　株式　　発行市場　　流通市場
店頭市場　　新規株式公開（IPO）　　社債　　コマーシャル・
ペーパー（CP）　　利付債　　普通株式　　有限責任　　資本
コスト

演習問題
Seminar

1 公募増資のニュースが，株価の下落を招く理由を説明してみよう。

2 負債発行と株式発行の違いを説明してみよう。

3 起業家が株式市場に上場することのメリットとデメリットを挙げてみよう。

参考文献 **References**

内田浩史［2016］『金融』有斐閣。
大和証券［2022］『債券の常識 2021 年度版』プロネクサス。
日本証券経済研究所［2020］『詳説 現代日本の証券市場 2020 年版』日本証券経済研究所。

その仕組みと成長ステージにあった使い方

Summary

Financial Management

　エクイティ・ファイナンス（株式発行）は，企業が投資家に対して新しい株式を発行することである。その主な目的は資金調達である。発行方法や対象により複数の方法が存在する。本章では初めに，それら複数の種類の株式発行の説明を行う。その際，増資の方法により，企業の目的が異なることを指摘する。

　さらに，企業が株式発行を行う頻度は，負債を用いた資金調達より低いことが確認されている。その理由について，発行にかかわるコストが，企業の内部資金，負債，株式の順番で高くなることを明らかにする。株式発行を行うことにより，株価が下落する場合があることが広く知られている。その下落理由について情報の非対称性をもとにして説明する。また上場企業の株式を売買する投資家は多種にわたる。それら投資家の違いと投資スタイルの多様性について整理をする。

　最後に，株式発行の利用方法が企業の成長ステージにあわせて変化することを説明する。成長性の高い企業においては，エクイティ・ファイナンスの方が負債よりも親和性が高いことを説明したのちに，成長ステージにあわせた，ベンチャー・キャピタルなどのプライベート・エクイティの役割，および資金調達の機会としての新規株式公開（IPO）の重要性を確認する。

1 エクイティ・ファイナンスの動機

　企業が新たな株式を発行する最も大きな目的は，資金調達である。すべての株式会社は創業時に株式を投資家に対して発行し，その対価として投資家は企業に資金を提供する。企業は投資家から調達した資金を将来の成長のための投資に用いる。またいっそうの成長のための資金が必要になれば，新たな株式を発行して追加の資金を調達する。

　それ以外にもいくつかの目的が考えられる。たとえば，企業間の関係性を向上させることを目的として，特定の個人や企業に対して株式を発行することもある。2社間での業務関係の提携を目的としてお互いが相手に対して株式を発行する資本提携が，ニュースに取り上げられることがある。かつての日本では同一企業グループ内で互いの株式を持ち合う慣習があった。近年，株主からの健全な規律づけが阻害されるとの批判があるものの，依然として残っている。

　また，企業の信頼度を高めるために株式発行，とくに第**10**章でも述べた新規株式公開（IPO）を行う場合もある。上場企業になるためには審査が必要である。別の言い方をすれば，上場企業は審査を通過するだけの信頼度を備えているといえる。そのため，上場企業であることは信頼性の証であるともいえる。就職活動の際に，自社が上場企業であることを強調する企業がある。これは企業の安定性をアピールすることで就活生に対して魅力的な志望先であることを伝えるのが目的であろう。もちろん有名でありながら上場していないサントリー・ホールディングスのような企業

が存在することから，未上場であることは必ずしもその企業の信頼性が低いことを意味しない。

最後に，**流動性**の向上を目的として株式を発行することもある。株式を新たに発行することで市場に流通する株式数を増やすことができる。市場で取引されている株式数が少ない場合，取引自体が活発に行われず，また少しの取引で株価が乱高下する懸念がある。そのような状況を改善するためには，市場で取引される株式数を増やせばよい。これにより投資家が取引をしやすい環境にすることができる。

2 エクイティ・ファイナンスの方法と種類

エクイティ・ファイナンスの方法

新たな株式を発行する方法は，有償増資と株式分割（無償交付）に大別できる。

〈**有償増資**〉　有償増資は，新たな株券を投資家に発行することにより資金を調達することである。有償増資の方法はさらに公募増資，第三者割当増資，ライツ・オファリング（株主割当増資）に分類できる。

公募増資は不特定多数の投資家に対して株式を発行する方法である。会社法上では不特定多数とは 50 名以上を指す。**第三者割当増資**は特定の第三者に対して新株を発行する方法である。たとえばメインバンクや取引先，経営者自身，経営者の親族・知人などを対象とすることが多い。公募増資は資金調達を目的として用いられることが多い一方で，第三者割当増資はそれ以外にも，業績不振企業の支援，関係強化や資本提携などの目的で使用されることがある。

公募増資であっても第三者割当増資であっても，新たな株主に対して株券を発行することは，それまでの株主の権利の **希薄化** を招く。普通株式であれば，1株につき1議決権をもつため，新たな株式が発行されることにより1株のもつ議決権の影響力が低下する。また増資が企業の利益に影響しないと仮定すると（この仮定の妥当性については後ほど検討する），1株当たり利益（EPS）が低下する。

　なお，希薄化を避ける方法としてはライツ・オファリングがある。かつては株主割当増資と呼ばれ，日本の上場企業の主要な増資手段であったが，柔軟性に乏しかったため，2005年から類似した手法としてライツ・オファリングが用いられるようになった。ライツ・オファリングを行う際に既存株主に保有株式数に応じて新株を購入する権利を発行する。通常，権利行使価格はそのときの株価よりいくらか割り引かれたものであるため，既存投資家は安く企業の株式を購入することが可能である。また権利を行使して新株を購入すれば，それに応じて保有株数が増えるため，権利が希薄化することはない。もちろん応じるためには新株を購入する資金が必要である。もし権利を行使しない場合は，他の投資家に対して購入する権利を販売することができる。

〈株式分割〉　次に，株式分割（無償交付）について説明をする。これは無償交付という名前のとおり，既存株主に保有株数に応じて無償で株式を交付することである。実際には既存株式を分割したとみなすことができる。たとえば，1株を保有する株主に新たに1株を付与して2株にする場合には，1株を2株に分割したともいえる。

　無償交付前の株主からしてみると株数が増えるので投資資産が増加するかというと，必ずしもそうはならない。なぜなら株価も

分割比率に応じて低下するからである。DCF（割引キャッシュフロー）法に基づけば，企業価値は将来の期待キャッシュフローの現在価値の総和で決まる。そうであれば，株数が増えることは企業価値には影響しない。しかし株価は株式時価総額を発行済み株式数で除したものであるため，分割比率の逆数に比例するように株価も変化する。たとえば1株が10株に分割された場合は，理論的には株価は10分の1になる。

　企業側からすれば，株式分割を行っただけでは発行済み株式数は増加するものの，株主から資金の払い込みがあるわけではない。そのため企業が保有する現預金は増加しないため，資金調達にはならない。

　では，なぜ企業は株式分割を行うのか。株式分割を行う主な動機は，流動性の向上である。分割により，株式の売買価格が低下しより入手しやすくなること，さらに株式数が増加することにより，当該株式の売買が活発になる。

　トヨタ自動車を例に説明しよう。同社は2021年9月に1株を5株にする株式分割を発表した。分割前後の同社株の売買単位は100株である。分割前の時点で同社の株価は1万円前後であった。簡略化のため1万円とした場合，同社株を購入するためには少なくとも100万円が必要である。100万円という金額を投資することは，多くの個人投資家にとってハードルが高いであろう。株式分割により1株は5株になった。新しい1株の価格はおおよそ5分の1の2000円に低下する。これに伴い100株単位の最低投資金額は20万円まで減少した。20万円も比較的大きな金額であるが，分割前の100万円と比較して，投資しやすくなったであろう。また保有する株式数が100株1単位から100株5単位に5倍に増加することにより，市場に流通する株式の単位数が増加する。

これにより株式の売買が活発になることが期待できる。

　広義には，新株予約権付社債（いわゆる転換社債）も株式発行に含めることもできる。転換社債それ自体は社債であり，負債発行に分類される。しかし転換と名前に付くとおり，一定期間内に所定の金額を払い込むことにより株式の交付を受けることができる。株式に転換する際の価格はあらかじめ決まっている。そのため，転換社債から得られるペイオフはコール・オプションのそれと同様である。つまり転換時の株価が転換価格より高いのであれば，投資家は安く株式を購入することが可能である。他方で株価が転換価格より低いのであれば，わざわざ新株の交付を請求する必要はない。

　なお一般的には，転換権を行使すると株式に転換されるために，元の社債は消失する。一部には，転換後も社債がそのまま残る，つまり転換すると投資家は株式と社債の両方を保有することになるものもあり，ワラント債や分離型ワラントと呼ばれている。

　投資家にとっては期待収益率が普通の社債よりも高いため，多少利回り（クーポン・レート）が低くても転換社債を引き受けるインセンティブがある。企業の立場からすると，株式を発行するよりも資本コストが低く，また転換されなければ発行済み株式数が増えないため，希薄化が発生しない。

株式の種類

前章で説明したように，株主の権利には自益権と共益権が存在する。自益権とは経済的利益を受け取る権利であり，共益権とは経営に参加する権利である。一般的な株式（普通株式）では，いずれの権利も株式数に応じて等分される。つまりある企業の株式を 10 株もっている人は，1 株もっている人の 10 倍の配当を受け取ることができ，10 倍の議決権をもっている。

企業は権利の異なる複数の株式を発行することも可能である。そのような株式のことを **種類株式** と呼ぶ。具体的な権利については，普通株式と比較して配当金や議決権を変化させたもの，あるいは一定の条件の下で企業が株主から株式を買い戻しすることを可能とするものなど，さまざまなバリエーションがある。

　たとえば日本の上場企業では，伊藤園が普通株式とともに第1種優先株式と呼ばれる種類株式を発行している。この種類株式は，議決権がないものの普通株式の1.25倍の配当を受け取ることができる（2022年時点）。アメリカに目を向けてみると，Googleの親会社であるアルファベット社はA種，B種，C種の3種類の種類株式を発行している。A種は1株につき1議決権，B種は1株につき10議決権が付与されている。C種には議決権が付与されない。このうち一般投資家が購入可能なのはA，C種のみで，B種は同社の経営陣のみが保有する。そのため，企業の重要な議案はB種をもつ経営陣で決めることができる。

3　公募増資による株価反応と情報の非対称性

　公募増資がアナウンスされると，株価の下落をもたらすことが多い。たとえば2020年12月7日にANAホールディングスは公募増資を行うことを発表した。その日，同社の株価は前日比で5.2％下落した。この例に限らず，平均的には公募増資のアナウンスは株価下落につながる。この株価下落はどのように説明できるのだろうか。

　増資が株価に与える影響は複数考えられる。その1つとして，すでに説明をした希薄化がある。新株発行に伴い1株がもつ権利

の価値が低下する。結果として，1株当たりの価値が下落する。価値が下落した分，株価も下落する。

　新聞報道などでは企業が増資をアナウンスすることによる株価下落の原因を，希薄化のみで説明しようとすることがある。しかしながら，企業の増資の目的を考えると，これだけでは不十分である。つまり，もし増資で調達した資金が正のNPV（正味現在価値）プロジェクトに投資されるのであれば，将来の期待キャッシュフローが増加することにより，株価が上昇することも考えられる。問題は，投資家は企業が増資で調達した資金をどのように利用するのかがわからないこと，つまり，企業経営者のもつ情報が必ずしも投資家に伝わっていないことにある。

　情報の非対称性も，公募増資アナウンスの株価反応を考える際に重要なキーワードである。通常，投資家より企業経営者のほうが企業の将来性についての見通しを熟知している。つまり企業の質に関する情報の非対称性が存在する。上場企業であれば，株価は日々変動している。その価格は適正な価格より高いときもあれば，低いときもある。割高か割安かは投資家には判断できない一方で，経営者にはできる。経営者が希薄化を避けたいと考えているなら割高なときに株式発行をしたほうが，新たに発行する株数を抑えることができる。投資家からすれば，その時々の株価の基準を判断できないとしても，経営者が割高なときに公募増資をする傾向にあることを知っているならば，その企業の質にかかわらず公募増資は株価が割高なシグナルであると認識する。結果として，公募増資のアナウンスにより株価は下落する。

　上述のANAホールディングスによる公募増資は，発行規模が大きく，29％の希薄化を招いた。このような大きな希薄化を招くことは株価下落の理由に該当するだろう。さらに，同社の公募

増資は，新型コロナ禍の影響が広がっている時期に行われた。当時は不必要な外出を避けるべきとの社会的ムードがあり，航空機を使った移動に対する需要も大幅に減少した。そのような状況において増資を行うことは，同社の資金繰りが想定より悪いと投資家に解釈されていた可能性がある。

4 株式発行と負債発行の頻度

　一般に，負債による資金調達のほうが株式発行より頻繁に用いられる。2022年3月末決算の事業会社2477社を対象に調べたところ，それまで1年間の会計期間中に長期借入金により資金調達を行った企業は1263社である。一方で，株式発行を行った企業は288社，そのうち公募増資は36件である。このことから，株式市場を通じた株式発行を行うことが比較的容易な上場企業ですら，株式発行を頻繁に用いないことが確認できる。

　そもそも企業が外部の投資家から資金調達をするのは，内部資金（つまり現預金）が乏しいときである。そのため，企業が投資のために必要な資金を調達する順番は，第1に内部資金，第2に負債，第3に株式発行となる。この順番のことをペッキング・オーダーと呼ぶ。では，なぜこのような順番が発生するのであろうか。それぞれの手法について，（広い意味での）費用の観点から検討しよう。

　内部資本を使用する場合は費用が発生しない。厳密には，預金口座間での振込決済にかかわる事務的な手間とわずかな手数料が発生する。負債発行の場合は，銀行による審査や契約書の締結などといった手間が発生する。また負債発行に伴い株価が株式の希

薄化は起こらない。一方で株式発行の場合は，一定の手数料を主幹事証券会社に支払う。日本の場合，発行額の 6 - 8 ％程度のことが多いといわれている。さらに間接的な費用として株価下落が発生する。そのため，これらを勘案すると，株式発行は負債発行と比較して費用が高いことから，企業は外部資金を利用する必要がある場合には負債による資金調達を好んで利用する。だからといって，あまりに負債を発行しすぎると倒産確率が高まり，それに応じて借入金利も上昇する。そのため負債による調達費用が高くなったと企業が判断した場合は，株式発行を用いることになる。

5 株式投資家の種類と役割

　株主は多くのタイプに分類することができる。非上場企業の場合は，創業者や経営者，役員とその家族，さらには取引先など，企業関係者が多数を占める。場合によっては，後述するプライベート・エクイティが出資をしているケースもある。上場企業の場合はその性質上，多くのタイプの投資家が株式を所有することになる。ここではいくつかの観点から株主のタイプを分類してみよう。

　まずは個人と法人で分類できる。われわれ個人がある企業の株式を所有する場合，個人投資家と呼ばれる。上場企業のなかでも，規模の小さな企業は個人投資家の保有比率が高くなる。法人の内訳には，金融機関や事業会社が含まれる。金融機関のなかには保険会社や資産運用会社，銀行などが含まれる。

　保険会社は保険加入者から集めた保険料の一部を株式投資に回している。年金基金も株式投資を行っている。とくに年金積立金

管理運用独立行政法人（GPIF）は，近年，積立金の 25 ％前後を国内株式に投資する方針を採用している。

それ以外に近年，増加傾向にあるのがいわゆる資産運用会社である。資産運用会社は投資信託などのファンドを企画・組成・運用をする。具体的には広く多くの投資家から資金を集め，その資金を管理するファンド・マネジャーが一括して投資する。

保険会社や資産運用会社のことを **機関投資家** と呼ぶこともある。機関投資家と聞くと，われわれの生活から離れた存在に思えるかもしれない。しかし多くの個人が保険契約をしていること，20 歳以上は年金に加入することを考えると，われわれの多くは機関投資家に投資をし，それらを通じて間接的に上場企業の株式や債券を保有していることになる。

機関投資家の投資スタイルとしては，大きくアクティブ運用とパッシブ運用に分類することができる。アクティブ運用とは，ファンド・マネジャーが投資先企業を調査・選定する手法である。市場が非効率であるとの仮定の下で過小評価されている株式を購入，逆に過大評価されている株式を信用売りすることで市場平均を超過する収益率をあげることを目的とする。パッシブ運用とは，なんらかの指標（TOPIX や日経平均株価指数などといった株式指数）と連動する収益率を達成することを目的とする。

機関投資家のなかでも，企業に対して経営改善などの要求をするファンドのことをアクティビスト・ファンドと呼ぶ。かつては企業と敵対的な関係をもつこと，一方的要求を突きつけることなどからハゲタカと呼ばれることが多かった。近年においては，一部では企業との対話を重要視するようになっている。さらに環境・社会・ガバナンス（ESG）重視の機運の高まりを受けて，とくに企業の環境への影響について改善を求める環境アクティビス

　ユニクロ（UNIQLO）を運営しているファーストリテイリング（以下，ファストリ）の株主構成を確認してみよう。2022年2月末時点での数値を用いる。なお，同社の発行済み株式数はおおよそ1億株である。有価証券報告書には，上位10位までの大株主の名前が記載されている。実際に同月末に終わった会計年度の有価証券報告書を確認すると，同社2位の株主は経営者である柳井正氏である。それ以外にも，同氏の家族やファミリー・オフィスも大株主に名前を連ねている。それ以外は誰なのか。

　同社の公開情報によると，第1位株主は日本マスタートラスト信託銀行（22％），第3位は日本カストディ銀行（10％）である。これらは多くの読者の方にとっては聞き慣れない銀行であろう。カストディアンとも呼ばれるこれらの銀行は，資産の保管や管理事務を行っている。別の言い方をすると，どこかの機関投資家が運用するファンドなどの資産管理を専門に行っているということになる。どこかの機関投資家が，名前を隠したいからこのような銀行を用いているわけではない。

　たとえばその機関投資家が，多数の投資家からお金を集めてファンドを組成しているとする。ファンドの運用指図と実際の資産管理を別企業が担当することで，万が一，ファンドの運用会社が倒産した際に，その影響がその機関投資家が運用しているファンドの資産に影響しないようにすることが目的である。なお公表データでは，日本カストディ銀行や日本マスタートラスト信託銀行がどこの機関投資家から預かった資金をファストリに投資しているかは公開されていない。

　別の情報に当たってみよう。東京証券取引所の親会社であるJPXのウェブサイトには，上場投資信託（ETF）のPCF情報が公表されている。PCFとは大雑把にいうと，ETFが保有する証券の一覧である。時期がずれるが，2022年8月末時点でのPCFを確認すると，野村アセットマネジメントが組成している「NEXT FUNDS 日経225連動型上場信託」が955.7万株のファストリ株を保有していることがわかる。これはファストリの発行済み株式数（約1億株）

の9.6％に該当する。他のETFのPCFを確認すると日興アセット
マネジメント，大和アセットマネジメントといった資産運用会社が
組成している日経225連動ETFも同様に約5％ずつ保有している
ことが確認される。このことからETFを組成している資産運用会
社が，同社経営者に並ぶ大株主であることがわかる。

　なおこのようにアセット・マネジメント会社が大株主になってい
る状況が生まれたのは，2010年から続いた日本銀行によるETF購
入プログラムの影響が大きい。日本銀行は同プログラムのなかで，
日経平均株価指数連動型ETFを多く購入していた。ファストリは
日経平均株価指数のなかで占める割合が比較的多かった。そのため，
日本銀行のETF購入プログラムによって，多くの株式がETFを通
じてアセットマネジメント会社に所有されるようになった。

　当時の新聞報道ではこの事実を曲解したうえで，「日本銀行がフ
ァストリの大株主になった」との指摘があった。日本銀行自身は同
社の株式を直接保有していないことから，このような報道は間違い
であることがわかる。正しくは，同プログラムにより実質的な株主
であったのは，ETFを組成していた資産運用会社であるというこ
とになる。

ト・ファンドの影響力も高まりつつある。なお株主として，企業
に社会的・環境的課題の克服を促すことを目的として投資するこ
とをインパクト投資と呼ぶ。

　かつての日本では，メインバンクと呼ばれる企業と親密な融資
関係にあった銀行がその企業の株式を保有していることが多かっ
た。さらには事業会社同士で互いの株式を保有しあう，**株式持ち
合い**が盛んに行われていた。身内同士で株式を持ち合うことに
より，好ましくない株主による株式買い占めを互いに封じる狙い
があった。しかしながらコーポレート・ガバナンスの観点からは，
株主によるモニタリングが十分に働いていないとの批判があるこ

とを踏まえて，近年そのような慣習は減少傾向にある。

　次に，投資家の居住地域による分類を行う。近年，とくに注目されるのが，日本に居住していない個人や機関投資家のことを指す海外投資家である。一般には日本国外の機関投資家のことを指す。厳密には外国企業の日本支店は海外投資家には含まれず，日本企業の海外支店は含まれる。一部の国では政府の金融資産を運用するファンドがあり，ソブリン・ウェルス・ファンドと呼ばれる。

　2020年時点では，日本の上場企業の株式のうち30％程度が海外投資家によって保有されている。また任天堂やソニーなどといった海外での知名度が高い企業は，50％以上の株式が海外投資家によって保有されている。

6 企業の成長ステージとエクイティ・ファイナンス

　企業の成長ステージに合わせて，株式発行の利用方法は変わる。すべての株式会社は設立時に創業者自身（founder）や家族（family），友人（friends）などの近親者（頭文字から3Fsとも呼ばれる）から資金調達をする。多くの株式会社はそれ以降，株式発行をすることがない。しかし一部の企業，とくに成長性が見込まれる高い技術を保有し，そのために高いリスクに直面している，いわゆるベンチャー企業は，成長ステージに応じて異なる形で株式発行を利用することになる。ベンチャーと呼ばれる企業が成長することは，経済発展や雇用の創出につながる。そのため，ベンチャー企業に対して十分に資金が行きわたることが重要である。

企業設立前，あるいは設立直後のベンチャー企業は多くの場合，プロトタイプの作成など事業を成長させるためのトライアル・アンド・エラーを行うために資金が必要になる。このようなステージのことを，企業成長の種をまいているという意味で，シード期と呼ぶ。シード期の資金は創業者などによる出資によって賄われる。場合によっては **エンジェル投資家** と呼ばれる個人からの出資も得られる。エンジェル投資家は，自身がベンチャー企業の経営者であるケース，あるいは過去に経営していたケースが多い。自身の経験などから設立間もない企業に対して経営のアドバイスや人材紹介なども行う。それ以外にも，政府系金融機関や自治体などによる創業融資なども，企業設立直後の資金調達の手段として広く用いられている。

設立後，成長が軌道に乗るまでの段階をアーリー期，成長が軌道に乗った時期をミドル期と呼ぶ。これらの段階になると，ベンチャー・キャピタルが投資を行うことがある。**ベンチャー・キャピタル** は，高成長が見込まれる上場前の企業に投資をする投資ファンドである。さらにベンチャー・キャピタルはベンチャー企業に対して経営面でのサポートも行う。その内容は経営戦略立案のアドバイス，役員や専門家の紹介，新規取引先の紹介など多岐にわたる。ベンチャー・キャピタルによる経営サポートのことをハンズオンと呼ぶ。ベンチャー・キャピタルは通常，複数回に分けて投資を行い，その投資段階を順番にシリーズ A，シリーズ B，シリーズ C と呼んでいる。また複数のベンチャー・キャピタルが合同で出資することもある。

ベンチャー企業への投資手段としては，負債よりエクイティのほうが好ましいとされている。その理由は，ベンチャー企業は成

長可能性が高い反面，事業が失敗するリスクも高いことに起因する。たとえば 10 社の投資先のベンチャー企業があるとする。簡略化のため投資期間は 1 年であり，資金の時間価値は考慮しないものとする。成功確率は 10 %，つまりこのうちの 1 社のみが成長する。成長した際には企業価値が 15 倍になると仮定しよう。負債による資金調達をする場合，10 社中 9 社への出資額は返済されない。このとき，ポートフォリオ全体での収益がマイナスにならないためには，返済額が 10 倍になる，つまり借入金利を900 %に設定しなければならない。あまりに高い金利であるためこのような条件に応じる企業は皆無であろうし，そもそも法律上，このような高金利を設定することは認められていない。

　一方で株式発行の場合は，1 社の株価が 15 倍になれば，残り9 社の株価がゼロになったとしても，ポートフォリオ全体の資産価値は 1.5 倍になる。このためベンチャー企業への投資には負債発行より株式発行のほうが，親和性が高いといわれている。ただし実務上はリスクの高いベンチャーの企業価値と株価をどのように計測するか，所有権の分配をどのようにするかなどの論点がある。そのため，普通株を用いた資金調達も万能ではない。それら問題点を克服するために，近年は転換社債を用いた資金調達も徐々に浸透している。

新規株式公開（IPO）

規模が大きくなるにつれて，新規株式公開（IPO）をめざす企業が出てくる。前章で説明したとおり，IPO とはそれまで上場していなかった企業が株式取引所に上場することである。IPO を通じて，企業は不特定多数の投資家から広く資金を調達することが可能となる。IPOを行うためには主幹事証券会社（アンダーライター）からのサポートが必要である。通常，このサポートは複数年にわたって行わ

れる。同時に，通常は2期以上の監査法人による会計監査が必要になる。準備が整った段階で，証券取引所による審査を経て上場申請を行う。

　主幹事の役割として，公開価格の決定がある。公開価格とは，IPO企業の株式を購入する意思を提示した投資家に対して株式を売却する価格である。公開価格が低すぎると，流通市場で株価が大きく上昇する。IPO企業の株式を購入した投資家にとっては利潤となるが，IPO企業は本来得られたはずの売却益を得る機会を逸したと考えることができる（*Column* ⑩参照）。逆に公開価格が高すぎると，そもそもIPO株式を欲しがる投資家が少ないためにIPOが成立しない，成立したとしても流通市場において株価が下落することから，企業の評判を傷つける可能性がある。そのため公開価格の決定は慎重に行われるべきである。

　IPOを行う，つまり上場企業になることによるデメリットは情報生産コストの増加である。上場企業は四半期ごとの財務情報の公開が求められ，それにより監査法人による監査が必要になる。また，個別株主，あるいは特定層の株主との対話の機会が増加する。そのために専属部署を設ける必要がある。それらは企業と株主の情報の非対称性を削減するために必要であるが，そのための時間的・金銭的費用が発生する。

　好ましくない投資家が株式を保有する可能性も，IPOにより上場企業となるデメリットとされることがある。上場をしていると，場合によっては，敵対的買収の対象になることも考えられる。敵対的買収とは，買収対象企業が同意をしていない状態において買収者が株式の過半数の取得を行い，経営権を取得することである。ただし敵対的買収は多くの場合，株価が実力に対して割安な状態が続いていた企業が対象となることが多い。このことを踏まえる

と，敵対的な株主の出現は，経営者による経営努力が足りなかったことを示しているともいえる。

成熟企業のエクイティ・ファイナンス

企業が成長期が過ぎて成熟期，さらに戦略の行き詰まりによる衰退期に移るにつれて，プライベート・エクイティから出資を受ける企業もある。**プライベート・エクイティ**とは未上場株式に投資するファンドであり，広義にはIPO前の企業に投資を行うベンチャー・キャピタルも含まれる。狭義のプライベート・エクイティとしては，成熟期の企業に対して投資を行うバイアウト型，経営不振企業に対して投資を行う企業再生型，などが存在する。

　プライベート・エクイティが出資をする典型的な事例は，すでに上場している企業の株式を，経営者との合意の下で買い取り，いったん非上場化することである。そのうえで専門の経営者を選任するなどして，企業の事業改革を行う。非上場化をすることにより，外部投資家の意見を聞く必要もなく，経営陣により大胆な企業変革をすることが可能になる。経営改革が成功した段階で，再度IPOを行う，あるいは他の企業に売却するなどしてプライベート・エクイティの手から離れる。この際，一度，非上場化した企業に投資するため，非公開株式（private stocks）に投資をすることからプライベート・エクイティと呼ばれている。

本章で学んだキーワード

流動性　　公募増資　　第三者増資　　希薄化　　種類株式
情報の非対称性　　機関投資家　　株式持ち合い　　エンジェル投資家　　ベンチャー・キャピタル　　プライベート・エクイティ

1　株式を発行することのメリット，デメリットを挙げてみよう。

2　公募増資を行うことをアナウンスすると株価が下落する傾向がある一方で，第三者割当増資のアナウンスは株価の上昇につながることが多い。なぜであろうか。

3　成長性の高いベンチャー企業に対する投資手法としては，負債よりエクイティ・ファイナンスのほうが優れているといわれている。どのような理由でだろうか。

参考文献───────────────────────────**References**

鈴木健嗣［2017］『日本のエクイティ・ファイナンス』中央経済社。

日本証券経済研究所［2020］『詳説 現代日本の証券市場 2020 年版』日本証券経済研究所。

第12章 負債ファイナンスと証券化

企業の負債政策とスワップ，証券化の利用

Summary

Financial Management

　第12章では，企業の最適負債比率の決定，信用格付けなど負債ファイナンスに関して述べる。さらに，負債ファイナンスと密接に関連するスワップ取引や証券化についても概説する。

　概念上，最適資本構成は支払利息の税控除メリットと倒産コストという相反する要因を総合的に勘案して企業価値を最大にするように決めることができる。しかし実際には，倒産コストの推定が難しいため適正な資本構成の決定は定性的判断に拠らざるえない。

　企業の負債資本コストは，基本的にはその時々の国債の利回りと利回りスプレッドによって決まる。利回りスプレッドに最も大きい影響を与えているのは信用リスクの高低であるが，その判断には債券格付けが幅広く用いられている。負債ファイナンスは，エクイティ・ファイナンスよりも資本コストが低いだけでなく弾力性が高い。スワップ市場などデリバティブ市場の発達がその弾力性の高さをいっそう向上させた。

　証券化も1980年代以降のアメリカで高度に発達したものである。ABS（資産担保証券）は，信用力が劣る企業にも債券市場での資金調達の道を開き，投資家にとっても魅力的な投資対象になってきた。デリバティブや証券化市場の両市場はグローバル金融危機によって大きな影響を受けたが，問題再発防止策などの効果もあり，現在，新たな発展の途上にある。

1 税金・倒産コストの存在と最適資本構成

モジリアーニ゠ミラー
の定理と法人税

第4章ですでに学んだように，モジリアーニ゠ミラーの定理（以下，MMの定理と呼ぶ）は，法人税が存在しない世界では資本構成は企業価値に影響しないことを明らかにした。これは，完全市場のなかで企業の投資政策が資本構成や配当政策と独立に決定されるという仮定の下で導かれた結論である。しかし，実際の市場では法人税が存在しており，支払利息は税法上費用控除が認められている。法人税の存在する場合のMMの定理では，負債による資金調達の比率が高いほど企業価値が高くなる。このことを簡単な例を使ってみてみよう。

いま，100％自己資本で資金調達を行っている企業U社と負債のあるL社があると仮定しよう。この2社は，事業から未来永劫に一定額の税引前キャッシュフロー C を生み出す。L社の負債額は，将来とも一定額であると仮定して D，法人税率を τ，負債の利子率を r とする。さてU社の税引後のキャッシュフローは，税引前キャッシュフローから法人税を差し引いて，

$$C - \tau C = C(1 - \tau)$$

になる。この金額の現在価値がU社の企業価値になる。これを V_U と表そう。一方，L社の税引後のキャッシュフローは，

$$C - \tau(C - rD) = C(1 - \tau) + \tau rD$$

になる。右辺の第1項はU社のキャッシュフローと同額であるので，2社のキャッシュフローの差異は第2項となる。この第2項のキャッシュフローの現在価値を求めるのに用いる割引率を r

とすれば，L社の企業価値（＝株式価値＋負債価値）V_Lは，

$$V_L = V_U + \tau D$$

となり，負債のあるL社の企業価値は，100％自己資本のU社の企業価値よりも節税効果の現在価値であるτDだけ高くなる。

　それでは，企業価値を最大にする最適資本構成は，負債100％であるかというとそうではない。上の議論は，完全市場の仮定について法人税が存在しないという仮定のみを緩めた場合の結論であり，現実の市場における最適資本構成を考えるのにはその他の要素も考えなければならない。その他の要素のなかで，最も重要なものは **倒産コスト** の問題である。

倒産コストとは

他の事情が等しいならば，負債比率の高い企業ほど財務的に困窮する可能性が高い。現実の市場では，企業が財務的に困窮した場合には，企業が生み出すキャッシュフローに悪影響が生じる。このように倒産コストの観点からは，負債が多く財務的に困窮する可能性が高いほど企業価値が低下することになる。これは，上で検討した負債が多いほど企業価値が高くなるという税控除メリットとは逆方向の効果である。

　資本構成の問題を決めるには，企業価値に対して逆方向に働くこれら2要因を同時に考慮する必要がある。その結果，負債比率が0％でも100％でもない中間値に企業価値を最大化する **最適資本構成** が存在することになる。ただ，最適資本構成を実際に推定するのはきわめて難しい。その理由は倒産コストの推定が困難なためである。

　広義の倒産コスト（財務的困窮コスト）は，弁護士費用など企業の清算手続きに要する費用や時間などの直接コストだけを指すものではない。そのほかにさまざまな間接的なコストも含まれる。

企業が財務的困窮に直面した場合，①耐久財メーカーなどでは，将来の保守サービスに対する不安から製品が売れなくなる，②原材料などの購入に企業間信用を供与してもらえず現金決済を迫られ運転資金が余分に必要になる，③取引先と新規契約を結ぶことが困難になる，④将来に対する不安から会社を辞める従業員が現れ，残った従業員も士気が低下する，⑤株主と債権者との間のエージェンシー・コストが大きくなり，合理的な投資政策が採用されなくなる（非常にリスクの高い投資が行われたり，過小投資になるという問題が生じる），などさまざまな間接コストが発生する。このように倒産コストには，企業が財務的に困窮した際の直接および間接のコストがすべて含まれ，それらを正確に見積もることは実際上きわめて難しい。

　したがって，「最適資本構成」を正確に求めることは難しく，資本構成の決定は実際上，企業経営者の定性的な判断に委ねられることが多くなる。経営者が自社の目標資本構成を決める際には，前述の負債の節税効果，倒産コストに加えて，今後の事業環境や金融・資本市場環境の見通し，経営戦略に対する配慮および同業他社の資本構成などさまざまな要因を考慮したうえで適切であると判断される資本構成を選択することになる。

2 負債コストの決定

　この節では，負債コストはどのように決定されるかについて考えてみよう。

債券価格と最終利回り

倒産リスクが高くない企業の場合，加重平均資本コスト（WACC）の構成要素と

しての税引前負債コストはその企業が現在時点で社債を発行するときの複利最終利回りにほぼ等しい。金融機関からの借入金についても社債に準じて考えることができる。ここで注意すべきことは，負債コストは新規に負債調達を行う場合の限界コストであることである。過去の高（低）金利期に調達して償還や返済が済んでいない負債の利率が高い（低い）ことなどは無関係である。

なお，日本では，従来から債券の最終利回りとして計算が簡単な単利最終利回りが利用されてきた。しかし，単利最終利回りは概念的に問題があり，近年では日本でも複利最終利回りを利用する場合が増えている。こうした傾向を踏まえて，以下では「最終利回り」とは複利最終利回りのことを指すことにする。

最終利回りとは，債券から発生するクーポンと元本償還のキャッシュフローの現在価値の合計を現在の債券価格に等しくする割引率のことである。すなわち，残存期間を n 年，額面 100 円当たりのクーポンを C 円（単純化のために年 1 回利払いを仮定）の債券の利払日直後における額面 100 円当たりの市場価格を P 円とすると，最終利回りは以下の式を満たす y であると定義される。すなわち，

$$P = \sum_{i=1}^{n} \frac{C}{(1+y)^i} + \frac{100}{(1+y)^n}$$

上式の左辺の P を右辺に移項すると明らかなように，最終利回りは IRR（internal rate of return〔内部収益率〕）の一種である。債券市場の多くの投資家は，残存年限，クーポン，信用格付け，流動性などの類似する債券の最終利回りを相互に比較して各債券の割安・割高を判断している。

社債のプライシング

債券市場の中心は国債市場であり，その最終利回りが債券市場の基準利回りにな

る。国債の利回りに最も大きい影響を与えるのは，景気動向や為替レート，物価上昇率などマクロ経済状況やそれに対応する財政・金融政策などである。

さて，長短金利間のレート格差を問題にする場合には，**利回り曲線**の形状をみなければならない。利回り曲線とは，残存年限の異なる同種の債券を対象に残存年限を横軸に最終利回りを縦軸にして図に描いたものである。利回り曲線は，多くの場合，残存年限の長い債券ほど利回りが高い右上がりの順イールドと呼ばれる形状になる。しかし，景気が過熱しインフレの兆候がみえ始めるような経済状況の下では，金融引締政策がとられて短期金利が大幅に上昇し長期債の利回りが短期債よりも低い逆イールドになることもある。ただし，逆イールドはまれにしか起こらない。日本では，厳しい金融引締策がとられた 1989 年後半から 91 年にかけて逆イールドとなって以降，逆イールドを経験していない。

社債の利回りは，残存年限がほぼ同じ国債の最終利回りに利回りスプレッドを上乗せして決定される。**利回りスプレッド**は，金利水準や流動性などさまざまな要因を反映するが，最も重要な要因は信用リスクである。債券投資の実務では，信用リスクは **債券格付け** を基準に判断される。次項では，その債券格付けについてみてみよう。

_____
債券格付けの歴史

債券格付けとは，債券の元本，利子の支払いの確実性を簡単な記号で示したものである。格付けはもともとアメリカで発達した制度で，ムーディーズ・インベスターズ・サービスやスタンダード・アンド・プアーズが格付け機関として有名である。アメリカで格付けが重要視されるようになったのは，債券のデフォルトが頻発した 1930 年代の大恐慌の時期である。

日本では格付けは長い間重要視されてこなかったが，1980年代の社債有担保原則の緩和を契機に格付け制度の導入が始まった。しかし，投資家の格付けに対する関心が本当に高まったのは大企業の破綻が多発した1990年代後半以降のことである。現在では日本の債券市場においても格付け機関から格付けを取得していなければ，社債の公募は事実上不可能になっている。

格付けの内容　格付け機関は，発行企業の収益力，事業リスク，資本構成，経営者の能力，社債契約の内容などを総合的に勘案して元利支払能力を評価する。その評価は，A，B，Cなどの記号で表示される。このうち債務履行の確実性が最も高いと判断された債券には，最上級の格付けとして AAA（ないし Aaa）という記号が付けられる。以下，信用力の低下に伴って AA（ないし Aa），A，BBB（ないし Baa）などの格付けが付けられる。近年では，さらにアルファベットにプラス，マイナスなどの追加記号を付けてより細分化した格付けが公表されている。

格付けと利回りスプレッドとの関連　債券市場では，通常，償還年限やクーポン・レートなどが等しければ，格付けが低い債券ほど利回りが高くなる。理論的にも国債と一般債との利回りスプレッドは債務不履行の確率に近似的に等しいことを示すことができる。

　しかし，実際の格付けごとの利回りスプレッドと債務不履行データを比較すると，スプレッドは信用リスクのみでは説明できないほど高いことが知られている。この差異は，流動性格差などその他の要因に起因すると考えられる。たとえば，ある社債の格付けが非常に低下すると，このような債券を購入する投資家の層が格段に狭まり流動性が低下するので，実際のデフォルト確率の上

昇以上に利回り格差が急拡大するという現象がみられる。また債券市場が混乱したときには低格付債の利回りスプレッドが急上昇する。

3 負債ファイナンスとスワップ取引

現在の企業の負債ファイナンスにおいては，金利および通貨のデリバティブ取引が大きい役割を果たしている。この節では，とりわけ重要性の高いスワップ取引を取り上げて説明を行う。

スワップ取引とは

スワップとは，2つの経済主体同士で異なる金利建てや通貨建ての債務の交換取引を行うことである。代表的なものには，長期の固定金利と短期の変動金利を交換する金利スワップや，異なる通貨建ての債務を交換する通貨スワップがある。

スワップ取引は，①金利変動に応じてすでに調達した負債の利息支払いを固定利率から変動利率（あるいは，その逆）に切り替える，②外貨建て債券を発行した企業が為替リスクを回避するため外貨建て債券を実質的に円債務に切り替える，などの目的に利用されている。こうしたスワップ市場の発達によって，負債ファイナンスの機動性や柔軟性は格段に向上した。たとえば，日本企業が為替リスクのある外貨建て債券の発行に躊躇することが少なくなった大きな理由の1つは，通貨スワップ市場の発達である。

スワップの利用例

金利スワップを利用して変動利付借入金を固定利率化する例をみてみよう（図12・1参照）。A社は銀行から50億円の短期金利に連動してレートが変動する変動利付借入れを行っている。いまA社が，近い

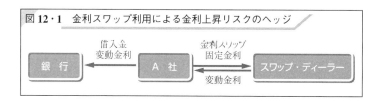
図12・1 金利スワップ利用による金利上昇リスクのヘッジ

銀行 ← 借入金 変動金利 ← A社 → 金利スワップ 固定金利 → スワップ・ディーラー
← 変動金利

将来金利が上昇しそうだと予想したとしよう。この場合には，A
社は，スワップ・ディーラーと想定元本を50億円とする固定金
利払い，変動金利受けの金利スワップ契約を結ぶことによって，
短期金利の上昇に伴って支払利息が上昇するリスクを取り除くこ
とができる。

　逆に，固定利付債を発行して資金調達した企業がその後の金利
低下を予想した場合には，変動金利払い，固定金利受けの金利ス
ワップ契約を結ぶことによって，固定利付債を実質上，変動利付
債化することも可能である。

　通貨スワップの場合もほぼ同様である。たとえば，ドル建て
債券を発行して資金調達を行った企業が，為替リスクを回避した
いときには，ドル建て債務と円建て債務をスワップすることによ
って為替リスクを回避できる。

　なお，金利スワップの場合には，通常，スワップ契約の元本の
交換を行わないが，通貨スワップの場合には，契約期間の最初と
最後の時点で取引開始時点の為替レートを適用して元本の交換を
行う。

4 証 券 化

証券化とは

証券化（securitization）とは，金融機関や事業会社が保有している貸付債権，売掛金，商業用不動産などを切り離し，**ABS**（asset backed securities〔資産担保証券〕）にして投資家に売却することである。資産の保有者にとって，証券化は資金調達の一手段になり資金調達の多様化になるとともに，資金調達コストの削減や資産のオフ・バランス化などさまざまなメリットがある。一方，投資家にとっても ABS は，信用力が高いわりに比較的高い利回りをもつ魅力的な投資対象となりうる。

証券化の歴史は，1970年代の初めにアメリカでモーゲージ（住宅抵当貸付債権）の証券化を行ったことから始まった。モーゲージを証券化した証券のことを **MBS**（mortgage backed securities〔モーゲージ担保証券〕）と呼ぶ。MBS は，当初パススルー（pass-through）証券と呼ばれる形態で発行された。これは，担保になっているモーゲージ貸付のプールからのキャッシュフローをそのまま比例配分して証券保有者に支払うものであった。ところがこのパススルー形態であると，毎月キャッシュフローが生じ，かつ原債務者の行う期限前返済に伴いキャッシュフローが不安定であるという問題があった。そこで，1980年代の初めに **CMO**（collateralized mortgage obligation）という償還時期の不確実性を軽減した商品が開発された。

以降アメリカの MBS 市場では，非常に多様な商品設計が高度に発達して投資家層の拡大が図られた。こうしたさまざまな商品

イノベーションも手伝ってアメリカの債券市場では，現在，MBSは財務省証券などの政府債証券市場と並ぶ市場規模になっている。このMBSの証券化の手法をもとにして，1980年代以降，自動車ローン，クレジット・カード債権，売上債権，商業用ビルなど非常に多様な対象資産に適用した証券化商品が開発された。それがABSである。なお，ABSという言葉は，広い意味ではMBSを含む広範な資産担保証券を意味するが，狭い意味ではMBS以外の資産担保証券のことを指す。

アメリカにおける証券化商品市場の成功を契機に，証券化の動きはその後世界中に拡がった。日本でも1993年の特定債権法の施行以降，本格的な証券化の動きが始まった。その後，日本では，1998年の債権譲渡特例法の施行，2000年のSPC法の改正など徐々に証券化をめぐる法制度の整備が進んだことや，後で述べる証券化のメリットに対する企業の認識が深まったことに伴って証券化の利用が増加した。

| 証券化の仕組み |

証券化の仕組みを，自動車ローンの証券化の仮想例を用いて説明しよう（図12・2参照）。信販会社のX社は，中古車ローン大手のうちの1社である。関連会社の業績不振で銀行からの新規借入れが困難な状況のなかで，X社は自動車ローンの証券化を実施した（なお，証券化ビジネスでは，このX社のように証券化対象資産のもともとの保有者のことをオリジネーター〔originator〕と呼ぶ）。まず，X社は同社の保有する自動車ローンの一部を特定して，それをSPV（special purpose vehicle〔**特別目的事業体**〕）に当該資産を譲渡する。なお，SPVとは証券化のためにのみ設けられた会社や信託ないし組合などのことを指す。SPVはX社から購入した資産を担保にABSを投資家に発行して，その発行手取金で資産の購入代金をX社

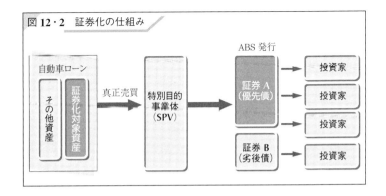

図 12・2　証券化の仕組み

自動車ローン
（その他資産 / 証券化対象資産）

真正売買 →

特別目的事業体（SPV）

ABS 発行

証券 A（優先債）→ 投資家 / 投資家 / 投資家

証券 B（劣後債）→ 投資家

に支払う。一方で，ABS の担保になっている自動車ローンの元利金回収業務などの管理業務は X 社が従来通り行い，回収資金が ABS の利払いや元本償還に充当される。

　なお，この例のように，担保資産の元利金回収業務などの管理業務は，多くの場合 SPV との契約に基づきオリジネーターによって行われる。また，管理業務を行う主体はサービサー（servicer）と呼ばれる。

　証券化で重要なことは，オリジネーターの X 社の自動車ローン債権の SPV への譲渡が法的に必要な手続きをした真正売買と認められ，X 社が倒産したときも破産管財人などに対して SPV が真の債権者であることを主張できる第三者対抗要件を具備することである。そうでなければ，もし X 社が倒産したときに，ABS 投資家の権利が保全されなくなる。このようにオリジネーターの信用リスクと ABS の信用力を切り離すことは，**倒産隔離**（bankruptcy remoteness）と呼ばれる。

信用補完の仕組み

　一方，ABS の担保になっている自動車ローンにも貸倒れになるリスクがある。したがって，これをそのまま証券化した商品では，ABS に信用

リスクが残るので投資家としては購入しにくい。そこで，考えられたのが，さまざまな 信用補完の仕組み である。代表的な信用補完の仕組みには，①優先・劣後構造，②超過担保，③保証会社による保証，などがある。優先・劣後構造とは，前の例でいえば，自動車ローンのプールから発生するキャッシュフローの受け皿になる ABS を弁済優先順位の異なるいくつかのクラスの債券に分けて発行することである。たとえば，200 億円の自動車ローンを証券化する場合に，そのうち 150 億円を優先債にして 50 億円を劣後債にする。200 億円の自動車ローンからのキャッシュフローは，まず優先債に対する元利支払いに充当され，余裕があれば劣後債に振り向けられる。こうしておけば，この自動車ローンの貸倒れが全体の 25 ％以上にならなければ，優先債には損失が生じないことになる。第 2 の超過担保とは，発行する ABS に比べて余分に担保を供する方法である。先ほどの自動車ローンの証券化の例でいえば，200 億円に対して 150 億円の ABS を発行して，50 億円は貸倒れに備える超過担保にするという方法である。第 3 の保証会社による保証は，高い格付けをもつ損害保険会社などが保証会社になる信用補完方法である。貸倒れの発生によって自動車ローン・プールからのキャッシュフローでは ABS の元利支払いが行えない場合には，不足分を保証会社などが補填する契約を結ぶものである。

　ABS の発行の際には，この種の信用補完の仕組みを用意することによって AAA/Aaa とか AA/Aa の高格付けを取得することが一般的である。その結果，オリジネーターの信販会社 X 社の債券格付けが，たとえば，BB/Ba で直接起債を行うのが困難であったとしても，ABS ならば低コストで発行が可能になる。

証券化は，もともとの資産保有者である
オリジネーター企業にとってさまざまな
メリットがある。それらは，①資金調達
方法の多様化，②調達コストの削減，③保有資産のリスクの転嫁，
④オフ・バランス化などである。

第1に，銀行の貸渋りや業績の悪化などの理由で資金調達額に
制約が出てきた場合には，証券化という追加的な調達手段が利用
できると資金繰りが楽になる。とくに，リース業や信販業のよう
な業界の企業にとっては，証券化は非常に大きいメリットがある。

第2に，証券化によって調達コストの削減が可能になる場合も
少なくない。ABSの格付けは，上で述べたように，オリジネー
ターの信用力と分離して担保資産の質や信用補完のストラクチャ
ーに基づいてなされ，ほとんどの場合，高格付けが付けられる。
その結果，債券格付けの低い企業の場合には，証券化のために必
要なシステム投資やさまざまな関連コストを考慮した後でも証券
化によって資金調達コストが低くなる場合が多い。ただし，証券
化によって調達コストが本当に低下するかどうかは，オリジネー
ターの格付け，発行時の債券市場における格付けごとの信用スプ
レッド，証券化のためのシステム投資などの費用などに依存する
ので，一概にはいえない。

証券化の第3のメリットである保有資産に付随するリスクの転
嫁について最も典型的な例は，アメリカのMBSであろう。金利
が低下すると多くのモーゲージの借り手は，低利での借換えを行
うために既存の高い金利の付いたモーゲージ借入れを期限前返済
する。こうした期限前返済は，モーゲージ・ローンを行っている
貯蓄金融機関などにとって大きいリスクである。高いレートでの
貸付が，一挙に低いレートの貸出に変わる結果になるからである。

こうした期限前返済のリスクは，保有するモーゲージを証券化することによって投資家に転嫁可能である。

　第4のオフ・バランス化のメリットに関しても，典型例をアメリカのABS市場の発展の歴史のなかに見出すことができる。モーゲージ以外の証券化を行った狭義のABS市場は，アメリカでは1980年代半ば以降急拡大したが，その原動力になったのはシティバンクなどのアメリカの大手銀行であった。シティバンクなどは，銀行に対する自己資本比率規制の枠内に資産の拡大を抑制しながら事業展開を行うために，クレジット・カード債権の証券化を積極的に推進した。

応用分野の広い証券化
の金融技術

資産プールから発生するキャッシュフローを組み替えてリスク特性の異なるさまざまな金融商品をつくるという証券化の金融技術は，1980年代以降，アメリカを中心に高度に発達した。ほぼ同時期に主としてアメリカで非常に発達したもう1つの金融技術にデリバティブ分析がある。この2つは無関係ではない。デリバティブ理論の発達で，複雑な構造をもつ証券化商品のプライシングやリスク管理が正確に行えるようになったのである。この2つの金融技術が結び付いて，非常に広範な分野で金融商品の開発が進められてきた。

　それらは，①住宅ローンの証券化（RMBS〔residential mortgage backed securities〕）や商業用不動産の証券化（CMBS〔commercial mortgage backed securities〕），②自動車ローン，クレジット・カードやリース債権などの証券化（ABS），③企業向け貸付や社債などをプールにして証券化したCDO（collateralized debt obligation），④天候デリバティブなどの保険分野，などである。たとえば，CDOは，格付けが低くて従来債券市場で起債できなかったよう

Column ⑫　アメリカのジャンク・ボンド市場

アメリカでは，BBB（ないし Baa）以上の格付けをもつ債券は，通常，投資適格債券と呼ばれている。年金基金などは，伝統的に BBB 以上の格付けをもつ債券のみを投資対象としてきたからである。一方，BB/Ba 以下の格付けをもつ債券は，**ジャンク・ボンド**（ジャンクとはもともと屑のこと。近年ではハイ・イールド・ボンドと呼ぶことが多い）と呼ばれ，リスクの高い投機的な投資対象であると考えられ，機関投資家の投資対象から除外されてきた。

しかし，1980 年代になると，企業買収の資金調達のためにジャンク・ボンドが大量に発行され，市場規模は大幅に拡大した。当初は，富裕な個人投資家や一部の貯蓄金融機関などがジャンク・ボンドの主たる投資家であったが，徐々に機関投資家の間にも拡がり始めた。だが，1990 年に最大の取扱業者であったドレクセル・バーナム社が経営破綻したことを契機に，ジャンク・ボンド市場は大幅な縮小を経験した。その後，インターネット関連の新興企業などによるジャンク・ボンド発行が増加し，この種の債券の市場規模は再び急拡大した。しかし，世界的な IT（情報技術）バブルの崩壊を契機に，2000 年代初頭にはアメリカのジャンク・ボンド市場は再び低迷期に入った。だが 2003 年頃から再び盛り返し，金融危機の 2008 年に発行が一時的に減少したが，金融緩和に伴って，2009 年以降，発行額は増加に転じている。

な企業にも債券市場での資金調達の道を開くことになった。

金融危機とデリバティブ・証券化市場

こうしたなかで 2000 年代の初めから半ばにかけてアメリカで著しい成長を遂げたのが，低所得者向け住宅ローンの証券化を行ったサブプライム ABS や CDO であった。ところが，住宅価格の下落が始まった 2006 年なかば以降サブプライム・ローンのデフォルトが急増し，それを契機に世界の証券化商品市場は大

混乱に陥り，リーマン・ブラザーズ等の経営破綻を引き起こした。

　こうした金融危機の再来を防止するために，世界的規模で金融規制の見直しが行われた。CDS等の店頭デリバティブや証券化商品市場は，市場の混乱の影響を最も強く受けて，市場規模が一時的に大幅に縮小した。しかし，同様の問題の再発防止策の効果もあり，その後市場は回復基調をたどっている。サブプライム関連商品のような欠陥の多い商品の淘汰やリスク管理手法の改善が進んで，店頭デリバティブや証券化商品の市場は，より健全な発展が期待されている。このような金融新商品の急成長，破綻，再生のプロセスは *Column* ⑫ で取り上げたジャンク・ボンド市場の歴史にみることができる。

本章で学んだキーワード

倒産コスト　　最適資本構成　　最終利回り　　利回り曲線　利回りスプレッド　　債券格付け　　金利スワップ　　通貨スワップ　　証券化　　ABS（資産担保証券）　　MBS（モーゲージ担保証券）　CMO　　SPV（特別目的事業体）　　倒産隔離　信用補完の仕組み　　CDO　　ジャンク・ボンド

演習問題
Seminar

1　企業が財務的に困窮したときのコストにはどのようなものがあるか述べてみよう。

2　社債の国債との利回りスプレッドを決定する主な要因を挙げてみよう。

3　オリジネーター企業にとって証券化のメリットにはどのようなものがあるか述べてみよう。

参考文献 **References**

新井富雄・高橋文郎・芹田敏夫［2016］『コーポレート・ファイナンス――基礎と応用』中央経済社。

大垣尚司［1997］『ストラクチャード・ファイナンス入門』日本経済新聞社。

大橋和彦［2010］『証券化の知識』第 2 版，日本経済新聞出版社。

土屋剛俊［2017］『入門社債のすべて――発行プロセスから分析・投資手法と倒産時の対応まで』ダイヤモンド社。

現実の市場の諸要因が与える影響

Summary

Financial Management

　配当と自社株買いは，ともに企業の株主に対する分配方法である。第13章では，完全市場の仮定の下と現実の市場の下での配当政策と自社株買いについて検討する。完全市場と企業の投資政策を与件にしたミラー＝モジリアーニの配当政策理論によれば，配当政策は株主利益に影響を与えない。同じ仮定の下では，自社株買いも同様に株主の利益に影響を与えない。

　しかし，現実の市場は完全市場ではなく，配当の変更や自社株買いは株価に影響する。その原因の1つは，配当とキャピタル・ゲインに対する税制の問題である。さらに，企業の分配政策については，経営者と株主との間の情報の非対称性や経営者と株主，株主と債権者間のエージェンシー問題に関連する問題がある。市場では，増配や自社株買いは経営者が将来の収益について自信をもっているとか，経営者が現在の株価が過小評価されていると判断しているというシグナルと受け取られる。増配や自社株買い発表後の株価上昇は，こうした情報の非対称性に起因する。

　一方，自社株買いの結果，EPS（1株当たり利益）やROE（自己資本利益率）が上昇することが株価に好影響を与えるという主張があるが，こうした考え方は正しくない。

1 配当に関する制度的事項

配 当 と は
配当とは，企業が決算期ごとに利益の一部を株主に対して分配するものである。
日本では，従来，現金で支払われる現金配当以外に株式をわたす株式配当も配当に含められていたが，1990年の商法改正に伴い，株式配当は株式の無償交付などとともに株式分割に含められた。配当には決算期ごとに出す普通配当のほかに，特別に利益が出たときに支払われる特別配当や会社の創立記念などに付けられる記念配当がある。

　会社法では，会社が配当などの形で株主に分配できる剰余金の分配可能額を規定している。

日本企業の配当政策
過去，日本企業の配当政策には，**配当性向**（＝配当金／税引利益）を基準に配当
政策を考えるという意識が希薄で，長期にわたり一定額の1株当たり配当金を維持する傾向が強いという特徴があった。また，利益が増加して増配を行う場合にも単純に1株当たり配当金を増やすのではなく，1株当たり配当金は据え置いたままで小幅な株式分割（無償交付）によって発行済み株数を増やして実質増配を行う方法が採用されることが多かった。逆に，利益がかなり大幅に減少した場合にもなかなか減配を行わず，相当無理をしても配当を据え置く企業が多い。さらに，配当に関しても「横並び意識」が強い傾向がある。

　一方，アメリカ企業の場合には，しばしば一定の配当性向を維持する配当政策が採用されているといわれる。実際には，アメリ

カ企業の場合も機械的に一定の配当性向を維持する配当政策がとられているわけではなく，配当の変動を利益の変動よりもより滑らかなものにする配当政策が採用されている。しかし，日本企業に比べてアメリカ企業では，①長期の目標配当性向をより強く意識した配当政策が採用されている，②豊富な投資機会をもつ高成長企業のなかには，まったく配当を支払わない企業が多数存在するなど企業ごとに独自の配当政策が採用されている，などの特徴がある。また，近年では株主に対する分配方法として配当ではなく自社株買戻しを選択するアメリカ企業が増加している。

2 MM の配当理論

配当政策は株主利益と無関係

配当政策は，株主利益に影響を与えるのだろうか。この問題に対して，1961 年にミラー（M. H. Miller）とモジリアーニ（F. Modigliani）（以下，MM と呼ぶ）は，「完全市場の下で企業の投資政策を与件とすると，配当政策は株価や株式のトータル・リターンに影響を与えない」という趣旨の論文を発表した。この論文を契機にしてその後長い間いわゆる配当論争が行われた。

MM の配当理論 の論旨は，次のようにまとめることができる。企業が正の NPV（net present value〔正味現在価値〕）をもつ投資プロジェクトをすべて採用するという投資政策を採用していたとする。そのとき企業が残った利益を超える配当を支払おうとすると，新たに外部資金調達を行う必要がある。いま，配当政策の問題と資本構成の問題を明確に区別するために 100 ％株主資本の企業を想定すると，配当増額のために増資をすることになる。増資を

行うと発行済み株式が増えるので株主持ち分の希薄化が生じて，1株当たりの株価は配当増加分だけ下落する。すなわち，配当は増えるが同額だけ株価が低下するので，結局，株主の受け取るトータル・リターンは，配当を増やしても変化しないことになる。以上が，配当に関するMMの主張のエッセンスである。

数 値 例

このことを簡単な数値例で確認してみよう。いまA社とB社という負債のない2つの企業があるとする。2社の企業価値は同額で時価1100億円であると仮定する。また2社の資産の内訳も同じで，余剰現金が110億円，その他の資産が990億円であるとする。現在の2社の発行済み株式数は1億株で，現在の1株当たりの株価は1100円である。2社は必要投資金額が110億円の投資機会を保有している。投資プロジェクトのNPVはゼロとする。A社は保有する余剰現金全額を投資に振り向け，配当は支払わないことにした。一方，B社は投資資金については新たに1000万株を発行して110億円を調達し，余剰現金は配当として支払うことにした。さて，既存株主にとって，2社の配当政策の相違はなんらかの違いをもたらすであろうか。

1株を保有する既存株主の立場から考えてみよう。まずA社のほうはきわめて単純で，株式は1株当たり1100円の株価を保つことになる。投資プロジェクトのNPVはゼロであるので，企業価値が変わらないからである。ただし，A社のバランスシートの資産内訳については，余剰現金がなくなり有形固定資産に振り替わるという変化が起こる。

次にB社についてみてみよう。まず1株当たり配当金は，次のように100円になる。

　　　　B社の1株当たりの配当金

$$= \frac{\text{余剰現金残高}}{\text{増資前の株数}+\text{増資に伴う増加株数}}$$

$$= \frac{110\ \text{億円}}{(1+0.1)\ \text{億株}} = 100\ \text{円}$$

一方，増資後のB社の株価は，次のように増資前の1100円から1000円に下落する。すなわち，

増資後のB社の株価

$$= \frac{\text{企業価値}}{\text{増資前の株数}+\text{増資に伴う増加株数}}$$

$$= \frac{1{,}100\ \text{億円}}{(1+0.1)\ \text{億株}} = 1{,}000\ \text{円}$$

結果としてB社の既存株主の保有する価値は1株当たり，現金100円，株式時価1000円の合計1100円となって，A社株主のケースと変わらない。

3 市場の不完全性と配当政策

上で説明したMMの配当政策に関する理論は，税金，取引費用および情報の非対称性が存在しない完全市場を前提にしたとき成立するもので，市場が完全市場と異なる場合にはその結論が修正される。以下では，それらを順にみていこう。

> 配当とキャピタル・ゲインに対する税制

現実の市場では，完全市場の仮定と異なり税金が存在する。それだけではなく，**配当所得とキャピタル・ゲインに対する課税**は同じではない。現行の日本の税制についてみてみよう。個人投資家については，利益を実現するタイミングを選択できる

ことなども考えると，たとえ表面上税率は同じでもキャピタル・ゲインのほうが実効税率が低くなり配当よりも有利であるといえる。

逆に，法人投資家の場合には，配当のほうが税金支払額が少ないので有利である。法人の場合，受取配当の 20 ％について益金不算入として課税所得に含めなくてよいという税法の規定があるからである。一方，キャピタル・ゲインについては，保有株式を売却して売却益を実現した場合には，その全額に対して法人税が課せられる。一方，年金などの機関投資家の場合には，配当もキャピタル・ゲインも非課税なので両者に差異はない。

以上のように，税制上の観点からは，投資家のタイプによって配当が有利な場合もあり，逆にキャピタル・ゲインが有利な場合もあることになる。したがって，投資家は，他の事情が同じであれば，キャピタル・ゲインのほうが税法上有利な投資家は，配当の低い企業の株式を選好することになるし，配当のほうがキャピタル・ゲインよりも有利な投資家は配当の高い企業の株式を選好することになる。このような現象は，**配当政策の顧客効果**と呼ばれている。

顧客効果は，企業は基本的な配当政策を安易に変更すべきではないということを示唆する。たとえば，収益性に変化がないとき，従来低額配当を行ってきた企業が，なんらかの理由で配当政策のみを変更して高額配当に切り替えるとしよう。このときにはキャピタル・ゲインを選好する株主がこの会社の株式を売却し，代わりに配当を選好する投資家が株式を購入して株主構造が大きく変化する可能性がある。この際，株価に一時的に需給のアンバランスが生じて大きな株価変動が生じる恐れが出てくる。長期的にみれば株主構造の変化に伴い最終的に株価が上昇するという明確な

見通しでもないかぎり，こうした短期的な株価変動を引き起こすことはあまり意味がないといえるであろう。

情報の非対称性とシグナリング

すでに何度か言及されているように，経営者と投資家の間には**情報の非対称性**が存在する。企業価値を上昇させるようなよいニュースがあるときには，経営者は投資家にそのニュースをそのまま伝えるのではなく，間接的な方法で伝達しようとすることが多い。

情報自体を投資家に伝達するのではなく，間接的な情報伝達方法が多用されるのには，いくつかの理由がある。第1に，企業情報のなかには投資家には知らせたいが，競合企業には知らせたくないさまざまな情報がある。その代表的なものに，研究開発の進捗状況などが挙げられる。第2に，実際には企業実態がよくない企業も意図的に楽観的な収益見通しを公表したり，よいニュースのみを選んで流す可能性がある。第3に，企業がこのような情報操作を行う可能性があるときには，投資家は経営者の発信する情報をそのまま鵜呑みにしない，という問題がある。情報劣位にある投資家にとって，本当によい企業と実態は悪いのによい企業の振りをする企業を見分けるのは困難である。その結果，投資家はよい企業も悪い企業もひとまとめにして評価せざるをえない。その結果，市場では本当に収益実態のよい企業が過小評価されてしまうことになる。

こうしたとき配当を引き上げるのは，先行きについて本当に自信をもっている経営者にとって格好の**シグナリング**手段となる。開発中の新製品などについて詳細な説明を行わなくても，増配によって経営者が長期的な収益について確固たる自信をもっているというメッセージを市場に伝達できる。情報を流すだけでなく実

際に増配するという行動をとったことによって，企業の楽観的な収益見通しに対する投資家の信頼度が高まる。投資家は，一度増配してすぐ後に減配すると経営責任を問われるので，経営者は先行きについて相当に自信がなければ増配しないと考えるからである。一方，本当は先行きに自信がないのにもかかわらず楽観的な見通しを市場に流していた企業の場合には，増配という行動をとるのは困難である。

　一方，ある事業年度の利益が減少した場合にも，配当が据え置きになって変更されなければ，投資家はその減益が一過性のものであるとみなす傾向がある。逆に，減益決算と同時に減配を発表すると，投資家はそれを企業の収益力が中長期的に弱体化したことを示唆するものではないかと考えるようになる。

エージェンシー理論

　配当政策に関連する主な**エージェンシー問題**は，①経営者と株主，②債権者と株主，の間で生じる。まず，前者の問題について考えてみよう。株式会社制度の建て前からすれば，経営者は株主の代理人であるはずである。しかし，実際には経営者が本当に株主のために行動しているかどうかのモニタリングを行うのは困難である。その結果，経営者は自らの利益や社会的名声を第一義にした経営を行う傾向が出てくる。とくに，豊富な余剰キャッシュを保有する成熟企業の場合には，経営者はそのような行動をとりがちである。

　経営者に対する報酬や彼らの社内での評判および社会的地位は，売上高とか従業員数などで測った企業規模に比例する傾向がある。そのため，収益性を犠牲にしても企業規模の拡大に走る経営を行う企業が多くなる。プラスの NPV をもつ有利な投資機会が存在しないのにもかかわらず，利益を配当として株主に払い戻さずに，過大な設備投資や子会社設立，企業買収を行うような企業行動が

その典型例である。

　配当は，債権者と株主のキャッシュフロー配分にも関連する。利益が配当されずに企業資産に再投資された場合には，債権者と株主の双方が請求権をもつ共通プールに資金が投じられることになる。しかし，配当として支払われてしまえば，それは株主の専有物になる。

　このような配当支払いをめぐる債権者と株主との利害対立が深刻になるのは，負債比率の高い企業が財務的に困窮した場合である。倒産間際の企業の場合，手元に残った資金で実施できるNPVがプラスの有利な投資プロジェクトが存在したとしても，それが債権者に対する弁済額を増やす効果しか期待できないときには，プロジェクトは実施されない。株主価値を極大化するためには，むしろ残った資金全額を配当として株主に分配してしまうほうがよい。社債に付けられる財務制限条項の代表的なものに配当制限条項があるが，これはこの種の事態に事前に備えるために設けられている条項である。

4 自社株買い

自社株買いとは

　自社株買いとは，企業が自社の発行した株式を買い戻すことである。日本では従来，債権者や投資家保護の面で問題があるとして，自社株買いは原則的に禁止されていた。しかし，1990年代に入り解禁論が強まり，94年に自社株買いが解禁され，95年には障害になっていた「みなし配当課税」の凍結が決まり，アサヒビール，日本アムウェイを皮切りに実施する企業が出てきた。さらに1997年の

商法改正で，認められた範囲で取締役会が自社株消却のタイミング，規模などを決められるようになった。そして 1998 年には，消却に充てる原資が従来の配当可能利益の一部から資本準備金にまで拡大された。その結果，自社株買いを実施する企業が急速に増加した。

完全市場の下での自社
株買いと配当支払いの
比較

自社株買いは，基本的には，企業が生み出すキャッシュフローに見合うだけの投資機会をもたないときに余剰資金を株主に払い戻す手段である。その点で配当と共通している。また自社株買いは，完全市場の仮定の下では配当と同様に株主価値に影響しない。

　余剰資金を配当で支払う場合と自社株買いを行う場合を比較してみよう。完全市場の仮定の下では，企業がこの余剰資金を配当として株主に支払うと，1 株当たり配当金分だけ株価が下落するが，権利落ち後の株式と受取配当とを合算すると株主の保有する財産価値は変わらない。一方，自社株買いの場合には，企業の余剰資金は自社株の購入代金分だけ減少するが，発行済みの株数も比例して減少するので株価は変わらない。このように両者は，完全市場の仮定の下では，同様に株主価値に影響を与えない。

　自社株買いと配当との違いは，配当は株主全員に対して一律に現金が支払われるのに対して，自社株買いの場合には，自社株買いに応じた株主に対してのみ現金が支払われることである。自社株買いに応じなかった株主は，株式を現金化せず従来通り株式のまま保有することができる。

　ただし自社株買いでは株主全員を一律に扱わないために，自社株の購入価格によっては，自社株買いに応じた株主と応じなかった株主との間で価値の再分配が起こる。すなわち，公正な株価以

　自社株買いを実施する動機として，しばしばROE（自己資本利益率）やEPS（1株当たり利益）などの財務指標の改善が挙げられる。しかし，自社株買いを通じてこれらの目標を達成したとしても，それで企業価値を向上させることができるかは疑問である。

　単純化のために負債のない株主資本のみの企業を想定する。その企業の事業資産の時価を O，余剰金融資産の時価を F，自社株買い前の発行済み株数を N，自社株買い前の株価を S_B とする。なお，$S_B = (O+F)/N$ である。さて，この企業が余剰金融資産 F を使って ΔN 株の自社株を S_B で購入すると仮定する。自社株買い後の株価は $S_A = O/(N-\Delta N)$ となる。この S_A の式の分母に，$N = (O+F)/S_B$，$\Delta N = F/S_B$ という関係式を代入すると，$S_A = S_B$，すなわち自社株買いの前後で株価が変化しないという関係を得る。

　一方，EPSなどの財務指標はどうなるだろうか。いま事業資産収益率を R_O，金融資産収益率を R_F，自社株買い前のEPSを EPS_B，自社株買い後のEPSを EPS_A とする。ここで，$EPS_B = (R_O O + R_F F)/N$，$EPS_A = R_O O/(N-\Delta N)$ である。これらの式に先ほどと同様に，$N = (O+F)/S_B$，$\Delta N = F/S_B$ という関係式を代入して整理すると，$R_O > R_F$ のときには，$EPS_A > EPS_B$ という関係を得る。すなわち，事業資産収益率が金融資産収益率よりも高ければ，EPSは自社株買い後上昇する。同様の関係は，自社株買いの前後のROEに関しても導出することができる。

　すなわち，事業資産収益率が金融資産利益率よりも高いときには，EPSやROEは自社株買いの結果上昇するが，それらは株価には影響を与えない。これは，投資家が合理的に行動するとすれば，自社株買いによって，たとえばEPSが表面上「改善」されても，それらは株価の向上に役立つことはなく，単にPER（株価収益率）が低下するだけの結果に終わることを意味する。ここでPERが低下するのは，企業資産の構成が収益率も高いが同時にリスクも高い事業資産の構成比が高いものになったことが，株価に反映されるためである。

上の価格で自社株買いが行われれば，自社株買いに応じた株主は応じなかった株主にコストを負担させて利益を得ることになる。

現実の市場と自社株買い

上記のような完全市場の仮定の下での「配当も自社株買いも株価と無関係である」という命題は，現実の市場での税金や情報の非対称性などの問題を考慮に入れた場合には修正が必要である。前述のように配当所得とキャピタル・ゲインに対する税法上の取扱いは投資家ごとに異なる。その結果，投資家によっては，企業が配当という形態で余剰資金を株主に払い戻すよりも自社株買いを実施することを歓迎する場合もある。

　また配当と同様に，自社株の場合にも経営者と投資家との情報の非対称性の問題がある。企業が自社株買いを実施する最も重要な要因の1つは，自社の株価が市場で過小評価されていると判断するときである。そのため投資家は自社株買いが行われるということは，経営者が自社の株価が安すぎると判断しているという証拠であると考える。その結果，自社株買いが発表されると，多くの場合，株価は上昇する。

本章で学んだキーワード

配当性向　　MMの配当理論　　配当所得とキャピタル・ゲインに対する課税　　配当政策の顧客効果　　情報の非対称性　　シグナリング　　エージェンシー問題　　自社株買い

演習問題
Seminar

1　アメリカには，配当を行うと成長企業というイメージが崩れると信じて無配を続ける企業経営者が多数存在する。

2 彼らの考え方を株主の立場から評価してみよう。

一方で，資金需要をもたないにもかかわらず，増配や自社株買いを行わずに余剰金融資産を蓄積している企業も多数存在する。このような分配政策について株主の立場から評価してみよう。

3 社債にはしばしば配当支払いを制限する財務制限条項が付けられる。その理由は何か述べてみよう。

4 自社株買いを行うと1株当たり利益が増えるので，株価上昇要因になるという考え方がある。この考え方を論評してみよう。

参考文献

新井富雄・高橋文郎・芹田敏夫［2016］『コーポレート・ファイナンス——基礎と応用』中央経済社。

ミルグロム，P., J. ロバーツ（奥野正寛・伊藤秀史・今井晴雄・西村理・八木甫訳）［1997］『組織の経済学』NTT 出版。

第 IV 部
財務のトピックス

選択と集中の時代

Summary

Financial Management

　1990年代後半以降，日本は未曽有のM&Aブームを経験している。事実，M&Aの年間件数は，1995年から2005年の10年間で5倍以上に増加し，その後も，世界金融危機の影響で若干下火にはなったものの，依然高い水準を保っている。このM&Aブームにみられる活発な企業再編の背景には，世界規模での企業間競争の激化やバブル経済期における多角化戦略の失敗から，「選択と集中」といわれる，競争劣位の事業から撤退して競争優位の事業に経営資源を集中させる戦略に，企業が経営方針を転換していったことがある。

　さらに，企業再編を促進する法的枠組みの整備が進められたこともその一因であるといえる。日本では，1997年の持株会社の解禁および簡易合併制度の導入に始まり，99年の株式交換・株式移転制度の導入，2001年の会社分割制度の導入，さらには07年の三角合併の解禁と，相次いで企業再編制度の改革が実施された。

　それに伴って，近年のM&Aは形態が多様化し，その仕組みも複雑なものとなっている。とりわけ2000年以降は，それまで日本ではほとんど例のなかった，外資系投資ファンドによる敵対的な企業買収や，現経営陣による自社の買収などがしばしば行われるようになっている。

　大型のM&A案件は，新聞の一面を飾ったりマスコミで特集が組まれるなど，多くの人の耳目を集める出来事である。本章を読むことによってM&Aに関する理解が少しでも深まれば，それらに関する報道もより興味深いものとなることであろう。

1 日本の M&A の概要

　M&A とは mergers and acquisitions の略で，企業の **合併・買収** のことをいう。一般に M&A という言葉は，会社全体の合併・買収だけでなく，ある部門だけの一部事業譲渡や資本提携なども含めて用いられる。さらに広義では，技術提携や販売提携などの資本の移動を伴わない単なる業務提携も含めた広い意味での企業提携の総称として用いられることもあるが，本章では単なる業務提携は M&A に含めないこととする。

　図 14・1 は，1985〜2009 年の日本の M&A の件数と，マーケット別の構成比率の推移を図示したものである。マーケット別による分類とは，M&A を，IN-IN 型（日本企業同士の M&A），IN-OUT 型（日本企業の外国企業に対する M&A），OUT-IN 型（外国企業の日本企業に対する M&A）の 3 つに分類したものである。

　図 14・1 からは，1980 年代後半のバブル経済期に M&A が増加していることがわかる。この時期の M&A の特徴としては，円高や貿易摩擦といった外部要因に加え，国内主要産業の成熟化に伴う新たな成長戦略として，外国企業を買収する IN-OUT 型の M&A が増加したということが挙げられる。代表的な事例としては，1988 年のブリヂストンによる米ファイアストン買収（3300 億円），89 年のソニーによる米映画大手コロンビア・ピクチャーズ買収（6400 億円），そして 90 年の松下電器産業（現パナソニック）による米エンタテイメント大手 MCA の買収（7800 億円）などがある。

　その後，バブル崩壊とともに M&A はいったん減少したが，

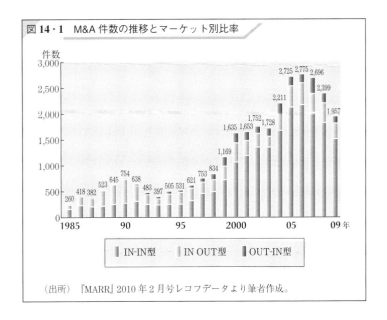

図14・1　M&A件数の推移とマーケット別比率

件数

3,000

2,725　2,775　2,696

2,500

2,399

2,211

2,000

1,957

1,752 1,728

1,635 1,653

1,500

1,169

1,000

834

753

645 754

621

523 638

500

418 382 483 397 505 531

260

0

1985　　　　90　　　　95　　　2000　　　　05　　　09 年

　　　■ IN-IN型　　　■ IN OUT型　　　■ OUT-IN型

（出所）　『MARR』2010 年 2 月号レコフデータより筆者作成。

1990 年代後半から 2000 年代前半にかけて M&A ブームが起こり，M&A 件数が急激に増加している。1995 年には 531 件だった M&A が 2005 年には 2725 件と，この 10 年間で実に 5 倍以上の増加を示している。この期の M&A の特徴としては，第 1 に，国際競争の激化等を背景に業界内再編の動きが進み，国内企業同士による IN-IN 型 M&A が増加したということが挙げられる。たとえば，鉄鋼業界では，韓国や中国企業の台頭による激しい国際競争を受けて，NKK と川崎製鉄が 2002 年に合併して JFE ホールディングスを設立している。

　またバブル崩壊に伴う不良債権処理問題に苦しむ金融業界でも再編が進み，1995 年時点では 13 行を数えた都市銀行が，2005 年までに 4 行のメガバンクに集約されている。**表 14・1** は，金額ベースでの日本の M&A 案件トップテンを載せたものであるが，

上位5つは，いずれもこの時期の銀行関連の M&A である。

第2に，外国企業が日本企業を買収する OUT-IN 型の M&A が みられるようになったのも，この期の M&A の特徴である。それ までは，外国企業による日本企業の買収はきわめてまれであった が，バブル崩壊後の経営不振・破綻にあえぐ日本企業を買収する 形で，OUT-IN 型の M&A が増加したのである。代表的な事例と しては，1999年の仏ルノーによる日産自動車への資本参加（5900 億円），2000年の米企業再生ファンド，リップルウッドによる旧 日本長期信用銀行（現・SBI 新生銀行）買収（1210億円），そして 02年の小売業世界最大手，米ウォルマートによる西友の買収（累 計で2470億円）などがある。

さらに2000年以降では，楽天やライブドアに代表されるネッ ト関連企業が，成長戦略の一環として，自社の高い株価を背景に 株式交換を用いて積極的に M&A を行っている。また，後に詳細 に述べるように，日本で企業の敵対的買収が始まったのも2000 年以降の M&A の特徴といえる。

2 M&A の分類

M&A には，いろいろな分類方法があり，図14・1で示されて いる，マーケット別（IN-IN 型，IN-OUT 型，OUT-IN 型）の分類方 法もその1つである。本節では，それ以外の分類方法として，企 業融合の方向性による分類と M&A の形態による分類について説 明する。

| 企業融合の方向性 | M&A は，企業融合の方向性によって，水平的結合，垂直的結合，多角的結合の |

表 14・1　M&A 金額トップテン（1985～2009 年）

順位	金額（億円）	取得会社	相手会社
1	49,149	富士銀行	第一勧業銀行，日本興業銀行
2	34,962	住友銀行	さくら銀行
3	33,985	三菱銀行	東京銀行
4	31,650	三井銀行	太陽神戸銀行
5	30,995	三菱東京 FG	UFJHD
6	22,530	JT	ガラハー
7	19,600	預金保険機構	りそな HD
8	19,172	ソフトバンク	ボーダフォン日本法人
9	18,833	DDI	KDD，日本移動通信
10	17,928	三和銀行	東海銀行，東洋信託銀行

（注）　株式移転の場合は資産規模の最も大きい企業を取得会社としている。
（出所）　『日本企業の M&A データブック』㈱レコフより筆者作成。

3 つに分類できる。最初に，**水平的結合** とは，同一業種の同じ生産段階の企業と結合することによって，既存事業の強化を図るとともに規模の経済によるメリットを狙う M&A である。

次に，**垂直的結合** とは，同一業種ではあるが異なる生産段階に属する企業との M&A である。たとえば，製品の生産だけを行っている会社は，川上の原材料仕入先企業や川下の販売会社を買収することによって，生産工程を総合的にコントロールできるようになるというメリットがある。垂直的結合とは，このようなサプライチェーンの効率化を狙う M&A である。

最後に，**多角的結合** とは，**コングロマリット型結合** とも呼ばれ，異業種の企業と結合することによって新規事業への進出を図る

M&A 後の会社	M&A 形態	マーケット別分類	有効日
みずほ HD	株式移転	IN-IN 型	2000. 9.29
三井住友銀行	吸収合併	IN-IN 型	2001. 4. 1
東京三菱銀行	吸収合併	IN-IN 型	1996. 4. 1
太陽神戸三井銀行	吸収合併	IN-IN 型	1990. 4. 1
三菱 UFJFG	吸収合併	IN-IN 型	2005.10. 1
ガラハーが JT の完全子会社に	英国法に基づく買収 (Scheme of Arrangement)	IN-OUT 型	2007. 4.18
りそな HD が事実上国有化	増資(優先株・新株を引受け)	IN-IN 型	2003. 8. 7
ソフトバンクモバイル	TOB (1 兆数千億円規模の LBO でもある)	IN-OUT 型	2006. 4.27
KDDI	吸収合併	IN-IN 型	2000.10. 1
UFJHD	株式移転	IN-IN 型	2001. 4. 1

M&A である。1960 年代にアメリカで盛んに行われたが，異業種参入の難しさや既存事業とのシナジー効果が期待したほど得られなかったこともあって，その多くが失敗に終わっている。そのため現在では，多角的結合を意図する M&A はあまり行われていない。

M&A の形態

M&A には実にさまざまな形態がある。図 **14・2** は，M&A を形態別に図示したものであり，表 **14・2** は，それらの形態の特徴をまとめたものである。企業は，これらのなかからそれぞれの状況に応じた最適な手法を選択して，M&A を実施している。

〈合　併〉　　合併 とは，2 社以上の企業が 1 つの法人格に統合

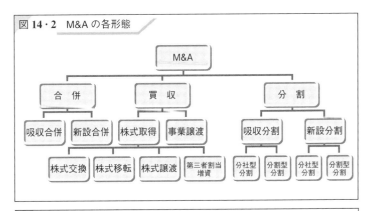

図 14・2　M&A の各形態

表 14・2　M&A の各形態の特徴

形　態	定　義	買収対価	備　考
合　併	2 社以上の企業が 1 つの法人格に統合される。	株　式	吸収合併と新設合併があるが，実質上はほとんどが吸収合併である。
株式交換	一方の会社が他方の会社の完全子会社となる。	株　式	既存の会社を完全子会社化するのに用いられる。
株式移転	新たに完全親会社となる持株会社が設立され，既存の会社はその完全子会社となる。	株　式	持株会社をつくる場合に用いられる。
株式譲渡	買収対象企業の発行済み株式を現金で取得する。	現　金	上場会社の株式譲渡による M&A は，実質的に TOB によらなければならない。
第三者割当増資	新株発行を引き受けることによって経営支配権を獲得する。	現　金	経営不振・破綻企業の救済によく用いられる。
事業譲渡	他社の特定の事業や資産を現金で取得する。	現　金	事業の包括承継ではなく売買契約である。
吸収分割	既存の他の会社に企業が切り離した事業を承継させる。	株　式（現　金）	他社へ特定の事業部門を包括的に譲渡するのによく用いられる。
新設分割	新しく設立する会社に企業が切り離した事業を承継させる。	株　式（現　金）	自社の特定の事業部門を分社化するのによく用いられる。

する取引である。合併には，合併企業の1つが存続会社となりその他が消滅会社となる **吸収合併** と，いずれの合併企業も存続会社とならない **新設合併** があるが，実際の合併では吸収合併によることがほとんどである。

　これは，新設合併は，株式上場企業の場合には改めて上場申請を要することや，銀行など許認可や事業免許を要する業種では，新設会社による許認可や免許の再取得が必要となるなど，事務手続きの処理が非常に煩雑となることが理由である。

　〈株式交換〉　　**株式交換** とは，一方の会社が他方の会社の完全子会社となる取引である。完全子会社の全株主は，保有する株式を完全親会社に提出する代わりに完全親会社発行の株式を取得し，完全親会社の株主となる。

　なお完全親会社とは，子会社の発行するすべての株式を保有している親会社のことであり，このときの子会社を完全子会社という。

　〈株式移転〉　　**株式移転** とは，既存の会社（複数可）が，完全親会社となる持株会社を新たに設立し，自らがその完全子会社となる取引である。完全子会社の全株主は，保有する株式を新設される完全親会社（新設持株会社）に提出する代わりに完全親会社発行の株式を取得し，完全親会社の株主となる。

　なお，**図14・3** は，吸収合併，株式交換，株式移転という類似する3つの形態をイメージ図で表したものである。

　〈株式譲渡〉　　**株式譲渡** とは，買収企業が買収対象企業の既存の発行済み株式を現金で取得する取引である。M&A では買収対象企業の経営支配権獲得を目的とするので，特別決議事項の拒否権確保に必要な3分の1超の株式の取得をめざすことが通常である。そして，上場企業の発行済み株式の3分の1超を獲得す

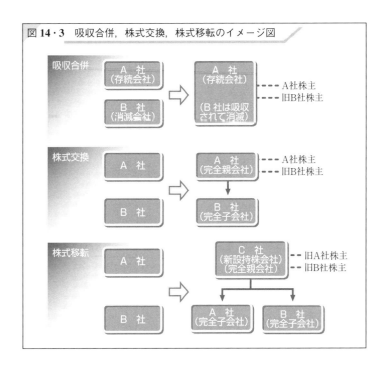

図 14・3 吸収合併，株式交換，株式移転のイメージ図

吸収合併

A 社（存続会社）
B 社（消滅会社）

→

A 社（存続会社）
（B 社は吸収されて消滅）
- - - A社株主
- - - 旧B社株主

株式交換

A 社
B 社

→

A 社（完全親会社）
- - - A社株主
- - - 旧B社株主

B 社（完全子会社）

株式移転

A 社
B 社

→

C 社（新設持株会社）（完全親会社）
- - 旧A社株主
- - 旧B社株主

A 社（完全子会社）
B 社（完全子会社）

るには，金融証券取引法に基づいて株式公開買付け（TOB，本章第4節参照）によらなければならない。したがって，上場企業の株式譲渡によるM&Aは，通常TOBによって行われることになる。

〈第三者割当増資〉 **第三者割当増資** とは，買収対象企業が買収企業に新株を発行する取引である。第三者割当増資は株式譲渡とは異なり，買収対象企業の株主ではなく会社自体に株式払込金が振り込まれる。したがって，第三者割当増資はしばしば経営不振企業や破綻企業の救済のために用いられる。

〈事業譲渡〉 **事業譲渡** とは，企業の事業の全部または一部を，別の会社に金銭を対価として譲渡する取引である。事業譲渡は単なる事業の売買契約であるので，下記で述べる会社分割とは異な

って，事業を一括して譲渡できない。したがって，不動産には移転登記，従業員の転籍には個別の同意，債務については債権者の承諾など，個々の権利義務について移転手続きが必要であり，手続きが煩雑である。

〈分　割〉　会社の**分割**とは，既存の会社を2つ以上の会社に分ける取引であり，大きく吸収分割と新設分割とに分類される。**吸収分割**とは，分割を行う会社（分割会社）が，分割した事業を既存の別会社（承継会社）に承継させるものであり，**新設分割**とは，分割会社が，分割した事業を新たに設立する承継会社に承継させるものである。

さらに，事業を承継された承継会社が対価として交付する株式や金銭を，分割会社に割り当てるものを分社型分割または物的分割といい，分割会社の株主に割り当てるものを分割型分割または人的分割という。

3 M&A のメリットとデメリット

M&A のメリット
M&A を実施することによるメリットを一言でいえば，それは，複数の会社が1つの会社あるいはグループにまとまることから生じるシナジー効果である。以下では，その効果についてより具体的に説明する。

〈**規模と範囲の経済の享受**〉　企業規模が拡大されるので，大量生産や供給業者に対する価格交渉力の増加によるコスト削減が可能となる（規模の経済）。また，異なるけれども関連性のある商品を取り扱っている場合には，マーケティングや流通チャネルの統合などによるコスト削減が見込まれる（範囲の経済）。

〈時間の節約〉 自社で事業を拡大したり新たな事業を一から立ち上げるには莫大な時間と労力が必要だが，M&A ではそれらを大幅に節約でき，機動的に新分野への進出が可能となる。

〈多角化の恩恵〉 事業を多角化することによって，個々の事業の有するリスクを全体として軽減することができ，借入コストの軽減につながる。また，ある事業からの損失を他の事業からの利益と相殺できるので，節税にもつながる。

〈ノウハウの取得〉 他社のもつ優れた技術やノウハウを取り込み，それを自社の有する経営資源にうまく活用できれば，収益や利益のさらなる増加が期待できる。

| M&A のデメリット |

企業は，メリットがデメリットを上回ると判断して M&A を行うわけだが，考えられる M&A のデメリットとしては，以下のようなことが挙げられる。

〈適正価格の算定が困難〉 M&A 取引では，客観的な取引価格というものが存在しないので，買収価格は当事者間の交渉によって決まる。そのため，適正な買収価格の算定が非常に困難である。また，買収対象企業の財政状態を精査しておかないと，M&A 締結後に，不要な資産，簿外債務，あるいは不良債権などを引き継いでしまうといったリスクがある。

〈異なる企業文化の融合が困難〉 会社には，それぞれ異なる制度（人事・給与・労務体系）や企業文化（社風，企業風土）があり，それらを短期間に融合することは困難である。また，そのような制度や文化の違いから生じる軋轢から，有能な人材が流出してしまうリスクがある。

4 友好的 M&A と敵対的 M&A

友好的買収と敵対的買収

M&A では，買収される側もその買収に賛成しているケースが多いが，時には買収される側の意図に反して一方的に買収が提案されることもある。買収される側の経営陣がその買収に賛成している場合は，**友好的 M&A** または **友好的買収**（friendly take-over）と呼ばれ，買収される側の経営陣がその買収に反対している場合は，**敵対的 M&A** または **敵対的買収**（hostile takeover）と呼ばれる。なお，日本の M&A のほとんどは友好的 M&A である。

経営陣の賛同が得られている友好的 M&A では，その実施方法として，吸収合併や株式交換などさまざまな手法が考えられるが，経営陣の賛同が得られていない敵対的 M&A では，原則的に以下で述べる株式公開買付けによって，ターゲットとする企業の株式を買い集めることになる。

株式公開買付け
（TOB）

株式公開買付け（TOB：takeover bid）とは，ある企業の株式を大量に取得したい場合に，新聞等への掲載を通じて「買付目的，買付価格，買付予定株数，買付期間」などを公告し，不特定多数の株主から市場外で一挙に株式を取得する方法である。

TOB のメリットとしては，第 1 に，市場で大量買付けを行うと株価の上昇を招く恐れがあるが，TOB では一定の買付価格で購入するので資金計画が立てやすいこと，第 2 に，買付株数が予定株数に達しなかった場合に買付けをすべてキャンセルできるので，買付け失敗のリスクを負わないことが挙げられる。

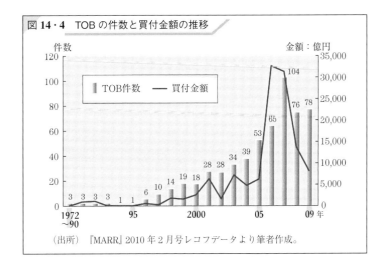

図 14・4　TOB の件数と買付金額の推移

件数　　　　　　　　　　　　　　　　　　　　金額：億円

■ TOB件数　━ 買付金額

（縦軸左）120 / 100 / 80 / 60 / 40 / 20 / 0

（縦軸右）35,000 / 30,000 / 25,000 / 20,000 / 15,000 / 10,000 / 5,000 / 0

3　3　3　3　1　1　6　10　14　19　18　28　28　34　39　53　65　104　76　78

1972〜90　95　2000　05　09 年

（出所）　『MARR』2010 年 2 月号レコフデータより筆者作成。

　一方，TOB のデメリットとしては，文字どおり公開して株式を買い付けるので，買収を仕掛けていることが明らかになってしまい，買収を仕掛けられた企業や他の投資家に防戦の機会を与えてしまうといったことがある。

　図 14・4 は，日本の TOB の件数と買付金額の推移を表したものである。1990 年代前半までは，TOB はほとんど行われていないが，90 年代後半以降，急速に増え，2007 年には最多の 104 件の TOB が実施されている。買付金額についても同様で，2006 年と 07 年には 3 兆円を超えている。

　また，2009 年までの TOB の総件数は 586 件であるが，これらのほとんどは友好的買収を目的とする友好的 TOB であり，敵対的買収を目的とする敵対的 TOB は，このなかでわずか 19 件しかない。表 14・3 は，日本の主な敵対的 TOB の概要をまとめたものであるが，右端の結果の欄にあるように，そのほとんどは失敗に終わっており，日本における敵対的買収の難しさを物語って

買付期間	公開買付者	対象者	目標買付数	結　果
2000.1.17 ～ 2000.2.15	ベーリンガーインゲルハイム	エスエス製薬	出資比率を 19.61％から 35.5％以上に高める。	出資比率が 35.86％になり TOB は成功。
2000.1.24 ～ 2000.2.14	MAC（村上ファンド）	昭栄	出資比率を 100％に高める。	TOB 前からの保有と合わせて出資比率を 6.52％に高めるも失敗。
2003.12.19 ～ 2004.1.26	スティール・パートナーズ	ユシロ化学	出資比率を 8.94％から 100％に高める。	2004 年 3 月期の年間配当金を 19 円から 200 円に増配。そのため株価が買付価格を上回り，応募がゼロで失敗。
2003.12.19 ～ 2004.1.26	スティール・パートナーズ	ソトー	出資比率を 12.24％から 33.34％に高める。	2004 年 3 月期の年間配当金を 13 円から 200 円に増配。11.5 万株（0.74％）の取得にとどまり失敗。
2005.7.20 ～ 2005.8.9	夢真ホールディングス	日本技術開発	出資比率を 6.83％から 53.71％に高める。	買収防衛策を導入した企業への国内初の敵対的 TOB。1：5 の株式分割，ホワイト・ナイト（エイトコンサルタント）の出現。出資比率を 10.59％に高めるも失敗。
2006.1.16 ～ 2006.2.9	ドン・キホーテ	オリジン東秀	出資比率を 30.92％から 51.2％に高める。	ホワイト・ナイト（イオン）の出現。1 件 100 株の応募しかなく失敗。
2006.8.2 ～ 2006.9.4	王子製紙	北越製紙	出資比率を 3.45％から 50.0004％に高める。	三菱商事に対して第三者割当増資（24％）を実施するなどしたため失敗。
2006.10.27 ～ 2006.11.27	スティール・パートナーズ	明星食品	出資比率を 23.11％から 100％に高める。	ホワイト・ナイト（日清食品）の出現。応募がゼロで失敗。
2007.5.18 ～ 2007.6.28	スティール・パートナーズ	ブルドックソース	出資比率を 10.15％から 100％に高める。	事後的なポイズン・ビルの発動で，スティール以外の株主に 1 株当たり 3 株の新株予約権を付与。出資比率が 5.41％に低下して失敗。
2007.5.18 ～ 2007.7.18	ダヴィンチ・アドバイザーズ	TOC	出資比率を 10.02％から 61.42％に高める。	出資比率が 34.6％にあたる応募があったものの目標に達しなかったので買付けをキャンセル。失敗。
2007.5.24 ～ 2007.7.4	スティール・パートナーズ	天龍製鋸	出資比率を 9.04％から 100％に高める。	出資比率が 11.73％になり筆頭株主にはなったものの失敗。

いる。

5　敵対的買収防衛策

アクティビスト・ファンドの台頭

アクティビスト・ファンドとは，投資ファンドの一種で，単に株式を保有するだけでなく，企業価値向上のために経営陣に積極的に働きかけを行うファンドである。具体的には，大株主

として，大幅増配，取締役の選解任，経営陣による自社買収（MBO，本章第6節参照）などを提案し，経営陣がこれらの提案を拒否すると，議案に賛成する株主を募ってその議決権行使の委任状を取り付ける **委任状争奪戦**（proxy fight）を起こしたり，時には敵対的 TOB を仕掛けるなどの行動をとる。

表 14・3 の敵対的 TOB の公開買付者に名前の出てくる，MAC（村上ファンド）やスティール・パートナーズなどは，アクティビスト・ファンドの典型であるといえる。

従来，日本の株主は，経営に口を出さないサイレント・パートナーがほとんどであったが，2000 年に入った頃からアクティビスト・ファンドの活動が活発になっていった。

買収防衛策の導入) **買収防衛策** とは，アクティビスト・ファンドや業界再編を目論むライバル企業からの敵対的買収に対抗するために，買収のターゲットとなる可能性のある企業が講じる防御手段である。

買収防衛策には，大きく，平時の予防策と，実際に敵対的買収を仕掛けられたときの有事の対抗策の 2 種類がある。さらに，その目的によって，買収者の持株数を増やさせない，買収者の議決権比率を低下させる，買収時の魅力を低下させるの 3 つに分けることができる。**表 14・4** は，これらの分類に基づいて，敵対的買収に対する防衛策を一覧にまとめたものである。

最初に，買収者の持株数を増やさせないための平時の予防策としては，安定株主の形成や MBO による株式の非公開化などがある。また，有事の対抗策としては，大幅な増配を実施して株価を公開買付価格よりも高く引き上げたり，善意の第三者に対抗的TOB をかけてもらう **ホワイト・ナイト**（white knight）などがある。

次に，買収者の議決権比率を低下させるための平時の予防策と

表14・4　敵対的買収防衛策の一覧

敵対的買収防衛策	買収者の持株数を増やさせない	買収者の議決権比率を低下させる	買収時の魅力を低下させる
平時の予防策	・安定株主の形成 ・株式の非公開化	・ライツ・プラン ・黄金株や複数議決権株の発行	・期差任期制 ・ゴールデン・パラシュート
有事の対抗策	・増配による株価の引上げ ・ホワイト・ナイト	・第三者割当増資	・クラウン・ジュエル ・パックマン・ディフェンス

（出所）　渡邊［2007］をもとに筆者作成。

しては，**ライツ・プラン**（rights plan，しばしば**ポイズン・ピル**〔poison pill〕とも呼ばれる），黄金株や複数議決権株の発行などがあり，有事の対抗策としては，特定の者に対して新株を割り当てる第三者割当増資などがある。ライツ・プランとは，敵対的買収者が一定割合の議決権を取得した場合，時価より安い価格で行使可能な新株予約権を，既存株主に対してあらかじめ渡しておくというものである。一方，黄金株とは株主総会での決議事項に対して拒否権が与えられている株式であり，複数議決権株とは1株に複数の議決権が付与されている株式のことである。

　最後に，買収時の魅力を低下させるための平時の予防策としては，取締役の期差任期制やゴールデン・パラシュート（golden parachute）などがある。期差任期制とは，取締役の任期をずらして改選期を分け，一度の株主総会で全員の取締役が交替させられることを防ぐというものであり，ゴールデン・パラシュートとは，退任する経営陣に対して多額の退職金を支払わなければいけないとする契約をあらかじめ結んでおくというものである。また，有事の対抗策としては，自社で最も魅力的な資産や事業部門などを売却したり分社化するクラウン・ジュエル（crown jewel，スコーチド・アース〔scorched earth〕とも呼ばれる）や，買収者に対して

Column ⑭　ライブドアが市場に残した遺産

　ライブドアが東証マザーズに上場していたのは，2000年4月から2006年4月までのわずか6年間である。その間のライブドアの成長戦略は，制度上の不備や法の抜け穴を突くものであり何かと批判も多いが，結果的に市場に改革をもたらす触媒となったという見方もできる。以下では，ライブドアが市場に残した3つの遺産について述べる。

　①株式分割直後の株券不足問題の解消：以前は，株式分割割当日から新株が交付されて売買可能となるまで2ヵ月近くを要したため，その間，株式の需給が逼迫して株価が高騰するという現象がみられた。ライブドアはこれをうまく利用し，100分割などの極端な株式分割を行って自社の株価を吊り上げた後，有利な条件で，株式交換による企業買収を推し進めていった。そこで，2006年1月に制度改正が行われ，株式分割割当日の翌日から新株の売買が可能になった。

　②TOB制度の整備：フジテレビは，2005年1月17日に同じグループのニッポン放送に対してTOBを実施することを公表し，買付期間を翌日から2月21日までとした。その最中，ライブドアが2月8日朝の立会外取引（時間外取引）などで，ニッポン放送株の35％を取得したと公表した。本来，保有比率が3分の1超となる株式を市場外で取得する場合にはTOBによらなければならないのだが，立会外取引は市場内取引の一種であるため規制外であった。そこで，2005年7月に証券取引法が改正され，立会外取引による株式の取得もTOBによることが義務づけられた。

　③取引システムの増強：ライブドアへの強制捜査が行われた2日後の2006年1月18日，個人投資家等による注文が殺到して東証の売買システム処理可能件数である450万件に近づいた。そのため東証は，正常より20分早い2時40分に全銘柄の取引を停止し，その後も3ヵ月間にわたって取引時間を短縮するという異例の措置をとった。この事件が引き金となって，東証は急遽システム能力の増強を図り，2010年1月に新システム東証アローヘッドを導入するに至った。

反対に買収を仕掛けるパックマン・ディフェンス（pac-man defense）などがある。

これらの買収防衛策は，法的には可能であっても，証券取引所の基準に抵触するために導入できないものもある。実際，2009年末時点において買収防衛策を導入している会社は 567 社であるが，そのほとんどはライツ・プランである。

6 その他の企業再編

レバレッジド・バイアウト（LBO）

レバレッジド・バイアウト（LBO：leveraged buyout）とは，買収対象企業の資産あるいは将来キャッシュフローを担保に，負債（借入金・債券）によって調達された資金を用いて買収を行う M&A の手法である。なお LBO の資金提供者は，通常，金融機関や LBO ファンドと呼ばれる投資ファンドである。

LBO では，買収資金を自己資金ではなく借入金等による負債で充当することができるので，買収企業にとっては少ない手持ち資金でより大規模な買収を行えるというメリットがある。また資金提供者にとっても，買収対象企業が早期に処分可能な資産を多く保有している場合や，将来にわたって安定した収益が見込める場合には，資金回収の目処が立てやすく比較的リスクの低い融資であるといえる。

日本では，LBO は，次項で述べる MBO の形態で実施されるケースがほとんどで，MBO でない LBO はあまり多くない。そのなかで，日本最大の LBO は，表 14・1 に載っているソフトバンクによるボーダフォン日本法人（現ソフトバンクモバイル）の買収で

ある。ソフトバンクは TOB によって，英ボーダフォン・グループからボーダフォン日本法人の 97.7 ％の株式を取得したが，そのために必要な買収資金 1 兆 7500 億円の 3 分の 2 に当たる 1 兆 1600 億円を LBO によって調達した。なお資金提供は，ドイツ銀行，みずほコーポレート銀行など計 7 つの金融機関が共同主幹事となって行っている。

> マネジメント・バイア
> ウト（MBO）

マネジメント・バイアウト（MBO：management buyout）とは，現在の経営陣による自社株式の買取りである。MBO に必要な資金は，本来ならば買収者である経営陣の自己資金によるべきであるが，大型の MBO では多額の資金が必要であり，経営陣の自己資金だけでは賄いきれない。そこで通常，自社の資産等を担保として金融機関や投資ファンドから買収資金を借りることになる。その意味で，MBO は，買収者が現在の経営陣であるという，LBO の特殊なケースであるといえる。

MBO は，大きく，非公開化型とダイベストメント型に分類される。最初の非公開化型 MBO とは，上場企業が，敵対的買収リスクを回避するためや，短期的成果を求める株主からの影響を排除して長期的な経営戦略を実現するために，現在の経営陣が TOB によって自社の株式を取得して，株式を非公開（上場廃止）とする取引のことである。

日本における大型 MBO の多くはこの非公開化型 MBO であり，著名な案件としては，ワールドやすかいらーくがある。とりわけ，2006 年 7 月に実施されたすかいらーくの MBO は，当時，日本最大規模であり，買収金額は 2500 億円を超えるものであった。

次に，ダイベストメント型 MBO とは，子会社の経営陣が親会社から株式を買い取って独立する，あるいは会社のある事業部門

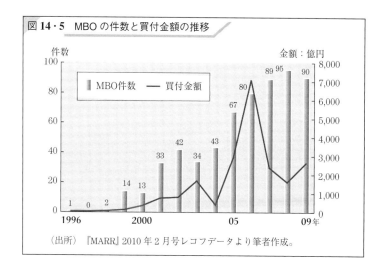

図 **14・5**　MBO の件数と買付金額の推移

件数　　　　　　　　　　　　　　　　　金額：億円

（出所）　『MARR』2010 年 2 月号レコフデータより筆者作成。

のトップが事業譲渡によって新会社を設立して独立するといった，いわば「暖簾分け」型の MBO である。ダイベストメント型は，非公開化型と比べて規模は小さいが，件数では MBO 全体の 8 割を占めており，企業の事業再編に重要な役割を果たしている。

　最後に，図 **14・5** は，日本の MBO の件数と買付金額の推移を表したものである。1999 年頃から件数が増加し始め，2006 年以降は毎年 80 件を超える MBO が実施されている。これは，件数だけみれば，TOB を少し上回るものである。ただし，金額的には TOB と比べてかなり小さく，先のすかいらーくの MBO が実施された 2006 年に 7000 億円を記録したのが最大で，それ以外では多い年でも数千億円といった規模である。

合併・買収　　水平的結合　　垂直的結合　　多角的結合（コ
ングロマリット型結合）　　合併　　吸収合併　　新設合併
株式交換　　株式移転　　株式譲渡　　第三者割当増資
事業譲渡　　分割　　吸収分割　　新設分割　　友好的 M&A
（買収）　　敵対的 M&A（買収）　　株式公開買付け（TOB）
アクティビスト・ファンド　　委任状争奪戦　　買収防衛策
ホワイト・ナイト　　ライツ・プラン（ポイズン・ピル）
レバレッジド・バイアウト（LBO）　　マネジメント・バイア
ウト（MBO）

演習問題
Seminar

1 　敵対的 TOB の増加がコーポレート・ガバナンスに与え
る影響について考えてみよう。

2 　近年，ソニー，日立，パナソニックといった大手電機メ
ーカーが上場子会社を完全子会社化するケースが相次いで
いるが，その理由について考えてみよう。

3 　会社分割の手法である，「スピンオフ」と「カーブアウ
ト」について詳しく調べてみよう。

参考文献　　　　　　　　　　　　　　　　References

新井富雄・日本経済研究センター編［2007］『検証日本の敵対的
　　買収──M&A 市場の歪みを問う』日本経済新聞出版社。

井上光太郎・加藤英明［2006］『M&A と株価』東洋経済新報社。

川本真哉［2022］『日本のマネジメント・バイアウト』有斐閣。

宮島英昭［2007］『日本の M&A──企業統治・組織効率・企業
　　価値へのインパクト』東洋経済新報社。

村松司叙編著［2001］『M&A 21 世紀 I ──企業評価の理論と技

法』中央経済社。

渡邊顯［2007］『敵対的買収——新会社法と M&A』角川書店。

Berk, J. and P. DeMarzo［2019］*Corporate Finance*, 5th ed., Pearson Education.

Brealey, R., S. Myers, and F. Allen［2010］*Principles of Corporate Finance*, 10th ed., McGraw-Hill/Irwin.

Summary

Financial Management

　「晴れの日には株価が上がる」「サッカー・ワールドカップで敗れると翌日の株価は下がる」と聞くと，多くの人は「えっ」と思うことであろう。しかしながら，これらは，実際に株式市場で観察されている現象なのである。

　このような現象の要因となっていると考えられるのが，人のムードである。人は，気分の良いときは将来に対して楽観的になり，逆に気分が塞いでいるときには悲観的になる。そして，そのような将来に対する見方が投資判断に影響を与えるのである。すなわち，天気が良いと気分も爽快になり，それが株式市場に好影響をもたらし，逆に，ワールドカップで自国チームが負けると気分が沈み，それが株式市場に悪影響を及ぼすのである。

　本章のテーマである行動ファイナンス（behavioral finance）は，従来の伝統的なファイナンス研究では無視されていた，人の感情や心理的なバイアスというものが，投資にどのような影響を与えるかについて研究する，比較的新しいファイナンスの研究領域である。

　本章では，行動ファイナンスの基礎理論であるプロスペクト理論，代表的な心理的バイアスである，自信過剰，後悔の回避，心の会計の４つについて学ぶ。

　行動ファイナンスは，数字と数式が重きをなしているファイナンスの教科書において，ちょっと一息つくことのできる，ティー・タイムのような役割を果たしている。読者の方には，肩の力を抜いて，楽しみながら本章を読んでいただきたい。

1 行動ファイナンスとは

伝統的ファイナンス）現在，われわれが教科書で学ぶ伝統的な
ファイナンス理論は，「投資家は合理的
である」という大前提に基づいて構築されている。たとえば，第
5章で取り上げている資本資産価格モデル（CAPM）も，その根
底にはすべての投資家の合理性という仮定が横たわっている。ま
た，投資家が合理的であるという前提の下に，有用なすべての情
報は利用されて株価に反映されることになり，それが，コンスタ
ントに市場を上回るパフォーマンスをあげることは不可能である
という，第1章の効率的市場仮説へと発展していくのである。

アノマリーの出現）効率的市場仮説は，1970年代までは，
それを支持する実証結果が報告されてい
たが，80年代になると，その仮説に疑問を投げかけるような現
象が多数報告されるようになった。たとえば，低PBR（price-to-
book ratio〔株価純資産倍率〕）銘柄群は高PBR銘柄群よりも高い
リターンをもたらすという現象や，時価総額の小さい小型株のほ
うが時価総額の大きい大型株よりも高いリターンをもたらすとい
った現象である。

　このような，伝統的ファイナンス理論では説明のつかない株式
市場の特異な現象は，**アノマリー** と呼ばれている。**表15・1** は，
代表的なアノマリーをまとめたものである。

行動ファイナンスの台
頭）伝統的ファイナンス理論の枠組みでは説
明できないアノマリーの出現によって，
ファイナンスの研究者たちは，その前提

表 15・1　代表的なアノマリー

アノマリー	説　明
低 PBR 効果	低 PBR 銘柄群は高 PBR 銘柄群よりも高いリターンをもたらす。
低 PER 効果	低 PER 銘柄群は高 PER 銘柄群よりも高いリターンをもたらす。
小型株効果	小型株は大型株よりも高いリターンをもたらす。
1 月 効 果	1 月のリターンは他の月のリターンよりも高い。
月曜日効果	月曜日のリターンは他の曜日より低い。
リターンリバーサル効果	長期的には，過去にパフォーマンスの悪かった銘柄群は，良かった銘柄群よりも高いリターンをもたらす。
モメンタム効果	短期的には，過去のパフォーマンスは継続される。
決算発表後の株価ドリフト（PEAD）	決算発表後も数ヵ月にわたって，利益サプライズと同じ方向に異常リターンが発生する。

である投資家の合理性に疑問を抱くようになった。そこで目を向けたのが心理学の領域である。心理学では，人間の意思決定は必ずしも合理的ではなく，過去の経験や感情によってその行動が左右されるということを示す多くの証拠が蓄積されていた。

　行動ファイナンス は，この投資家の心理的バイアスに着目して，心理学をファイナンスに応用することによって，現実に市場で観察される，伝統的ファイナンスでは説明不可能な現象を説明しようとする理論である。

2　心理的バイアスの例

視覚バイアス

　　　　　錯視とは，視覚が正常であるにもかかわらず，得た情報を実際とは異なる情報と

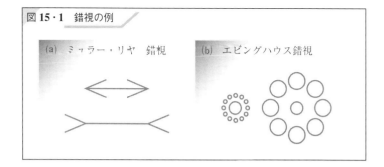

図15・1　錯視の例

(a) ミュラー・リヤー錯視

(b) エビングハウス錯視

して認識してしまう視覚に関するバイアスである。たとえば図 15・1 (a)は，ミュラー・リヤーの錯視と呼ばれるもので，2 本の水平線の長さは同じであるにもかかわらず，下の水平線が長く見えるというものである。(b)は，エビングハウス錯視と呼ばれるもので，左右の図形の中心にある円の大きさは同じであるのに，小さい円のなかに置かれると大きく見え，大きい円のなかに置かれると小さく見えるというものである。

　これは，脳が視覚情報を処理するにあたって，実際の情報に加えて情報の補完や周囲の情報とのバランスをとろうとすることから生じる現象で，見る者は，対象物に対して実際とは異なる誤った認識を得てしまうのである。

予想バイアス

人は予想に関してシステマティックな誤りを犯す。たとえば，図15・2 の 10 個の質問に答えてもらいたい。ただし，これらの質問に対する正確な答えを知っている人は少ないであろうから，90 ％確実と思われる範囲で解答してもらいたい。つまり，10 問中 9 問正解となるような範囲を書いてもらたい。

　この質問を実際に 130 人の大学生に行ったところ，平均正答数はわずかに 4 問であり，求めている正答数 9 問を大きく下回

図 15・2 　以下の質問について 90 ％確実と思われる答えの範囲（最
小値〜最大値）を答えなさい。

	最小値	最大値
Q 1　シロナガスクジラの体重		
Q 2　2010 年 1 月 1 日時点の世界の独立国の数		
Q 3　モナリザがダ・ヴィンチによって描かれた年		
Q 4　東京からリオデジャネイロまでの直線距離		
Q 5　人間の骨の数		
Q 6　第 2 次世界大戦でのソ連兵士の死者数		
Q 7　2009 年時点の国立国会図書館にある本の冊数		
Q 8　ナイル川の長さ		
Q 9　赤道における地球の自転の速度		
Q10　インテル社の主力 CPU である Core i7 のトランジスタ数		

（注）　正しい答えは，順番に，125 トン，193 ヵ国，1513 年，1 万 8590km，
206 個，1450 万人，930 万冊，6695km，1680km/h，7 億 3100 万個で
ある。

っていた。

　このことは，われわれは，その質問に関する知識や情報を有し
ていないにもかかわらず，自らの判断で行った予想に対して過剰
な自信をもつ傾向があることを示している（本章第 4 節「自信過
剰」を参照）。

3 プロスペクト理論

　行動ファイナンスは，カーネマン（D. Kahneman）とトヴェル
スキー（A. Tversky）という 2 人の心理学者によって行われた一
連の研究を，ファイナンスの領域に幅広く応用することによって
生まれた。なかでも，1979 年に彼らが提唱した **プロスペクト理
論**（prospect theory）は，その後に展開される行動ファイナンス

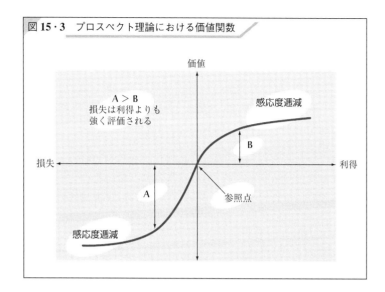

図 15・3　プロスペクト理論における価値関数

価値

A＞B
損失は利得よりも
強く評価される

感応度逓減

損失 ← → 利得

B

参照点

A

感応度逓減

に関する多くの研究の基礎となっている。

　プロスペクト理論は，人が不確実性を伴う選択肢の間でどのように意思決定を行うかを記述しており，しばしば図 **15・3** の価値関数で説明される。**価値関数** は，人の満足度を，**参照点** と呼ばれる基準から判断される相対的な利得と損失の関数として表している。この参照点は状況によって移動するが，投資家の場合だと購入価格は重要な参照点の 1 つである。

　価値関数の第 1 の特徴は，利得，損失ともに感応度が逓減していることである。たとえば，投資家は，10 万円を儲けることによって喜びを感じるが，20 万円を儲けることによって感じる喜びは，10 万円のときの 2 倍にはならない。これは損失についても同様で，投資家は 10 万円を損することによって悲しみを感じるが，20 万円を損したからといって，その 2 倍の悲しみを感じるということはない。

第2の特徴は，価値関数は，参照点を境に左右非対称で，利得よりも損失に関して傾きが急であるということである。つまり，投資家は，10万円を儲けることから感じる喜びよりも，10万円を損することから感じる悲しみのほうに，より強く反応するということである（本章第5節「後悔の回避」を参照）。

さらに，プロスペクト理論における損得の話を進めると，投資家は，複数ある投資を全体としてとらえてその損得を考えるのではなく，個々の投資を別個のものと考えて，それぞれの投資別に異なる参照点で損得を判断しているのである（本章第6節「心の会計」を参照）。

4 自信過剰

自信過剰) 心理学者は，人は**自信過剰**（overconfidence）になると，自分の知識を過大評価する一方でリスクは過小評価し，また自分には世の中の出来事をコントロールする能力があると思ってしまう傾向があると論じている。そして，人はしばしば自信過剰に陥るのである。

たとえば，図15・2の10個の質問に対する平均正答率が理論的には9個であるはずなのに，実際には4個であったという結果も，自信過剰の例の1つであろう。そのほかにも，ベンチャーを志す人たちを会場に集めて，自分自身の成功確率と他者の成功確率を答えてもらったところ，自分自身の成功確率は70％ほどと答えたのに対して，他者の成功確率は30％程度と答えたという調査結果が報告されている。これもまた，人の自信過剰を示すよい例であろう。

自信過剰をもたらす要因

人を自信過剰にさせる要因はいくつかあるが，第1に，**知識についての幻想**（illusion of knowledge）がある。人は，自分の知識量が増加すると，自分の予測精度も上昇すると信じてしまう傾向があるが，これは必ずしも正しくない。たとえば，サイコロの過去5回の出目がすべて1であったことを知っていても，それは次の出目を予想するのに何の役にも立たない。しかし多くの人は，次の出目が1であるという確率を，6分の1以上と考えてしまうのである。

第2に，**支配の錯覚**（illusion of control）がある。人は，しばしば，自分がコントロールできないような事象に対しても，なんらかの影響を及ぼすことができると信じてしまう傾向がある。たとえば，自分が宝くじの番号を選んで購入すると，それはランダムに買うよりも当たる確率が高くなるような錯覚に陥るのである。

そのほかにも，人は，成功と失敗の確率が50％ずつであっても，成功すればそれを自分の技術や能力によるものだと思い，失敗すればそれを運の悪さだというように考える傾向（**自己帰属バイアス**）があるので，偶然による過去の成功は，その人を自信過剰にさせてしまうのである。

自信過剰が投資家に与える影響

それでは，自信過剰は，投資家にどのような影響を与えるのであろうか。自信過剰な投資家は，自らが得た情報の正確さおよび分析能力に大きな信頼をおいているので，その情報に基づいて行動を起こし，結果として株式の取引頻度を増加させることになる。取引頻度の増加は労力を伴うにせよ，それが本当に投資家の正しい情報入手と高い分析能力に基づいているならば，高いリターンを生みだすことになるので，無駄にはならない。

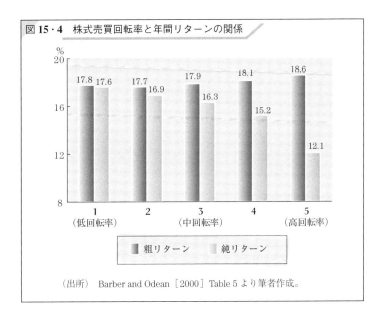

図 15・4 株式売買回転率と年間リターンの関係

（出所）　Barber and Odean ［2000］ Table 5 より筆者作成。

　そこで，バーバー（B. Barber）とオディーン（T. Odean）の 2
人のファイナンス研究者は，証券会社に口座をもつ 6 万 6645 世
帯の取引行動とリターンの関係を調査した。図 15・4 は，サンプ
ル世帯を株式売買回転率の高低に応じて 5 つのグループに分割し，
各グループの年間平均粗リターンと純リターン（取引コストを考
慮）を図示したものである。粗リターンは低回転率グループと高
回転率グループで大差はないが，純リターンでは，低回転率グル
ープの年間平均リターンが 17.6 ％であるのに対して，高回転率
グループは 12.1 ％と大きな差がある。
　つまり，自信過剰は，投資家に過度に頻繁な取引を行わせ，そ
れが取引コストを増加させることになり，最終的に低いリターン
しか獲得できないという結果をもたらすのである。

5 後悔の回避

後 悔 の 回 避

人は，後悔の感情を引き起こす行動は避け，プライドの感情をもたらす行動を求めるものである。そして，後悔の感情はプライドの感情よりも強いといわれている。これは，プロスペクト理論の，人は利得よりも損失に強く反応するという主張と類似した議論である。

たとえば，今お金が必要になり，保有している株式を売却しなければならないとする。このとき，利益の出ている株式と損失の出ている株式のどちらを売却しますかという質問をすると，多くの人は利益の出ている株式を売却するほうを選ぶ。

なぜなら，損失の出ている株式を売却して損を確定することは，自分の投資判断が間違っていたことを証明することとなり，後悔の感情が発生するからである。そこで投資家は，この後悔の念を避けるために，利益の出ている株式のほうを売却することを選ぶのである。

後悔の回避が投資家に
与える影響

投資家の**後悔の回避**（regret aversion）は，損切りを躊躇するという行動につながると予想される。そこで，フェリス（S. Ferris）ら3人の研究者は，購入時点からの株価の変動と出来高の関係を調査している。

彼らは，サンプル企業の過去1年間の出来高を，その含み損益の大きさに応じて7.5％刻みで8つのグループに分割している。つまり，最初の4つのグループには含み損のある出来高が，最後の4つのグループには含み益のある出来高が割り振られているの

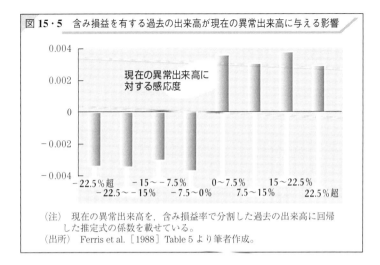

図 **15・5**　含み損益を有する過去の出来高が現在の異常出来高に与える影響

現在の異常出来高に
対する感応度

0.004

0.002

0

−0.002

−0.004

−22.5％超　　−15〜−7.5％　　0〜7.5％　　15〜22.5％
　　−22.5〜−15％　−7.5〜0％　　7.5〜15％　　22.5％超

(注)　現在の異常出来高を，含み損益率で分割した過去の出来高に回帰
した推定式の係数を載せている。
(出所)　Ferris et al.［1988］Table 5 より筆者作成。

である。そして，これら含み損益を有する8つの出来高グループ
が，現在の異常出来高（市場全体の影響を除いた出来高）に対して
それぞれどのような感応度（影響力）を有しているかを，回帰分
析によって検証している。

　図 **15・5** はその結果であるが，含み損の出ている左4つのグル
ープは，異常出来高に対する感応度がすべて負であるのに対して，
含み益の出ている右4つのグループはすべて正であることがわか
る。これは，投資家は，自分の保有している株式に損失が出てい
るときは売却をためらい，逆に利益の出ているときは積極的に売
却する傾向があるということを意味している。

　このほかにも，株式の保有期間とリターンの関係を調査した研
究からは，保有期間が1ヵ月以内，2〜6ヵ月，7〜12ヵ月，1年
以上であったグループの取引コスト考慮後の年次換算平均リター
ンは，それぞれ 45.0％，7.8％，5.1％，4.5％と，保有期間が長
くなるほどリターンが小さくなるという結果が報告されている。

このように，投資家は，値下がり銘柄は長期にわたって保有し続ける一方で，値上がり銘柄は短期間で売却する傾向があり，この現象は，しばしば，**ディスポジション効果**（disposition effect）と呼ばれる。

それでは，この投資家の損失回避やディスポジション効果は，投資家にどのような帰結をもたらすのであろうか。オディーンは，投資家が売却か保有かの投資意思決定をした後のリターンを調査し，投資家が値上がっている良い株式を売却した場合，その後の1年間のリターンは市場を2.35％上回っており，投資家が値下がっている悪い株式を保有し続けた場合，その後の1年間のリターンは市場を1.06％下回っているという証拠を提示している。

つまり，投資家の後悔を避けプライドを求める行動は，良い株式の売り焦り，悪い株式の売り遅れという帰結をもたらすのである。

6 心 の 会 計

心 の 会 計

会計にはさまざまな勘定科目があって，各勘定ごとに残高が計算されて締め切られる。これと同様に，人の心のなかにも **心 の 会 計**（mental accounting）と呼ばれる多数の勘定があって，人は全体としての損得ではなく，それぞれの勘定ごとの損得を考えて行動する傾向がある。

たとえば，子どもの教育資金を貯金している一方で，住宅ローンを組んでいるというのはよくあることである。貯金の利率は住宅ローンの利率よりも低いので，全体としての富の最大化を考え

れば，教育資金を取り崩して住宅ローンの返済にあてるほうが得であるが，人はそのような行動はとらない。

また，英語の 諺 に「penny wise, pound foolish」という表現がある。これは，少額のお金には非常に細かいのに，多額のお金には意外と無頓着であったりすることの 喩 えに使われる。確かに人は，日常の買い物で10円や20円の値引きを求めてスーパーをはしごする労力を惜しまないのに，大きな買い物を意外にあっさりと決めてしまうといったことがある。富の最大化を考えれば，大きな買い物だと値引きの金額も大きいので，10円や20円の値引きの何十倍もの労力を費やすべきなのであるが，意外に人はそのような行動をとらない。

つまり，人は心のなかで，これは何のお金，あれは何のお金というようにさまざまなラベルを付けて管理しており，全体最適ではなく部分最適な決定で行動する傾向があるのである。

心の会計が投資家に与える影響

投資家は，心の会計の影響により，複数銘柄への株式投資を，全体としてみるのではなく，それぞれ別個の投資として扱ってしまう。これは，前節の「後悔の回避」とも重なって，さまざまな問題や現象を引き起こす。

たとえば，キャピタル・ゲインに対する課税である。値上がっている銘柄を売却したときには，値下がっている銘柄も同時に売ることによって課税を抑えることができる。しかしながら，投資家は，心の会計の影響でこの2つの取引を別個の取引とみなしてしまう。そして，値下がっている銘柄を売却することは後悔の感情を惹起するので，それを避けようとして値上がっている銘柄だけを売却し，結局，税金を支払うことになるのである。

また，グリンブラット（M. Grinblatt）とハン（B. Han）の2人

Column ⑮ 就職活動における学生の企業選択バイアス

　大学教員として働いていると，ゼミ生などから就職活動に関する相談を受けることが多い。この時いつも感じるのが，学生は，自分の知っている企業を希望することが多いということである。たとえば，メーカーへの就職を希望している学生では，家電や食料品などの一般消費者相手のメーカーは人気が高く，逆に，電子部品や化学品といった企業相手の中間財メーカーは，たとえ世界トップ・クラスのシェアを誇るような企業であっても人気はあまり高くない。これは，**慣れのバイアス**（familiarity bias）と呼ばれるもので，人は自分の慣れ親しんでいるものを好む傾向があるのである。

　このような選択の偏りは，学生の企業選択にみられるだけではなく，投資家の銘柄選択にもみられる。図 **15・6** は，日本の 10 電力会社の，自社の営業地域における株主比率を示したものである。たとえば，北海道電力だと，総株主の 31.5 ％が北海道に在住して

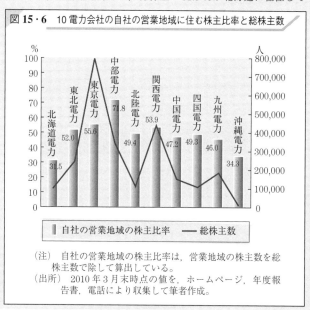

図 **15・6**　10 電力会社の自社の営業地域に住む株主比率と総株主数

自社の営業地域の株主比率　　総株主数

　（注）　自社の営業地域の株主比率は，営業地域の株主数を総株主数で除して算出している。
　（出所）　2010 年 3 月末時点の値を，ホームページ，年度報告書，電話により収集して筆者作成。

いるということを意味している。ちなみに 10 社平均では，総株主数が 24 万 8114 人で，その半数近い 49.1 ％の株主が自社の営業地域に在住している。興味深いのは，中部電力が 71.8 ％と突出して高いことで，これは，この地域の地元志向の強さを示唆しているのかもしれない。

　さらに，慣れのバイアスは実は国単位でも存在しており，投資家は自国の金融資産に過剰に投資してしまう傾向（ホーム・バイアスあるいはホーム・カントリー・バイアスと呼ばれる）があることが知られている。

　慣れのバイアスは，ポートフォリオ理論の説く，投資対象の分散化によるメリットを享受する妨げとなる。つまり株式投資に限れば，投資家は，自分の慣れ親しんでいる銘柄以外にも目を向けて幅広く投資を行うことが理にかなっているのである。同様に，学生の就職活動も，自分の知っている会社だけから就職先を選ぶのではなく，もっと視野を広げていろいろな会社のなかから選択することが肝要であるといえる。

の研究者は，表 15・1 の代表的アノマリーで挙げているモメンタム効果が，心の会計とディスポジション効果で説明可能であると主張している。**モメンタム効果**とは，値上がりした銘柄の株価はその後さらに上がり，値下がりした銘柄の株価はさらに下がっていくという株価のトレンドのことである。

　彼らの議論では，投資家は，保有している株式ポートフォリオ全体としての損得ではなく，個々の銘柄の損得に基づいて行動する。そして，グッド・ニュースがあった銘柄は，株価が上昇するので，含み益を有する投資家の売り急ぎによって過小評価される。一方，バッド・ニュースがあった銘柄は，株価が下落するので，含み損を有する投資家の売り遅れから過大評価される。この過小・過大評価は，将来的に是正されることになり，それがモメン

タムを生み出すことになるというのである。

　このように，心の会計は，投資間の相互作用の影響を見過ごすことによる損失を招き，また，市場アノマリーの1つであるモメンタム効果を生み出す要因の1つにもなっていると考えられるのである。

演習問題
Seminar

1　伝統的ファイナンスと行動ファイナンスの最大の違いは何だろうか。

2　プロスペクト理論における価値関数の特徴を表していると思われる例を，自分自身の身の回りのことで考えてみよう。

3　ひき肉の内容表示として，「赤身 80 ％」と「脂身 20 ％」は同じ意味であるが，前者のほうがよく売れるという。このように，論理的には同じであってもその表現方法によって評価が異なってくるという現象は，フレーミング効果と呼ばれるが，この効果が投資に与える影響について詳しく調べてみよう。

加藤英明［2003］『行動ファイナンス——理論と実証』朝倉書店。

榊原茂樹・加藤英明・岡田克彦編著［2010］『行動ファイナンス』（現代の財務経営9）中央経済社。

城下賢吾［2002］『市場のアノマリーと行動ファイナンス』千倉書房。

Barber, B. and T. Odean［2000］"Trading Is Hazardous to Your Wealth: The Common Stock Investment Performance of Individual Investors," *The Journal of Finance*, 55 (2).

Ferris, S., R. Haugen, and A. Makhija［1988］"Predicting Contemporary Volume with Historic Volume at Differential Price Levels: Evidence Supporting the Disposition Effect," *The Journal of Finance*, 43 (3).

Grinblatt, M. and B. Han［2005］"Prospect Theory, Mental Accounting, and Momentum," *Journal of Financial Economics*, 78 (2).

Nofsinger, J. R.［2008］*The Psychology of Investing,* 3rd ed., Pearson Prentice Hall.

Odean, T.［1998］"Are Investors Reluctant to Realize Their Losses?" *The Journal of Finance*, 53 (5).

第 16 章

リスク管理

企業価値を高める多様な手法

Summary

Financial Management

2019 年 1 月に，「企業内容等の開示に関する内閣府令」が改正され，企業は有価証券報告書に記載される事業等のリスクについて，顕在化する可能性の程度や時期，リスクの事業へ与える影響の内容，リスクへの対応策等，より詳細な説明を求められるようになった。

現在，多くの企業は，自然災害，為替や金利の変動，環境破壊への対応，サイバー・セキュリティ等，自社の収益に影響を及ぼすさまざまなリスクに直面しており，その管理を適切に行い，その内容を外部に発信することは，企業価値を高めるうえで重要なポイントとなっている。

リスク管理の手法は，リスク・エクスポージャーに対して直接的に働きかけるリスク・コントロールと，リスクが顕在化した際に被る損失を補塡するリスク・ファイナンスに大別される。かつて，リスク管理の中心は保険であったが，企業を取り巻くリスクの多様化に伴い，それに対応したさまざまなリスク管理手法が開発されている。

本章では，リスク管理の概要について大まかに説明を行ったうえで，デリバティブによるヘッジの効果について，先渡し・先物を通じて解説する。その後，伝統的な保険に替わる代替的リスク・ファイナンスとして，キャプティブ，天候デリバティブ，カタストロフィ・ボンド（キャット・ボンド）を取り上げる。最後に，こうした一連のリスク管理を行うことで企業価値を高めることができるのかについて，ファイナンス理論の観点から議論する。

1 リスク管理とリスク・ファイナンス

リスク管理とは

企業は，日常の活動を行うにあたってさまざまなリスクに直面している。設計ミスで製品のリコールが発生する，浸水で設備や在庫品が水没する，地震で社屋が倒壊する，原材料の供給不足で生産工程に遅れが生じる，為替の変動により売上高が大きく変動するなどを想像すればわかりやすい。こうしたリスクの存在は，企業の事業活動を不安定なものにする。

　企業は，収益を変動させるこうしたリスク要因に対して，さまざまな対策を講じることができる。この一連のプロセスのことを，**リスク管理**（リスク・マネジメント）と呼ぶ。リスク管理の対象となりうるリスクは多岐にわたるが，金融・ファイナンスでは通常，リスクを将来起こりうる「経済上の」不確実性と定義して検討される。

リスク管理の手法

リスク管理の手法は，その機能に応じて**図 16・1** のように分類することができる。まず，リスク管理はリスク・コントロールとリスク・ファイナンスという 2 つのタイプに大別される。

　リスク・コントロールとは，損失が発生する確率もしくは潜在的な損失額を引き下げることで，起こりうる損失の期待値（期待損失）を低減させる手法の総称である。リスク・コントロールは，損害発生確率を低下させる損失予防と，潜在的損失額を低下させる損失低減に分類される。たとえば，工場における設備のメンテナンスや定期点検作業は，工場で事故が起こる確率を低下させる

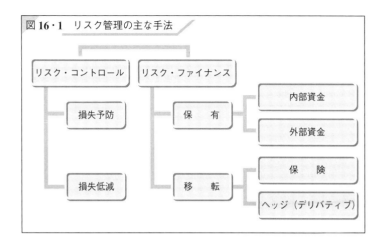

図 16・1　リスク管理の主な手法

リスク・コントロール　リスク・ファイナンス

損失予防

損失低減

保　有　　内部資金
　　　　　　外部資金

移　転　　保　険
　　　　　　ヘッジ（デリバティブ）

効果が期待されるため，損失予防とみなされる。一方で，工場の耐震補強工事は，地震が発生した際に工場の被害を最小限に食い止めることが期待されることから，損失低減ととらえられる。損失予防の究極の方法はリスクのある行動をとらないことであり，これは回避と呼ばれる。ただし，リスクを回避することは，そのリスクをとることで得られる将来の収益機会を放棄することにもつながる。

　一方で，リスク・ファイナンスとは，発生した損失を補填することを目的に資金を調達・確保する手法の総称である。リスク・ファイナンスは，保有と移転に分類される。保有とは，損失に対して自己で責任を持ち続ける行為を指している。保有の具体的な手段として，現金等の流動性の高い資産を余剰資金として企業内部に確保しておくパターンと，損失が発生した際，銀行借入れや社債，株式発行等，外部から資金調達を行うことで事後的に損失を補填するパターンがある。

　移転は，自己のリスクを第三者に移転する手法である。移転の

代表的な手法として，保険がある。保険契約は，保険契約者（企業）が保険者（保険会社）に保険料を支払い，その対価として契約で定めたリスクが顕在化した際に保険者から保険金を受け取ることで損失が補塡される。

　保険以外の代表的なリスク移転手段として，**デリバティブ**（金融派生商品）がある。デリバティブとは，農作物や商品，債券，株式，通貨，金利等，取引の対象になる資産（原資産）の価値に依存して価値が決定される契約である。主なデリバティブとして，先渡し・先物，オプション，スワップなどが挙げられる。一般に，デリバティブを用いたリスク移転のことをヘッジ（もしくはリスク・ヘッジ）と呼ぶ。

リスクの種類とリスク・ファイナンスの関係

　企業が直面する主なリスクとして，市場リスク（価格リスク），信用リスク，純粋リスクがある。市場リスクとは，資産価格や金利等の変動によって損失もしくは利得発生の両方の可能性が生じうるリスクのことであり，商品価格リスク，為替リスク，金利リスクの3つに分類することができる。信用リスクとは，売買の成立後，相手方の破綻等により相手方が予定どおり決済を行わず，企業が売掛金や貸付金といった債権を回収することができずに損失を被ってしまうリスクである。最後に，純粋リスクとは，事故による財産損失や賠償責任等，損失発生の可能性のみが生じうるリスクである。通常，純粋リスクによって，企業が利得を得る機会は存在しない。

　リスク移転の代表的手段である保険は，伝統的に純粋リスクを対象としているのに対して，デリバティブによるヘッジは主に市場リスクを対象としている。とくに近年，市場リスクは企業の利益変動において大きなウェイトを占めることが多く，市場リスク

Column ⑯　全社的リスク・マネジメント（ERM）と
リスク・アペタイト・フレームワーク（RAF）

　マネジメントの対象となるリスクの拡大は，リスク・マネジメント体制の再構築を促進させる。従来型のリスク・マネジメントでは，保険手配は経理部，コンプライアンス・リスクは法務部，財務リスクは財務部といったように，各リスクに対しそれに最も関連する部署が対応するという形態をとっていた。こうしたリスク・マネジメントは，「個別型リスク・マネジメント」あるいは「部門別リスク・マネジメント」と呼ばれる。しかし，企業を取り巻くリスクの複雑化・多様化が急速に進展している今日では，部門レベルのみでは全社的な観点から効率的に対応することは困難であり，トップ・マネジメントの関与によってリスクを統合的に管理する組織体制が重要性を増しつつある。

　個別型リスク・マネジメントに対立する概念として，全社的な観点からリスクを包括的に評価し管理するという概念を，全社的リスク・マネジメントあるいは ERM（enterprise risk management）と呼ぶ。最近では，リスク・マネジャーといった職能や最高リスク責任者（CRO）を中心とした組織編成を採用し，全社的な観点からリスクを統合的に管理することを意図した企業が登場しつつある。

　こうした時代の要請に応える形で，さまざまな団体から ERM のフレームワークが公表されている。たとえば，2004 年 9 月に COSO（The Committee of Sponsoring Organizations of the Treadway Commission〔トレッドウェイ委員会組織委員会〕）により公表された「COSO Enterprise Risk Management- Integrated Framework」（COSO II）や，2009 年 11 月に国際標準化機構（ISO）により制定されたリスク・マネジメントの国際規格化である「ISO 31000: 2019 Risk management- Principles and guidelines」等が挙げられる。

　ERM とよく似た概念に，リスク・アペタイト・フレームワーク（RAF）がある。リスク・アペタイト（risk appetite）とは，リスクとアペタイト（食欲・欲求）を組み合わせた用語であり，「自社のビジネスモデルの個別性を踏まえたうえで，事業計画達成のため

に進んで受け入れるべきリスクの種類と総量」と定義される。このことからもわかるとおり，RAF で焦点となるのは純粋リスクではなく，将来の収益獲得の可能性も含んだ市場リスクである。

　2019 年に金融庁が公表した「金融システムの安定を目標とする検査・監督の考え方と進め方」（健全性政策基本方針）によると，RAF とは，リスク・アペタイトを資本配分や収益最大化を含むリスク・テイク方針全般に関する社内の共通言語として用いる経営管理の枠組みであるとしている。RAF における関心事は，企業が事業活動を行うにあたって，リターンを追求するためにどの程度リスクをとりに行くのか，そして，そのためにどのような組織づくりを行っていけばよいのか，という点にある。リスクとリターンのトレードオフに注目し，効率的な組織運営をめざす意味において RAF は ERM と共通点が多い。

管理の重要性が高まっている。また，最近では保険デリバティブやクレジット・デリバティブ等，単純に上記の枠に当てはめられないような契約も増加している。これらは，代替的リスク・ファイナンス と呼ばれる。

　デリバティブには，市場で不特定多数の参加者によって取引される取引所取引と，相対で行われる店頭取引の 2 つの取引形態がある。取引所取引で取り扱われるデリバティブは，契約内容を標準化することで，高い流動性と低いコストでの取引が可能となる。一方で，店頭取引で取り扱われるデリバティブは，当事者間で契約内容を取り決めることができるため，より柔軟な運用が可能となる。そのため，デリバティブを用いたリスク・ヘッジを行う際には，ヘッジ対象となるリスク特性と，取引所取引と店頭取引のメリット・デメリットを照らし合わせて検討することが必要となる。

2 先渡し・先物

先渡し・先物とは

ここでは，市場リスクを対象としたデリバティブによるヘッジの効果について，先渡し・先物を通じて解説する。なお，デリバティブのなかでもオプションについては第6章で解説しているため，この章ではとくに触れない。

先渡し（フォワード）・先物（フューチャーズ）とは，対象となる資産（原資産）を，あらかじめ定められた将来時点（満期）で，あらかじめ定められた価格（先渡〔フォワード〕価格・先物価格）と数量で取引する契約のことである。先渡しは，もともと農作物のように天候によって価格が変動する商品について，その価格リスクをヘッジする手段として考え出された。

今，農家と商人の二者がいるとしよう。農家は農作物を生産し，商人は農作物を仕入れて顧客に売却する。ここで重要なことは，農作物が収穫され，その価格が決まるのは将来時点であるという点である。

もし，将来の収穫期に農作物が豊作になれば，農作物の値段は下がるだろう。そこで，農家は収穫を待たずに売りを確定しておきたいと思うかもしれない。一方で，商人は，不作になれば農作物の値段が上がるかもしれないので，収穫を待たずに買いを確定しておきたいと思うかもしれない。このような場合，農作物の売買価格を，農家と商人との間で今のうちに確約しておけば，将来の収穫時に決まる実際の農作物の価格（現物価格）にかかわらず，お互いの不安は解消される。これが先渡しの考え方である。

先渡しも先物も契約の構造は同じであるが，先渡しは取引同士の間で契約が結ばれる相対取引であるのに対して，先物は不特定多数間での取引所取引という形態をとっている。そのため，先物には，取引参加者の信用リスクの軽減や取引の流動性を向上するためのさまざまな仕組みがつくられている。

　先渡契約や先物契約を結ぶことで，将来原資産の価格がどのように変化しても，あらかじめ定められた価格で取引する義務が生じるため，こうした特性を用いて価格変動のリスクをヘッジすることができる。

> 先渡し・先物を用いた商品価格リスクのヘッジ

A社は，良質の小麦粉を使用した高級食パン事業を展開することを計画している。
　開業にあたって，A社は，毎年度初めに主材料の小麦粉1年分を大量に仕入れるとともに，年度末に一括して代金の支払いを行うことを計画している。A社は食パンの価格を1本1000円と設定し，食パン1本当たりの原価として小麦粉代を500円，その他諸々の経費を300円と見積もった。したがって，この原価構成を維持できるかぎり，A社は1本当たり200円の利益を得ることができると考えている。

　図16・2は，その他諸経費を固定したときの，年度末の食パン1本当たりの小麦粉価格とA社の利益の関係（ペイオフ図）を示したものである。年度末の小麦粉価格が高くなればなるほど，A社の利益を圧迫し，小麦粉価格が700円を超えると赤字に転落する。逆に，小麦粉価格が下落すれば，A社の利益は増加する。たとえば，小麦粉価格が300円のとき，利益は400円になる。したがって，A社のペイオフは右下がりの直線で描くことができ，小麦粉価格の変動によって利益が変動するリスクを抱えている。

　小麦粉価格の変動リスクに対応するため，年度初めにA社は

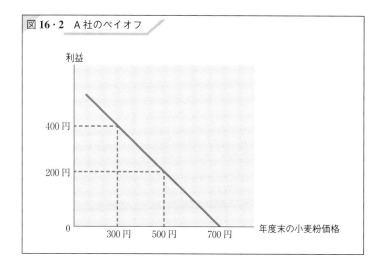

図 16・2　A 社のペイオフ

製粉業者の B 社と小麦粉価格 500 円の先渡契約を結んだ。図 16・3 は，先渡しによって生じる A 社のペイオフを示している。たとえば，年度末の小麦粉価格が 700 円に値上がりした場合には，A 社は 500 円の先渡価格で購入できるので，先渡しを結んでいたことで 200 円得をしたことになる。逆に，小麦粉価格が 300 円に値下がりした場合には，A 社は 500 円で購入しなければならないので，先渡しを結んでいたことで 200 円損をしたことになる。したがって，先渡しから生じる A 社のペイオフは右上がりの直線になる。

　図 16・4 は，①食パン事業から得られる A 社の利益に，②先渡しのみから得られるペイオフ，を加えることで得られる，③先渡契約締結後の A 社の最終的な利益を示している。小麦粉価格が下落しても高騰しても，A 社の最終的な利益は食パン 1 本当たり 200 円で固定され，A 社は小麦粉価格の変動リスクを完全にヘッジしたことになる。

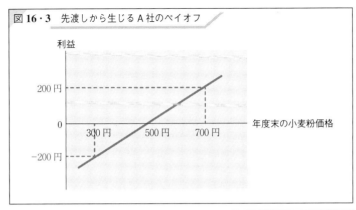

図 16・3　先渡しから生じる A 社のペイオフ

利益

200 円

0

−200 円

300 円　　　500 円　　　700 円

年度末の小麦粉価格

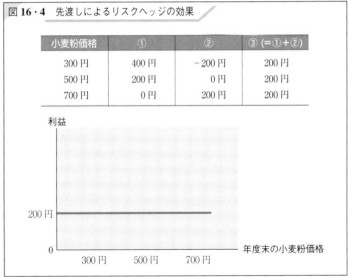

図 16・4　先渡しによるリスクヘッジの効果

小麦粉価格	①	②	③ (=①+②)
300 円	400 円	−200 円	200 円
500 円	200 円	0 円	200 円
700 円	0 円	200 円	200 円

利益

200 円

0

300 円　　　500 円　　　700 円

年度末の小麦粉価格

先渡し・先物を用いた
為替リスクのヘッジ
——国際為替管理

デリバティブを利用したヘッジにおいて
企業のニーズが高いものの 1 つに，為替
レートの変動リスクへの対応がある。通
貨に対する需給はグローバルな経済環境におけるさまざまな要因

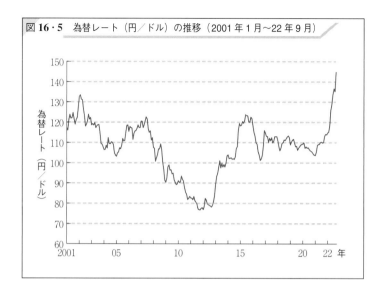

図16・5　為替レート（円／ドル）の推移（2001年1月～22年9月）

によって変化するため，為替レートも絶えず変動する。具体的な事例として，円と米ドルとの関係について考えてみよう。

　図**16・5**は2001年1月から22年9月までの円ドル・レートの推移を示している。この図からもわかるとおり，為替レートは短期間で大きく変動する。たとえば，2008年2月から09年1月の1年間で円ドル・レートは107円から90円と円の価値がドルに対して約16％上昇したが，21年10月から22年9月の1年間で今度は113円から144円と約27％下落した。

　こうした為替レートの変動は，海外との取引を行っている企業にとって，大きなリスク要因となる。このことを説明するために，以下のケースを考えてみよう。

　国内電子部品製造会社のB社は，アメリカのIT機器メーカーであるC社に自社製品の部品を輸出している。20X1年12月に，C社は来年の生産のために必要な部品を5000万ドルでB社に発

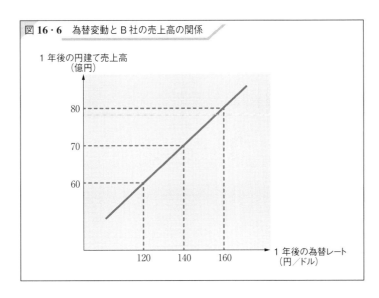

図 16・6　為替変動と B 社の売上高の関係

1 年後の円建て売上高
（億円）

80

70

60

1 年後の為替レート
（円／ドル）

120　　140　　160

注した。20X1 年 12 月時点の直物為替レートは 140 円／ドルで
あり，両社は 1 年後の 20X2 年 12 月に 5000 万ドルを受け渡すこ
とに合意した。

　図 16・6 は，1 年後（20X2 年 12 月）の為替レートと B 社の円建
ての売上高の関係を表している。もし 20X2 年 12 月の直物為替
レートが 120 円／ドルになったとしよう。このときの 1 年後の B
社の円建ての売上高は，120 円／ドル×5000 万ドル＝60 億円と
なる。逆に，1 年後（20X2 年 12 月）の直物為替レートが 160 円
／ドルになったとしよう。このときの 1 年後の B 社の円建ての
売上高は，160 円／ドル×5000 万ドル＝80 億円となる。要する
に，B 社の円建ての売上高は，ドルに対する円の価値が増大する
（すなわち，円高になる）ほど減少し，ドルに対する円の価値が減
少する（すなわち，円安になる）ほど増加する。

　このような為替変動のリスクに対処するため，20X1 年 12 月に，

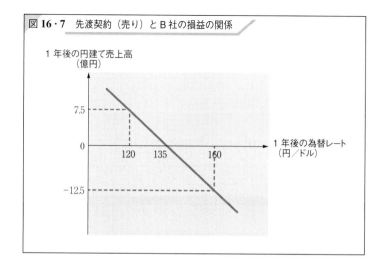

図16・7　先渡契約（売り）とB社の損益の関係

B社はC社から5000万ドルで部品の注文を受けた際，D銀行とフォワード価格（フォワード・レート）135円／ドルで5000万ドルを円に交換する（ドル売り）1年物の為替先渡契約を締結した。

　図16・7は，先渡契約によるB社のペイオフと1年後の為替レートの関係を表している。20X2年12月に，B社はD銀行との為替先渡契約の実行によってC社から受け取った5000万ドルを67.5億円（＝135円／ドル×5000万ドル）でD銀行と交換する。1年後（20X2年12月）の直物為替レートが120円／ドルになったとしよう。もし為替先渡契約を締結していなければ，このときの売上高は60億円であったため，為替先渡契約を締結しなかったときと比べて，7.5億円（＝67.5－60）の利得が発生する。逆に，1年後（20X2年12月）の直物為替レートが160円／ドルになったとしよう。もし為替先渡契約を締結していなければ，このときの売上高は80億円であったため，為替先渡契約を締結しなかったときと比べて，12.5億円（＝67.5－80）の損失が発生する。し

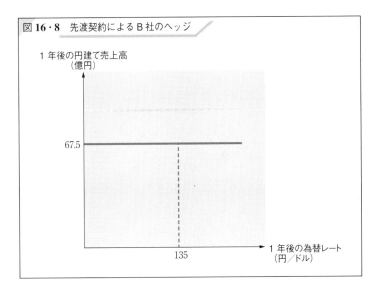

図 16・8　先渡契約による B 社のヘッジ

1 年後の円建て売上高
（億円）

67.5

135

1 年後の為替レート
（円／ドル）

たがって，1 年後（20X2 年 12 月）の直物為替レートが先渡レート（135 円／ドル）より円高になるほど，この先渡契約によって B 社に利益が発生し，円安になるほど損失が発生する。

　先渡契約を締結した後の B 社の売上高は，図 16・6 と図 16・7 を組み合わせることで示すことができる。図 16・8 は，先渡契約を締結した後の B 社の売上高と 1 年後の為替レートの関係を表している。円高（円安）によって生じる円建ての売上高の減少（増加）が先渡しのドル売りによる利益（損失）で相殺された結果，B 社の売上高は 1 年後の為替レートがいくらになっても常に一定（水平）になり，B 社の為替リスクが完全にヘッジされていることを意味している。

キャッシュ・アンド・キャリー戦略とフォワード・レート

ところで，フォワード価格（フォワード・レート）はどのように決定されるのだろうか。実は，B 社は先渡しを用いな

くても，以下の方法で先渡しと同じペイオフを複製することができる。ドル金利を $r_\$$，円金利を r_Y，今日の直物為替レートを S 円／ドルと表すことにしよう。

(1) 今日，ドル金利 $r_\$$ で 5,000／（1＋$r_\$$）万ドルの借入れを行う。

(2) 今日，5,000／（1＋$r_\$$）万ドルを（5,000／（1＋$r_\$$））×S 万円に交換する。

(3) 今日，交換した（5,000／（1＋$r_\$$）×S 万円を円金利 r_Y で 1 年間預金する。

(4) 1 年後，C 社から受け取った 5,000 万ドルで，(1)で行った借入れを返済する。

現時点で現金を借りて将来の期日までポジションをキャリー（運用）することから，こうした手法はキャッシュ・アンド・キャリー戦略と呼ばれる。

たとえば，20X1 年 12 月における直物為替レートが 140 円／ドル，米ドルの年金利が 12 ％，日本円の年金利が 8 ％であったとすると，B 社はキャッシュ・アンド・キャリー戦略に基づいて以下の取引を行うことができる。

(1) 20X1 年 12 月に年利 12 ％で 4,464.29 万ドル（＝5,000／（1＋0.12））の借入れを行う。

(2) 20X1 年 12 月に直物為替レート 140 円／ドルで 4464.29 万ドルを 62.5 億円に交換する。

(3) 20X1 年 12 月に 62.5 億円を金利 8 ％で 1 年間預金する。

(4) 20X2 年 12 月に C 社から受け取った 5,000 万ドルで，1 で行った借入れを返済する。

C 社から受け取った 5000 万ドルは(1)で行った借入れの返済額 5000 万ドル（＝4464.29×1.12）に全額充てられる。したがって，

1年後にB社は，(3)で行った円預金67.5億円（＝62.5億円×1.08）が手元に残ることになる。

キャッシュ・アンド・キャリー戦略を行うことで，1年後の為替レートがいくらになっても，1年後のB社の円建てのキャッシュフローは67.5億円で固定化される。つまり，為替リスクがヘッジされたことになる。

先渡契約もキャッシュ・アンド・キャリー戦略もリスク・ヘッジとして同じ機能をもつことから，一物一価の法則によりキャッシュ・アンド・キャリー戦略からフォワード・レートFを求めることができる。

$$F = S \times \frac{1+r_{¥}}{1+r_{\$}}$$

上式は，**カバー付き金利平価**と呼ばれる。式をみると，先渡為替レートが直物レートと2国間の金利で表されており，式の両辺とも1年後の円／ドルとなっている。つまり，この式が示しているのは，先渡レートと直物レートの差は，2国間の通貨の金利差に関連している，ということである。もしフォワード・レートFが式の右辺から乖離すれば，裁定機会が生まれることになるため，この式が成立するようにフォワード・レートが決定される。

カバー付き金利平価を用いると，20X1年12月における直物為替レートが140円／ドル，米ドルの年金利が12％，日本円の年金利が8％であることから，1年後のフォワード・レートは140×（1.08／1.12）＝135円／ドルと求められる。これは，先の数値例でD銀行が提示したレートと一致している。その結果，B社はどちらの戦略を用いても，1年後に67.5億円の現金を確保することができる。

もっとも，企業が為替ヘッジを行う際，以下の理由からキャッ

シュ・アンド・キャリー戦略ではなく先渡しを活用するのが一般的である。第1に，先渡しのほうが手続きが簡単である。必要な取引は1回でよいため，取引コストを抑えることができる。第2に，多くの企業にとって外国通貨で借入れを行うことは容易ではない。もし自社の信用リスクが高ければ，さらに高い金利を支払わなければならないだろう。

　ここまで，ドル建ての売上債権をもつ輸出企業のケースで学習してきた。他方，外貨建ての仕入債務をもつ輸入企業の場合は，為替リスクをヘッジするためには輸出企業であるB社と逆の取引（先渡しで外貨買い）を行えばよい。

3 代替的リスク・ファイナンス

代替的リスク・ファイナンスとは

　市場リスクに対してデリバティブが利用される一方で，純粋リスクに対しては伝統的に保険が利用されてきた。たとえば，火災等による事業財産の損害を補償する企業財産保険，海難事故等による海上での輸送事故の損害を補償する海上保険，対人・対物事故に伴う賠償責任を保障する賠償責任保険等が挙げられる。

　近年，こうした伝統的な保険商品や，デリバティブ商品に替わる新たなリスク・ファイナンス手法が登場している。たとえば，天候による売上の変動をカバーする天候デリバティブや，債務不履行が生じた場合に当該損失額に相当する金額を受け取る権利をあらかじめ一定の対価の支払いと交換するクレジット・デフォルト・スワップ（CDS）等が挙げられる。これらを総称して，**代替的リスク・ファイナンス**と呼ぶ。

ここでは，代替的リスク・ファイナンスの代表例として，キャプティブ，天候デリバティブ，カタストロフィ・ボンド（キャット・ボンド）を取り上げ，それらの概要について触れる。

| キャプティブとは |

キャプティブとは，自社または関連グループのリスクを専門的に引き受けるために設立される専属保険子会社のことである。通常，キャプティブは，イギリス領バミューダやケイマン諸島等，税制上有利な国や地域（タックス・ヘイヴン）に設立される。

親会社や関連会社は，キャプティブと保険契約を結ぶことで自社グループのリスクをキャプティブに移転させる。ただし，このことは自社グループのリスクを自社グループの保険子会社に移転していることになるため，実質的にキャプティブはリスク保有を行っていることを意味している。ただし，キャプティブは，自社グループから引き受けたリスクを再保険（保険会社が負担する保険責任の一部または全部について，他の保険会社へ移転する〔保険契約を結ぶ〕こと）を通じて外部に移転することもできる。

キャプティブ設立の動機として，タックス・ヘイヴンを通じた税制上の利点，保険市場における保険料変動リスクの抑制，グループ内のリスクを一元的に管理することによる効率化等がある。

| 天候デリバティブとは |

天候デリバティブとは，デリバティブの仕組みを利用して，天候・気象や地震・風水害といった事象の変動性に基づく指標をつくり，その指標をもとに当事者間で金銭をやりとりする取引である。天候デリバティブでは，企業が事前に一定の契約料（プレミアム）を相手側に支払うことで，気温，降水量，風速，積雪量といった天候データがあらかじめ決められた水準に達した場合，想定データの上下に応じて金銭を受け取ることができる。こうした天候デリバティブ

は，暖冬によって降雪量が過少となり顧客が減少するリスクをヘッジしたいスキー場やウインター・スポーツ用具の製造・販売業者，降水量が多いことで来場者数が減少するリスクをヘッジしたいレジャー・観光業者，冷夏による電力使用の減少を避けたい電力会社等からの需要が見込まれる。

保険の場合，保険金支払いが行われるためには，対象となる損害と発生原因の因果関係を立証することが前提となる。そのため，保険金の算定にあたって，損害調査を実施することが条件となる。一方で，天候デリバティブでは，因果関係の有無にかかわらず，契約締結時に取り決めた条件が満たされれば，ただちに金銭の支払いが行われる。そのため，企業側に実際に損害が生じていない場合であっても金銭を受け取れる可能性がある。これは，実際の損害発生を支払条件とする保険と大きく異なる点である。

他方で，条件が満たされて補償金が支払われた場合であっても，補償金が実損額を下回ることもある。補償額と実損額との乖離のことをベーシス・リスク（basis risk）と呼ぶ。保険よりもデリバティブのほうがベーシス・リスクが大きくなるのが一般的である。

カタストロフィ・ボンド（キャット・ボンド）とは

カタストロフィ・ボンド（catastrophe bond，キャット・ボンド）とは，あらかじめ決められた条件を満たす大災害（カタストロフィ）が発生した際に，利子や元本の一部あるいは全部の支払いが免除されるという条件を付けて発行される社債のことである。

発生確率は小さいものの，発生した際の損害が甚大なものになることが予想される大災害に対して，保険会社はそうしたリスクを引き受けることが困難になる可能性がある。キャット・ボンドは，そうした巨大災害に関するリスクを，証券化のスキームを用

いて，保険市場ではなく資本市場に移転する仕組みである（証券化については第 12 章を参照のこと）。

巨大災害の例としては，地震や台風，寒波，ハリケーンといった自然災害が挙げられる。1999 年，東京ディズニーランドを展開するオリエンタルランドは，ディズニーランド周辺で地震が発生した際にその規模に応じて利子や元本が段階的に免除される仕組みのキャット・ボンドを発行した。これは，事業会社によるキャット・ボンド発行の事例としてよく取り上げられる（CASE ⑦参照）。

4 リスク管理と企業価値

完全資本市場下におけるリスク管理と企業価値との関係

ファイナンス理論における企業の目的は，企業価値の最大化である。リスク管理は，どのようなメカニズムで企業価値の向上に寄与するのだろうか。

DCF（割引キャッシュフロー）法によると，企業価値は，その企業が将来にわたって生み出す正味キャッシュフロー（NCF）の期待値を，加重平均資本コスト（WACC）で割り引いた値として求められる。資本コストは投資家が要求する収益率のことであり，その大きさは投資家が負担するリスクを反映している。さらに，CAPM において証券のリスク（トータル・リスク）は，市場リスク（システマティック・リスク）と非市場リスク（アンシステマティック・リスク）に分割することができ，資本コストは市場リスクのみが反映されることになる。なぜなら，投資家は分散投資によって自身のポートフォリオから非市場リスクを取り除くことが

できるためである。

　CAPM が成立するような完全資本市場の下で，企業が非市場リスクを減少させるようなリスク管理を行った場合，上記理由により資本コストは低下しない。したがって，リスク管理を行っても企業価値は変化しない。一方で，市場リスクを減少させるようなリスク管理を行ったとしても，リスク管理の対価が市場リスクの減少分に釣り合うような形でリスク移転主体に支払われることになるため，DCF 法における分子部分（期待 NCF）と分母部分（資本コスト）が同時に低下する結果，企業価値は変化しないことになる。このことからわかるとおり，完全資本市場の下において，リスク管理の意思決定は企業価値とは無関連である。

不完全資本市場下におけるリスク管理と企業価値との関係

　一方で，現実には多くの企業が保険やデリバティブを利用しているという事実がある。そこで，完全資本市場の諸仮定を緩めることで，理論と現実との整合性をとることを考えてみよう。

　リスク管理が企業価値を向上させるかどうかについては，**リスク・コスト**（cost of risk）という概念を導入することでより議論が明確になる。リスク・コストとは，リスクが存在することによって生じるコストの総称のことである。資本市場の不完全性を前提とすると，種々の要因からさまざまなリスク・コストが顕在化する。リスク・コストの存在は企業の期待 NCF を低下させ，企業価値を棄損させることになる。

　リスク管理がもたらす効用でよく議論されるのが，過少投資の問題である。現実の世界を想定した場合，情報は経営者と投資家の間で非対称であり，純粋な MM 命題で想定されるような世界はありえない。税金を想定していない MM 命題によれば，資本構成は企業価値に影響を及ぼさないが，経営者と投資家の間に情

報の非対称性が存在する場合，企業が証券を発行すれば，投資家は現在の株価が過大評価されていると受け取ってしまうため，過小評価された価格まで下がらないと売れない可能性がある。こうした取引コストの存在によって，企業は内部資金，負債，株式の順に資本調達を行う。したがって，情報の非対称性による取引コストが存在すれば，本来であれば企業価値を高めるような設備投資に対しても見送られる可能性がある。

このような状況下でリスク管理をまったく行わなければ，企業のキャッシュフローの変動幅が大きくなり，過少投資の問題はより深刻になる。企業がリスク管理を実行することによって，不慮の事故による多額の損失の発生可能性を抑制する，もしくは発生したとしても損失を補填するだけの資本を外部から（たとえば，保険金という形で）確保することで，新規案件への投下資本を保護することが可能となり，過少投資の問題を緩和することができるのである。

それ以外にも，リスク管理を実行することで，期待倒産コストの低下や，期待税金支払額の低下といった恩恵を被ることができる。これらは，企業の将来におけるキャッシュフローを増加させるだろう。

一方で，リスク管理を実行することで，追加的な費用（付加保険料やオプション手数料，ロス・コントロールにかかる費用）も発生することに注意しなければならない。リスクが存在しなければ，リスク管理にかかる費用も存在しないため，こうした費用もリスク・コストに含まれる。リスク管理を実行することによるキャッシュフローの増分がリスク管理による追加的費用を上回るときに企業価値は増大することになるため，リスク・コストが最小化される水準でリスク管理を行うことが理想である。

リスク管理（リスク・マネジメント）　リスク・コントロール　リスク・ファイナンス　デリバティブ　先渡し（フォワード）・先物（フューチャーズ）　カバー付き金利平価　代替的リスク・ファイナンス　キャプティブ　天候デリバティブ　カタストロフィ・ボンド（キャット・ボンド）　リスク・コスト

演習問題
Seminar

1　企業を1つ取り上げ，その企業にとって重要なリスクとしてどのようなものがあるか，有価証券報告書等から調べてみよう。

2　企業を対象とした保険の種類にどのようなものがあるかを調べて，それぞれどのようなリスクに対応しているか確認してみよう。

3　外貨建ての仕入債務をもつ輸入企業の場合，円安によって原材料費が高騰するリスクを先渡しでヘッジするにはどうすればよいか，図を描きながら説明してみよう。

4　CAPMが成立するような完全資本市場を前提とすると，以下の発言のどこに問題があるか考えてみよう。

「わが社は株式市場に上場しており，多数の株主を抱えていることから，株主の利益に常に配慮した経営を心掛けています。わが社では巨額の保険購入プログラムによって，自社が抱えるリスクの大部分を移転しました。このことは株主の方々が受け取るキャッシュフローのリスクが小さくなることを意味しています。したがいまして，株主の方々にとって，今回の巨額の保険購入はご満足いただける決定

かと思います」。

参考文献 References

新井富雄・高橋文郎・芹田敏夫［2016］『コーポレート・ファイ
　　ナンス──基礎と応用』中央経済社。

柳瀬典由・石坂元一・山﨑尚志［2018］『リスクマネジメント』
　　中央経済社。

米澤康博・小西大・芹田敏夫［2004］『新しい企業金融』有斐閣。

ケース分析を通して理論の実践的活用能力を磨く

Summary

Financial Management

　本書で学んだ理論や諸概念は，財務管理者が最適な意思決定を行うために必要な知的ツールである。しかし，これらの理論や諸概念を学習するだけでは十分ではない。それらを使って現実の財務問題を分析し解決する能力を身につけなければ，応用学問としての財務管理論を習得したことにはならないだろう。この補章の目的は，本書で学んだ理論や諸技法を実践的に活用する能力を磨くことにある。

　取り上げたケースは 7 つである。Case 1 では，喫茶チェーン店 2 社のコロナ渦での営業利益の劇的な差が，店舗運営形態の違いによることを，損益計算書の構造から読み解く。Case 2 は，紳士服業界最大手企業の積極的な株主還元政策の持続性を考える。Case 3 は，高い手数料を徴収する株式ポートフォリオのアクティブ運用が，市場平均を上回る運用成績をあげたかどうかを，実際の投資信託のデータを使って検証する。Case 4 では，仮想企業の投資計画の採否を現実的なデータを使って分析し，さらにその投資が戦略性をもつ場合の考慮点を考える。Case 5 は，外資系携帯電話キャリアに対する日本企業の大型買収計画の実現を，組織戦略と資本調達戦略の観点から検証する。Case 6 は，有名テーマパークの大規模地震への対応のさまざまなオプションの選択について考える。Case 7 は，紳士服業界で繰り広げられた買収合戦を題材に，株式の TOB 価格を検証する。

　なお，実在の企業のケースは，授業用資料として作成されており，経営判断の優劣について例証するものではない。

Case 1 コメダ珈琲店と喫茶室ルノアール

コメダ珈琲店と喫茶室
ルノアールの特徴

本ケースでは，名物のソフトクリーム「シ
ロノワール」で有名なコメダ珈琲店と，
「名画に恥じぬ喫茶店」というキャッチ・
フレーズ通り都会的で高級感のある喫茶店として知られる喫茶室ル
ノアールの収益構造の違いについて解説する。

　最初に，表1にまとめられている両店の特徴について述べる。喫
茶チェーン店には，店員が客を席へ案内し，お水・おしぼりの提供，
注文伺い，商品提供などすべてを行う「フル・サービス型」の喫茶
店と，客が自らカウンターで注文し，店員から注文した商品を受け
取り，自ら席まで運ぶ「セルフ・サービス型」の喫茶店とがある。

　コメダ珈琲店と喫茶室ルノアールは，ともにフル・サービス型の
喫茶店である。ちなみに，両店以外のフル・サービス型の喫茶店と
しては星野珈琲店が有名であり，セルフ・サービス型の喫茶店とし
ては，スターバックス，ドトールコーヒー，タリーズコーヒーなど
が代表的な喫茶チェーン店である。

　店舗に関しては，2019年度末時点でコメダ珈琲店は全国47都道
府県に計864店の店舗を構えており，郊外型のロード・サイド店が
多い。一方，喫茶室ルノアールは，東京都を中心に計86店あり，
都心部の駅周辺に多くの店舗が存在している。顧客ターゲット層に
ついては，店舗ロケーションからもわかるように，コメダ珈琲店は
全世代がターゲット（早朝はシニア層，午前は主婦層，昼はサラリー
マン，夕方は学生）であり，喫茶室ルノアールは30歳以上の社会人
が，ビジネスあるいは個人で利用することが多い。また店舗の坪客
席数については，両店とも1坪当たり1.5〜1.6席である。飲食店で
は1坪当たり2席が平均的といわれているので，両店ともかなり座
席間にゆとりのある店舗設計であるといえる。コーヒー1杯の値段
は，コメダ珈琲店が約500円であるのに対し，喫茶室ルノアールは

表1 コメダ珈琲店と喫茶室ルノアールの特徴の比較

	コメダ珈琲店	喫茶室ルノアール
名物商品	シロノワール	ピザトースト
キャッチフレーズ	心にもっとくつろぎを 街のリビングルーム	名画に恥じぬ喫茶室 都会のオアシス
サービス型	フル・サービス	フル・サービス
営業地域	全国47都道府県	東京都，神奈川県
店舗数（2019年度末）	864店	86店
店舗ロケーション	郊外型ロードサイド店が多い	都心部の駅周辺に多い
ターゲット層	全世代がターゲット	30歳以上社会人
坪客席数	1.6席／坪	1.5席／坪
ホットコーヒーの値段	約500円	約700円
店舗運営形態	ほとんどがFC店	直営店

店舗が都内都心部に集中していることもあってか約700円と高めである。

両社の損益計算書

このように，コメダ珈琲店と喫茶室ルノアールはともにフル・サービス型の喫茶チェーン店であるが，それを運営する（株）コメダホールディングスと（株）銀座ルノアールの損益計算書は，その内容が大きく異なっている。図1は，コロナ禍の影響を大きく受ける前の2019年度の両社の損益計算書である。

　特徴的であるのは，銀座ルノアールの売上原価率が11％と非常に低いのに対して，コメダホールディングスの売上原価率が61％と非常に高いことである。一方，販管費率に関しては，銀座ルノアールが83％と非常に高いのに対して，コメダホールディングスは13％と非常に低くなっている。

フランチャイズと直営

この両社の費用構成の差に大きく関連していると思われるのが，コメダ珈琲店と喫茶室ルノアールの運営形態の違いである。表2は，2020年における，コメダ珈琲店と喫茶室ルノアールの直営店とフランチャイズ（FC）店の店舗数の比較である。全国に864店あるコメダ珈琲店の実に96.5％に当たる834店がFC店で，直営店はわずか3.5％に当

図1　コメダホールディングスと銀座ルノアールの損益計算書（2019 年度）

コメダホールディングス（2020年2月期）

売上原価 61%	売上高 100%
販管費 13%	
営業利益 25%	

銀座ルノアール（2020年3月期）

売上原価 11%	売上高 100%
販管費 83%	
└営業利益 5%	

たる 30 店にすぎない。さらにコメダ珈琲店の直営店の役割は，FC
加盟を希望するオーナーたちの研修の場やモデル店舗という補完的
なものであり，あくまで FC 店が事業の根幹である。つまりコメダ
ホールディングスは，喫茶事業を営むフランチャイザーなのである。

　一方，喫茶室ルノアールは，運営会社である銀座ルノアールの，
接客業である喫茶業は直営でないと社長から顧客への気持ちの伝わ
り方が弱くなるというポリシーの下，全店舗が直営店となっている。

　したがって，売上高および売上原価の意味がコメダホールディン
グスと銀座ルノアールでは大きく異なっている。フランチャイザー
であるコメダホールディングスの売上高の 3 分の 2 は FC 加盟店へ
の食材等の物品の販売，つまりは卸売販売が占めている。また，コ
メダホールディングスではパンやコーヒーは自社工場で製造してい
るので，卸売販売のなかには製造卸売部分も含まれている。このよ
うな理由で，売上原価率が 61 ％と高くなっているのである。一方，
直営店しかない銀座ルノアールの売上高は店舗での飲食の売上を意
味しており，売上原価は食材の仕入れ値を意味している。ただし，
飲食業の売上原価率は 30 ％が一応の目安といわれているので，銀
座ルノアールの売上原価率の 11 ％はそれと比較しても非常に低い
といえる。

　この両店の運営形態の違いは，販管費にも表れている。コメダホ

表2　コメダ珈琲店と喫茶室ルノアールの直営店舗数と FC 店舗数

	直営店	FC 店	合　計
コメダ珈琲店	30 店	834 店	864 店
喫茶室ルノアール	86 店	0 店	86 店

ールディングスの販管費に含まれる人件費は，FC 加盟店を管理する FC 本部で働く従業員に対してであるので，その金額は売上高比率で 5 ％程度にすぎない。一方，銀座ルノアールの人件費は店舗従業員に対してであるので，販管費に含まれる人件費は売上高比率で 32 ％にも達する。これは販管費に含まれる賃借料についても同様で，コメダホールディングスの賃借料が売上高比率でわずかに 0.15 ％であるのに対して，銀座ルノアールの賃借料は売上高比率で 25 ％にもなっている。ちなみに，飲食業での売上人件費率は 30 ％，売上家賃比率は 10 ％が平均といわれているので，銀座ルノアールの売上人件費率は平均的で，売上家賃比率は相当高いといえる。

　以上の，売上原価率と売上販管費率の違いにより，両社の利益率は大きく異なっている。コメダホールディングスの営業利益率が 25 ％であるのに対して，銀座ルノアールの営業利益率は 5 ％となっている。このように，同じフルサービス型の喫茶チェーン店でありながら，両社の P/L はその構成が大きく異なるが，その原因は，FC 方式か直営店方式かという両社の店舗運営形態の違いから生じたものであるといえる。

設　問

1　図 1 は，コロナ禍の影響を大きく受ける前の 2019 年度のコメダホールディングス（2020 年 2 月期）と銀座ルノアール（2020 年 3 月期）の損益計算書であるが，その後，2020 年 4 月 7 日に政府が初めて新型インフルエンザ等緊急事態宣言を 7 都道府県に対して発令，さらにその 9 日後にはその対象区域を全都道府県に

拡大するなどコロナ禍の影響は深刻化していった。そこで，コロナ禍の影響を強く受けることになった 2021 年度の両社の損益計算書が，2 年前の図 1 からどのように変化したかについて考えてみよう。

解答・ヒント　　図 2 が，コロナ禍の影響を強く受けた 2021 年度のコメダホールディングス（2022 年 2 月期）と銀座ルノアール（2022 年 3 月期）の損益計算書である。

図 1 と図 2 の比較からは，コメダホールディングスの損益計算書が，コロナ禍前の 2019 年度とコロナ禍中の 21 年度でほとんど変化していないことがわかる。その理由としては，コメダ珈琲店が郊外型店舗中心の喫茶チェーンであったので，緊急事態宣言による在宅勤務等の影響が比較的小さかったということが考えられる。またそれ以外にも，コメダホールディングスの売上高の 3 分の 2 が FC 加盟店への食材等の卸売販売であるので，費用に占める変動費の割合が高く，それがコロナ禍中においても 22 ％の営業利益率を確保できた理由であると考えられる。

一方，銀座ルノアールの損益計算書からは，コロナ禍前の 2019 年度は営業黒字であったのが，コロナ禍中の 21 年度には営業赤字に陥っていることがわかる。その最大の理由としては，喫茶室ルノアールが都心中心の店舗展開であったため，コロナ蔓延による企業の在宅勤務へのシフトや対面による商談の減少などの影響

図 2　コメダホールディングスと銀座ルノアールの損益計算書（2021 年度）

コメダホールディングス（2022年2月期）

売上原価 64%	売上高 100%
販管費 14%	
営業利益 22%	

銀座ルノアール（2022年3月期）

売上原価 13%	
販管費 114%	売上高 100%
営業損失 27%	

をもろに受けて，売上高が激減したということが挙げられる。事実，銀座ルノアールの売上高は，2019年度から21年度にかけて43％もの減収となっている。それ以外にも，銀座ルノアールはすべてが直営店であるので，費用における家賃や人件費といった固定費の占める割合が高いということも，営業利益圧迫の原因になったと思われる。実際に，2019年度から21年度にかけて売上高が43％減少しているのに対して，販管費は同期間で22％しか削減できておらず，それが営業赤字に陥る大きな要因となったと考えられる。

「洋服の青山」で知られる青山商事は，広島県福山市に本社を置く紳士服業界最大手の企業であるが，コロナ禍の影響で業績が急に悪化するまでは，投資家の間では株主還元（配当および自社株買い）に熱心な会社ということで知られていた。青山商事はとくに自社株買いに積極的で，2012〜18 年度の 7 年間で計 21 回もの自社株買いを実施している。ちなみに，上場企業全体では 1 年間に平均 0.023 回しか自社株買いを実施しないので，7 年間で 21 回も自社株買いを実施している青山商事は，自社株買い研究者の間では非常に知られた存在であった。そこで本ケースでは，青山商事の積極的な株主還元の功罪について取り上げる。

　表 1 は青山商事の株主還元方針，図 1 は青山商事の 2012〜21 年度における，1 株当たりの配当，自社株買いおよび純利益の金額の推移を示したものである。青山商事は，2011 年度（12 年 3 月期）までは 1 株当たり 40 円を安定配当（普通配当）と定めており，さらに 1 株当たり純利益の 30 ％が 40 円を上回る場合には，その差額を業績連動配当（特別配当）として実施するとしていた。この配当性向 30 ％というのは，上場企業としてはきわめて一般的であり，多くの企業が配当性向 30 ％を株主還元方針に掲げている。それが 2012 年度になると，安定配当を 1 株当たり 50 円に増配し，業績連動配当部分に関しても，配当性向を 35 ％まで引き上げている。同時に 2012 年度には 5 年振りに自社株買いを再開し，1 株当たり配当金 60 円を上回る，1 株当たり 89 円に相当する金額の自社株買いを実施している。

このように青山商事は，2012 年度から積極的な株主還元政策に舵を切るのだが，その背景には，同業他社と比較して青山商事の自己資本比率が高く

表 1　青山商事の株主還元方針

期　間	株主還元方針
2005〜11 年度	・安定配当（普通配当）が 1 株当たり 40 円 ・1 株当り純利益×0.3 が 40 円を上回る場合には，その差額を特別配当とする
2012〜14 年度	・安定配当（普通配当）が 1 株当たり 50 円 ・1 株当たり純利益×0.35 が 50 円を上回る場合には，その差額を特別配当とする
2015〜17 年度 （中期経営計画 『CHALLENGE 2017』）	・安定配当（普通配当）が 1 株当たり 100 円 ・1 株当たり純利益×0.70 が 100 円を上回る場合には，その差額を特別配当とする ・純利益×1.30−配当総額を自社株買いにあてる ・目標 ROE は 7.0 %，将来的には ROE10 %を，めざす
2018 年度〜 20 年度 （中期経営計画 『CHALLENGE II 2020』）	・安定配当（普通配当）が 1 株当たり 100 円 ・1 株当たり純利益×0.70 が 100 円を上回る場合には，その差額を特別配当とする ・純利益×1.00−配当総額を自社株買いにあてる ・目標 ROE は 6.3 %
2020 年 5 月 8 日に中期経営計画『CHALLENGE II 2020』の取り下げを発表	・2019 年度（2020 年 3 月期）の期末配当を無配にすることを公表（すでに実施されていた中間配当の 1 株当たり 50 円が 2020 年 3 月期の年間配当額となる）
2020 年度	・手元流動性確保および財務体質の強化を理由として無配
2021〜23 年度 （中期経営計画『Aoyama Reborn 2023』）	・1 株当たり純利益×0.30 を配当とする（新型コロナウイルス感染症の影響による業績悪化によりダメージを受けた自己資本改善のため内部留保を優先）

ROE が低いという問題があったと考えられる。たとえば，2012 年度末時点の自己資本比率は，紳士服業界首位の青山商事が 69.7 %であるのに対して，2 位の AOKI は 57.6 %，3 位のコナカは 55.0 %，4 位のはるやまは 58.0 %であり，ROE については，青山商事が 5.3 %であるのに対して，AOKI は 8.8 %，コナカは 13.1 %，はるやまは 5.6 %であった。つまり，青山商事は同業 3 社と比較して，自己資本比率が最も高く ROE は最も低いという状況だったのである。配当や自社株買いを積極的に行えば，基本的には自己資本比率が低下し，ROE は向上する。青山商事の積極的な株主還元政策には，

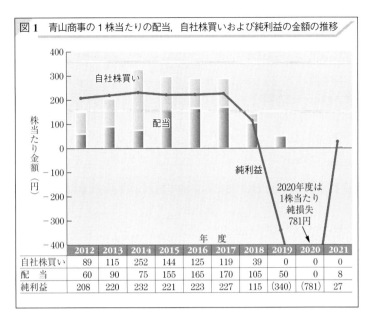

図1　青山商事の1株当たりの配当，自社株買いおよび純利益の金額の推移

	2012	2013	2014	2015	2016	2017	2018	2019	2020	2021
自社株買い	89	115	252	144	125	119	39	0	0	0
配　当	60	90	75	155	165	170	105	50	0	8
純利益	208	220	232	221	223	227	115	(340)	(781)	27

そのような意図があったのではないかと推察される。

　その後，青山商事の株主還元政策はさらに加速し，2015年1月28日に公表した中期経営計画『CHALLENGE 2017』では，2015〜17年度における安定配当を従来から倍増の1株当たり100円，あわせて業績連動配当部分に関する配当性向も70％へと倍増させている。そのうえで，それまで明確に定めていなかった自己株式取得方針に関して，純利益の130％から配当総額を差し引いた金額で実施すると明言した。

　これはすなわち，総還元性向（配当と自社株買いの総額を純利益で除した比率）を130％と定めるということであり，当期純利益を上回る株主還元を行うことを公約したということである。そして，2017年度までにROEを7.0％，将来的にはROE10％をめざすという目標を掲げている。このアグレッシブな株主還元政策は，3年後の2018年2月9日に公表された新しい中期経営計画

『CHALLENGE II 2020』においても継続され，2018〜20年度における株主還元として1株当たり100円の安定配当および配当性向70％は据え置きで，自社株買いに関してのみ総還元性向100％の範囲内で実施するという方針が打ち出された。なお，目標ROEは6.3％に引き下げられている。

内部留保優先へ

このように，青山商事はいくぶん過激ともいえるほど積極的な株主還元政策を掲げる一方で，中核事業のビジネスウェア事業におけるオフィス・ウェアのカジュアル化等の影響から業績は徐々に悪化し始め，2018年度以降，前年度比で減収減益の趨勢が続いた。それに追い打ちをかけたのが2020年初頭に始まった新型コロナウイルス感染症蔓延の影響で，在宅勤務や冠婚葬祭の自粛の時流のもとスーツ需要は激減し，青山商事の業績は急激に悪化した。2020年5月8日には中期経営計画『CHALLENGE II 2020』の取り下げを発表し，上場来初の赤字を計上するとともに2019年度の期末配当を無配とした（コロナ禍が始まる前の中間配当は，株主還元方針どおりに1株当たり50円を実施）。

さらに，翌2020年度にはコロナ禍のさらなる拡大の影響により，過去最大の389億円の純損失（1株当たり純損失781円）を計上するとともに，手元流動性確保および財務体質の強化を理由として年間配当を無配とした。それと同時期の2021年5月19日に，青山商事は新たな中期経営計画『Aoyama Reborn 2023』を発表し，それまでの積極的な株主還元政策を一転させた。そして2021〜23年度においては，新型コロナウイルス感染症に伴う業績悪化によりダメージを受けた自己資本改善のため内部留保を優先し，配当金を最優先とする株主還元を基本として，総還元性向を30％に定めると公表している。

以上，青山商事はコロナ禍で業績が悪化するまでは，純利益を上回る配当と自社株買いを何年も続けるという超積極的な株主還元政策を実施していた。積極的な株主還元は受取配当金の増加や株価の

上昇につながるので，株主にとっては確かにありがたい話ではあるのだが，それは同時に資金の社外流失によって財務体質が弱体化するという負の側面も有している。もちろんコロナ禍は青山商事にとって不測の事態ではあったのだろうが，同業のAOKIやコナカがコロナ禍の時期においても配当を続けていることを考えると，地味ではあるけれども，雨の日晴れの日にかかわらず安定的に配当を実施し続けるという方針も，また1つの優れた株主還元政策なのではないか，ということを考えさせてくれる。

設 問

1 企業が，ROEを高めるために配当や自社株買いといった株主還元を積極的に行うということは，どのようなことを意味するのかについて考えてみよう。

解答・ヒント ROEは，当期純利益を自己資本で除した比率である。したがって，企業の保有する現金で配当や自社株買いを実施すると，ROEの分母である自己資本が減少するのでROEは上昇する。ただし，これは配当や自社株買いに用いる現金がとくに使い道のない余剰資金であるということが前提である。もし企業にROI（投資収益率）が正の有望な投資プロジェクトが存在する場合には，企業は保有現金をそのプロジェクトに投資することによってROEの分子である当期純利益を高めてROEを上昇させることもできる。企業がROEを高めるという目的で積極的に株主還元を行うということは，すなわち企業が成熟期に達して，成長機会が乏しくなっているということを示唆しているのかもしれない。

設 問

2 青山商事が2012〜18年度の7年間で21回実施した自社株買いは，すべてオークション買付と呼ばれる方法で実施されているが，自社株買いにはそれ以外にもさまざまな方法が存在する。日本において認められている自己株式の取得方法について，調べてみよう。

　日本における自社株買いの方法は，大きく市場内買付と市場外買付に分類できる。市場内買付としては，立会時間内（9時〜11時30分と12時30分〜15時）に通常のオークション方式で買い付けるオークション買付（諸外国では通常 Open Market Repurchase，略して OMR と呼ばれている）と，立会時間外（売注文受付は8時〜8時45分で，執行時間は8時45分）に東京証券取引所の提供する ToSTNeT-3 市場を利用して行われる ToSTNeT 買付の2つがある。一方，市場外買付としては，自社株を TOB（株式公開買付）によって取得する自己株式公開買付と，特定の大株主から相対取引によって自己株式を取得する方法の2つが存在する。

Case 3 AI 投資は α を獲得できたか

市場の効率性とアクティブ運用

個人投資家にとっても，プロの投資家にとっても，個別銘柄に投資するか，市場ポートフォリオの代替とされる株価指数に連動するパッシブ型ファンドに投資するかは悩ましい問題である。というのは，第5章で取り上げた財務管理の理論に従えば，市場ポートフォリオと無リスク証券の保有割合を決定するだけで，各投資家にとっての最適ポートフォリオをつくることができるはずである。しかし，プロの投資家である資産運用会社は，市場ポートフォリオの代替とされる指数連動型のパッシブ型ファンドだけでなく，何らかの指標や特別な運用方針に従って運用するアクティブ型ファンドを提供している。アクティブ型ファンドが，パッシブ型ファンドを上回るリターンが得られるのかという議論が長年存在する。

人工知能（AI）とビッグデータの株式投資への応用

機械学習等，一般的に人工知能（AI）と呼ばれる手法と，株式市場や株式市場と関連するビッグデータを組み合わせた投資手法が開発され，実践されている。つまり，AI とビッグデータによる一種のアクティブ運用である。ここでは，「PayPay 投信 AI プラス」という AI とビッグデータを用いて投資手法を開発，実践しているアクティブ型ファンドを AI 投資の代理変数とし，AI を用いたアクティブ型ファンドが市場ポートフォリオを上回るリターンを獲得できているかを検証する。

データ

投資信託協会のウェブサイト「投信総合検索ライブラリー」から「PayPay 投信 AI プラス」と「NEXT FUNDS TOPIX 連動型上場投信」の基準価格を取得している。表1の列2と列3は，取得した基準価格から計算した「PayPay 投信 AI プラス」の月次リターン（R_{AI}）と「NEXT FUNDS TOPIX 連動型上場投信」の月次リターン（R_M）である。無

表1　データ

列1	列2	列-3	列4	列5	列6
年月	R_{AI}	R_M	R_f	$P_{AI}-R_f$	R_M-R_f
201701	−0.174	0.202	−0.004	−0.170	0.206
201702	1.529	0.943	−0.003	1.533	0.946
201703	−0.839	−0.604	−0.004	−0.836	−0.600
⋮	⋮	⋮	⋮	⋮	⋮
202111	−1.343	−3.634	−0.003	−1.339	−3.631
202112	3.538	3.480	−0.002	3.540	3.482

リスク証券として日本銀行のウェブサイトから無担保コールレートの月次平均値を取得している。列4は，無担保コールレートの月次リターン（R_f）である。列5（列6）は，R_{AI}（R_M）からR_fを引いたリスク・プレミアムである。

設　問

1 AI投資は市場ポートフォリオを上回る α を獲得できているか。

解答・ヒント　AI投資が市場ポートフォリオのリスク・プレミアムを上回る α を獲得できているかを検証するために，以下に示す第5章で学習したCAPMの左辺の被説明変数にはデータの列5を，右辺の説明変数には列6を代入し最小二乗法で推定する。

$$R_{AI}-R_f = a + \beta - (R_M + R_f) + \varepsilon_{t*}$$

推定結果として，プラスの a が得られれば，CAPMから計算される期待リターンを上回る超過リターンをファンドが得ることに成功しており，ファンドの運用が優れていることを示している。

表2の2017年1月から2021年12月までのデータを用いた回帰分析の結果において，a の係数はプラスであるが，統計的に0と有意な差はなく，β 値は0.95である。この結果は，AIによって構築されたポートフォリオに投資した場合のリターンは，市場ポートフォリオに投資した場合のリスクの補償としてのリターン

表 2　2017年1月から2021年12月までのデータを用いた回帰分析の結果

α	β	Adj. R^2	サンプル数
0.114	0.950***	0.928	60
(0.779)	(27.550)		

(注)　カッコ内は t 値。*, **, *** はそれぞれ 10 %，5 %，1 % の統計的有意水準を示している。

でおおむね説明でき，独自のリスクに対する補償としてのリターンは統計的には 0 と異ならないことを示している。つまり，パッシブ型ファンドへの投資と AI を用いたアクティブ型ファンドへの投資から得られるリスク・プレミアムはおおむね差がないことを示している。

設　問

2　アクティブ型ファンドに意味はあるのか。

解答・ヒント　　アクティブ型ファンドのリターンが，平均的には市場ポートフォリオのリターンと差がないか下回る傾向にあることが知られている。一方で，アクティブ型ファンドの中には，第 5 章で取り上げたアノマリーと呼ばれる市場ポートフォリオのリスク・プレミアムでは説明できない現象を投資戦略として採用しているものもある。学術的にも多数のアノマリーが発見されており，なかには長年継続して観察されているものもある。

また，アクティブ型ファンドは株価指数に連動するパッシブ型ファンドと比較して，企業経営者を規律づける誘因と可能性が高いと考えられており，投資先企業のコーポレート・ガバナンスや企業価値の向上が期待されている。というのは，パッシブ型ファンドと比較して，アクティブ型ファンドは高めの手数料と投資先企業数が少ない傾向から投資先企業に積極的なエンゲージメントを行うだけでなく，株式を売却することで株価の下落を通した経営者への圧力をかける可能性が考えられる。実際，アクティブ型ファンドのなかには投資先企業に対して資本政策や企業戦略，独自の取締役候補者の提案などを行うものがある。

Case 4 ササオのスマートウォッチ・プロジェクト

> ササオのスマートウォッチ市場参入

2022 年，日本の精密機器メーカーのササオ（仮想企業）は，従来高いマーケット・シェアを維持していた同社の主力商品のスポーツウォッチの売上が，近年，アメリカや中国などの海外メーカーのスマートウォッチ製品によって浸食されていることに強い危機意識を抱いていた。そこで自社でスマートウォッチ専門工場を建設して，スマートウォッチ市場に本格的に進出するべきか検討していた。このプロジェクトの概要は，次の通りである。

> プロジェクトの概要

ササオは，すでにスマートウォッチの研究開発を進めてきており，その累計金額は 2023 年末時点には 60 億円に達する見込みである。

2023 年に 200 億円の設備投資（機械設備購入，工場建物建設など）を行う。工場の稼働開始は 2024 年で，（問題を単純化するために）30 年にスマートウォッチ事業から撤退し，31 年には事後処理を終える予定であると想定する。

ササオは，スマートフォンの機能向上で市場が大幅に縮小しているデジタルカメラ市場から数年前に撤退していた。しかし，その後も日本国内にあるデジタルカメラ工場の敷地を保有し続けていた。スマートウォッチ工場の用地には，この旧デジタルカメラ工場の跡地を利用することにした。デジタルカメラ工場跡地を売却した場合の現在の市場価値（税引後）は 40 億円である。なお，スマートウォッチ事業を終了する 2030 年の翌年の 31 年時点におけるこの工場用地を売却したときの市場価値は，更地化のための経費を控除した後で現在と同じ 40 億円（税引後）の価値をもつと予想される。

プロジェクトには，売上高の 3 カ月分が正味運転資本として必要である。2030 年末の正味運転資本残高は，31 年に回収する見込みである。ただし，原材料部品や完成品の在庫の処分等に伴い，2031

表1　スマートウォッチ・プロジェクト収益見直し

（単位：億円）

	2024年	2025年	2026年	2027年	2028年	2029年	2030年
売上高	200.00	300.00	500.00	650.00	700.00	600.00	450.00
営業費用（除く減価償却費）	190.00	264.00	430.00	559.00	602.00	516.00	387.00
減価償却費	28.57	28.57	28.57	28.57	28.57	28.57	28.57
税引前営業利益	−18.57	7.43	41.43	62.43	69.43	55.43	34.43
法人税等（30%）	−5.57	2.23	12.43	18.73	20.83	16.63	10.33
税引後営業利益	−13.00	5.20	29.00	43.70	48.60	38.80	24.10

年には30億円の処分損と運転資本の回収金額の減少が見込まれる。

　機械設備等は2030年末の残存価額がゼロ円であるという前提に基づき，定額法を用いて7年間で償却する。ただし，一部の機械設備はプロジェクト終了後，中古機械として売却可能で2031年には税引前で10億円の機械設備売却収入が見込まれる。

　プロジェクト期間中の法人税率は30％で，2031年の資産売却損益に対してもこの税率が適用される。なお，ササオはスマートウォッチ部門以外の同社のさまざまな既存部門の事業によって，全社ではプロジェクト期間中1年当たり最低でも20億円以上の税引前利益を上げると予想される。

　ササオのスマートウォッチの導入によって，自社の従来型スポーツウォッチの国内外での売上の一部は浸食されるかもしれない。しかし，スマートウォッチで先行している海外の競合メーカーとの競争を考えると，自社製品ライン間の浸食効果は無視できると考えられる。

　ササオの社内資料によると，このプロジェクトからの収益は，表1のように予想されていた。

　このプロジェクトに伴うキャッシュフローは年末に発生し，プロジェクトのNPV計算に適用すべき適切な割引率は7.00％であると仮定しなさい。

1 このスマートウォッチ・プロジェクトの NPV 計算にあたって次の項目はどのように扱うべきか。問題文の記述に則して答えなさい。

①研究開発費，②工場用地代，③自社のスポーツウォッチ市場の浸食，④プロジェクト終了後の原材料や完成品在庫の処分に伴う損失と運転資本の回収金額，⑤プロジェクト終了後の機械設備の売却収入

2 この EV 工場建設プロジェクトを正味現在価値（NPV）基準に基づいて評価し，工場を建設すべきかどうか結論を出しなさい。

3 このプロジェクトの内部収益率（IRR）は何％か（計算にはEXCEL を利用すること）。

4 スポーツウォッチはササオの主力商品である。このスマートウォッチ・プロジェクトは，ある意味，同社の存亡を掛けた戦略投資プロジェクトであるとも考えられる。そのとき，NPV や IRRの計算結果だけをもとにプロジェクトの採否を決めてよいか。ササオはどうすべきか考えなさい。

解答・ヒント 問 1 の①〜③については本章の EV プロジェクトの例の説明を参照すること。④の 2031 年の原材料や完成品在庫の処分に伴う損失は費用として取り扱い，運転資本の回収金額はその金額だけ減少する。⑤については，中古機械の売却益はいくらになるか考えること。問 2 と問 3 の計算結果は表 2 の通りである。NPV は −4.84 億円とマイナスで，IRR は 6.68 ％と要求収益率の 7.00 ％を下回る。NPV，IRR の両指標ともこの投資プロジェクトは実行すべきでないことを示している。問 4 については各自で検討しなさい。

表 2　ササオのスマートウォッチ・プロジェクトの NPV と IRR の計算

(単位：億円)

	2023 年	2024 年	2025 年	2026 年	2027 年	2028 年	2029 年	2030 年	2031 年
売上高	0.00	200.00	300.00	500.00	650.00	700.00	600.00	450.00	0.00
（−）営業費用（除く減価償却費）	0.00	190.00	264.00	430.00	559.00	602.00	516.00	387.00	0.00
（−）減価償却費	0.00	28.57	28.57	28.57	28.57	28.57	28.57	28.57	0.00
（−）棚卸資産処分損	0.00	0.00	0.00	0.00	0.00	0.00	0.00	0.00	30.00
（＋）機械設備売却益	0.00	0.00	0.00	0.00	0.00	0.00	0.00	0.00	10.00
税引前営業利益	0.00	− 18.57	7.43	41.43	62.43	69.43	55.43	34.43	− 20.00
（−）法人税等（30%）	0.00	− 5.57	2.23	12.43	18.73	20.83	16.63	10.33	− 6.00
税引後営業利益	0.00	− 13.00	5.20	29.00	43.70	48.60	38.80	24.10	− 14.00
（＋）減価償却費	0.00	28.57	28.57	28.57	28.57	28.57	28.57	28.57	0.00
（−）設備投資	200.00	0.00	0.00	0.00	0.00	0.00	0.00	0.00	0.00
（−）機会費用	40.00	0.00	0.00	0.00	0.00	0.00	0.00	0.00	− 40.00
（−）正味運転資本増分	0.00	50.00	25.00	50.00	37.50	12.50	− 25.00	− 37.50	− 82.50
フリー・キャッシュフロー	− 240.00	− 34.43	8.77	7.57	34.77	64.67	92.37	90.17	108.50
同上現在価値（@7.00%）	− 240.00	− 32.18	7.66	6.18	26.53	46.11	61.55	56.15	63.15

NPV= − 4.84
IRR= 6.68%

Case 5　ソフトバンクによるボーダフォンの買収

ソフトバンクとボーダ
フォン

2006 年 3 月，ソフトバンクによるボーダ
フォン株式会社（ボーダフォン）の買収が
発表された。当時の日本の携帯電話キャリ
アは NTT ドコモ，KDDI，ボーダフォンの 3 社寡占状態であり，
そのなかでもボーダフォンの市場シェアは 3 位であった。もともと
ボーダフォンは日本テレコムという企業であったが，2001 年にイ
ギリスを拠点とした国際的な携帯電話キャリアであるボーダフォ
ン・グループ（日本の現地法人と識別するため，英ボーダフォンと呼
ぶ）が買収を行い，その際に名称も変更された。

　しかしボーダフォンの日本参入は順調にいかず，シェア拡大に苦
戦を強いられていた。とくに電波基地局の数が不足しており，また
基地局増設のための投資資金を思うように賄うことができない状況
であった。そのため英ボーダフォンは日本市場からの撤退を模索し
ていた。同時期にソフトバンクは携帯電話事業への参入を画策して
いたが，携帯電話事業業者の免許取得が順調ではなかった。さらに
免許取得ができたとしても基地局設置などの投資に時間と費用がか
かることは想像に難くない。

　そのようなななかでの買収は，両者の思惑が一致した結果であると
いえる。英ボーダフォンは日本市場からの撤退，ソフトバンクは，
買収により携帯電話キャリア事業への迅速な参入（いわゆる M&A
の「時間を買う」）が可能になった。

　ファイナンスの観点から，買収に関わる問題は買収金額である。
当初，買収金額としては 1.7 兆〜1.8 兆円を想定されていた（実際
に買収に必要になった金額は約 1 兆 7820 億円）。当時のソフトバン
クの保有していた現預金は 4466 億円であったため，内部資金のみ
で賄うことは不可能であり，外部資金に依存する必要があった。買
収直前の株式時価総額は 1 兆 5922 億円，売上高が 1 兆 1086 億円

であったことを考えると，この買収金額は企業規模と比較して大きいことがわかる。

　それを支えるにはソフトバンクの財務体質は脆弱であった。まず十分な利益が出ていない状況が続いた。当時のソフトバンクはインターネット固定回線事業を主要事業としていたものの，低価格戦略や多額な広告宣伝費のために慢性的に赤字となっていた。過去3年間の当期純利益は−1070億円（2004年3月），−598億円（05年3月），+575億円（06年3月）であった（すべて連結決算の数値）。

　さらに資本構成も負債に大きく依存していた。買収直後の決算開示を確認すると，長期借入金合計は6654億円であり（2006年3月期），これは資産合計1兆8083億円の37％に上る。これはライバルであるKDDI社の20％，NTTドコモの9％を大きく上回る。つまり利益が出ていないうえに借入が多い状況であった。

　対する，ボーダフォンの財務情報を確認する。貸借対照表をみると，資産合計1兆3558億円，長期借入金は80億円，社債発行残高は1250億円であった。また売上1兆4675億円（すべて2006年3月決算）であった。過去3年間の当期純利益は−1000億円（2004年3月），162億円（2005年3月），494億円（2006年3月）であった。こちらも利益が出ていないことがわかる。

　意欲のある読者は，ここまでの情報をもとにして，あなたがソフトバンクの財務担当役員なら，どのようにして不足資金を調達するかを考えてみてほしい。

株式発行あるいは負債に依存した資金調達

外部資金の主な方法は株式発行と負債借入である。いずれか1つの調達手段のみで約1.8兆円を賄うことが可能かを考える。第1に株式発行である。当時のソフトバンクの株式時価総額は約1.5兆円であった。もし1.8兆円のすべてを公募増資により調達すると，既存株主の持ち分は半分未満に希薄化される。携帯事業分野に参入することにより収益が上がることを鑑みても，新たな事業リスクを負うことになるうえに，大きな希薄化がもたらされることは，

既存株主の納得を得られるとは考えにくい。2つめが負債発行である。銀行借入，社債のいずれであっても，当時の主力事業のインターネット固定回線事業が赤字であること，さらには1.8兆円の借入を行うことで，すでに他社と比較して高い負債比率が大幅に増加することを鑑みると，倒産リスクの高さから容易に借入をすることは困難である。

これらを勘案すると，株式発行，負債調達のいずれかに依存する資金調達は問題が多いことがわかる。

実際に用いられた資金調達手段

それではどのようなディールが組成されたのか。まず，買収にあたってソフトバンクはソフトバンクモバイル（SBM）という新会社を設立した。そのSBMは以下の複数の手法を用いて，合計約1.8兆円の資金を調達した。SBMはその調達資金を用いてボーダフォンの株式を買収した。かっこ内は資金の出し手である。

優先借入（複数の銀行）：1.1兆〜1.2兆円

劣後借入（英ボーダフォン）：1000億円

優先株（英ボーダフォン）：3000億円

優先株（ヤフー）：1200億円

普通株（ソフトバンク）：2000億円

優先借入は複数の銀行からの共同融資（シンジケート・ローン）で，すべてブリッジ・ローンの形であった。ブリッジ・ローンとは「つなぎ融資」とも呼ばれるが，半年程度の短期間の融資であった。半年後には証券化を行うことで広く投資家からの調達を予定している。

設 問

1 ソフトバンクのメリットを，議決権の観点と投資額の観点から述べよ。なお，英ボーダフォンとヤフーを対象とした優先株式とは種類株の一種である。その詳細は公表されていないが，配当が普通株より多い一方で議決権が付与されていない種類株式を指すものと仮定する。

解答・ヒント 普通株式を保有しているのはソフトバンクの
みである。優先株式に議決権がないと仮定すれば，新会社の議決
権を保有しているのはソフトバンクのみである。

　投資額の観点で考える。ソフトバンクは 1.8 兆円の企業を 2000
億円の出資のみで買収することができた。つまり出資額に対して
9 倍の規模の企業を買収することが可能となった。このことはレ
バレッジド・バイアウトと呼ぶ。レバレッジとは梃子のことであ
り，少ない出資額に大きな借入金を合わせることで規模の大きな
買収を行う買収を指す。

設問

2 英ボーダフォンのメリットを述べよ。

解答・ヒント 目的であった日本市場からの撤退を行うこと
ができた。ディールに対しては，負債，エクイティ・ファイナン
スの両面から投資をすることが求められている。負債については
将来の時点で返済されることから，返済日までは債券者の立場と
して，利子を受け取ることになる。優先株式についても，もし配
当支払いが多いのであるとすれば，リターンをもたらす魅力的な
投資であるといえる。なお，優先株自体はその後ソフトバンクが
買い取った。

設問

3 ソフトバンクが直接ボーダフォンを買収するのではなく，新た
に SBM を設立したメリットは何か，投資家とソフトバンクの立
場から考えよ。

解答・ヒント 投資家の立場で考える。ソフトバンク本体は
赤字が続いている状態である。そのため，買収後に携帯電話事業
が好調であってもソフトバンク本体の事業が不調であることから
倒産リスクが高まる可能性がある。本体と携帯電話事業を別会社
とすれば，たとえ本体の事業が不調であっても，携帯電話子会社
自体からキャッシュフローを創出できているのであれば，投資家
も収益を上げることができる。さらに投資家からすれば，携帯電
話事業会社のために投資した資金が赤字事業の補填のために用い

られることを危惧する。同一企業内であれば，お金の流れが不明瞭になることが懸念される。子会社とすることで投資家が意図しない資金流用を抑制することが可能である。

　ソフトバンクの立場で考える。第1に上述のようにソフトバンク本体がボーダフォンを買収するとすれば投資家から思うように資金が集まらないことが懸念される。そのため別会社とすることは資金調達を容易にすることが可能である。第2に万が一携帯事業会社が不調になり事業を止めることになっても，別会社とすることによりソフトバンク本体が行っている既存事業を存続することが可能である。なお銀行団からのシンジケート・ローンは不遡及型融資（ノンリコース・ローン）であり，ソフトバンクモバイルが倒産した際に親会社のソフトバンクは代弁する必要がないという契約になっている。

Case 6　オリエンタルランドの地震リスク・ファイナンス

オリエンタルランドの概要

株式会社オリエンタルランド（OLC）は，ディズニー・エンタプライゼズ・インクとの業務提携契約により東京ディズニーリゾート（TDR）を運営する事業会社である。千葉県浦安沖の埋め立てによる開発事業を目的として1960年に設立され，東京ディズニーランド，東京ディズニーシーの2つのテーマパークを中心としたリゾート事業を展開している。新型コロナウイルス流行以前の入場者数は年間3000万人を超えて推移しており，2019年3月期の売上高は5256億円，営業利益は1292億円と非常に高い収益力を誇っている。

グループ事業全体の売上の90％は，TDRが設置されている舞浜地区での収益となっており，特定エリアの一極集中という事業特性をもっている。したがって，もし舞浜周辺で巨大災害が発生した場合，OLCの収益が激減するというリスクを抱えている。

1999年のキャット・ボンド

1998年10月，OLCはかねてから計画のあった東京ディズニーシーの建設に着工した。東京ディズニーシー，ホテル，モノレール建設のために5000億円の設備投資を行い，そのうちの3000億円を社外から調達するという計画であった。

当時は，1995年に発生した阪神・淡路大震災による都市部への被害が人々の記憶に強烈に印象づけられていた時期でもあった。OLCでは，首都圏に大地震が発生した場合の被害についての検討が進められていた。地震による施設の直接的な損害について，東京ディズニーランドは地盤改良工事を行っているために液状化現象が起きる可能性はなく，またシンデレラ城等の構造物も耐震構造であることから倒壊する可能性はきわめて低い。実際に，2011年の東日本大震災の際には，浦安エリアで液状化現象による被害が発生した

ものの，TDR の敷地内ではほとんど被害は発生しなかった。

一方で，地震による間接的な損害は深刻である。交通網が麻痺することで客が来場できなくなったり，レジャー・マインドが冷え込むことで客足が遠いたりする可能性は十分に考えられた。東日本大震災の際にも，電力不足等の懸念から震災後 34 日間の休園を強いられた。したがって，舞浜周辺で大地震が発生した場合，売上が舞浜地区に一極集中しているという OLC の収益構造によって，OLC の財務状態が大きく悪化することが想定される。そのため，OLC は巨大災害によるリスク対策の検討を行うことになった。

検討の結果，OLC は，①来場者の減少による収益低下のカバーと，②被災時の流動性の確保について，リスク・ファイナンスを通じて対応することを決定した。当時，企業向け地震保険の補償範囲は実際に被った直接的な損害のみを対象としていた。地震による収益の減少をカバーする保険も提供されていなかったため，保険以外のリスク・ファイナンス（代替的リスク・ファイナンス）による対応が必要となった。

OLC は，収益補填と流動性確保に対する備えとして震災後に当座必要な運転資金を 200 億円と試算した。1999 年 5 月，OLC はゴールドマン・サックスやリスク・コンサルティング会社とともに検討を行い，収益補填を目的とする元本リスク型債券と，流動性確保を目的とする信用リスク・スイッチ型債券の 2 種類の地震債券（キャット・ボンド）をそれぞれ 1 億ドル発行した。調達資金の 2 億ドル（当時のレートで約 240 億円）は OLC が直接手にせず，ケイマン諸島に設立した SPC（特別目的会社）2 社にプールして運用する。ここでは，元本リスク型のキャット・ボンドに焦点を当てて概要を説明する。

元本リスク型キャット・ボンドは，債券償還までの間に東京ディズニーランドのある舞浜近辺で巨大地震が発生した場合，舞浜から震源地までの距離と地震の規模に応じて，最大 100 ％の元本支払いが免除されるという仕組みである。具体的なトリガーを図 1 で示し

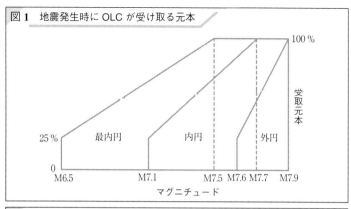

図1　地震発生時に OLC が受け取る元本

100 %

受取元本

25 %　　最内円　　　　内円　　　　外円

0

M6.5　　　　　　M7.1　　　　M7.5 M7.6 M7.7　M7.9

マグニチュード

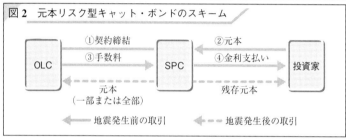

図2　元本リスク型キャット・ボンドのスキーム

OLC ①契約締結 → SPC ②元本 ← 投資家

③手数料 → ④金利支払い ←

元本 残存元本
（一部または全部）

←── 地震発生前の取引　　←--- 地震発生後の取引

ている。舞浜を中心とする半径 10 km 以内（最内円）に震源地がある場合はマグニチュード 6.5 以上，半径 50 km 以内（内円）に震源地がある場合はマグニチュード 7.1 以上，半径 75 km 以内（外円）に震源地がマグニチュード 7.6 以上で，かつ震源地の深度が 101 km よりも浅い場合にトリガーが発動され，図 1 で示す割合に応じて元本が免除される。保険と異なり，実際の被害状況は問われず，仮に被害が軽微であったとしても補償を受け取ることができる。

　キャット・ボンドのスキームは，図 2 で示されている。発行期間は 5 年，発行金額は 1 億ドル，受取利息は 6 カ月物 LIBOR + 3.10 % と設定した。調達した資金は SPC（特別目的会社）が運用を行い，利息を投資家に支払う。期間中に舞浜付近で大地震が発生した場合，図 1 のトリガーに従って，元本の一部または全部を OLC に受け渡し，

投資家には残った元本のみが償還される。

2004 年の地震リスク対応型コミットメント・ライン

1999 年に発行したキャット・ボンドが2004 年に償還を迎えるにあたって，OLCでは新たな地震リスク・ファイナンスに関する検討が行われた。当時は，東京ディズニーシーが2001 年 9月にオープンし，大型投資が終わって収益を回収するフェーズであった。2 つのパークに拡充したことで収益基盤が安定し，収益を補填する必要性は低下したが，テーマパークが 2 つになったことによるリスク顕在化時の運転資金は増加した。また，会社を取り巻くリスクが多様化していることから，より柔軟な資金調達手段が必要とされるようになった。

こうした経営環境の変化に伴い，2004 年 4 月，OLC は 1999 年のキャット・ボンドのスキームをそのまま踏襲せず，新たなリスク・ファイナンスを設計，実施した。具体的には，リスク顕在化時の運転資金を 300 億円と見積もり，そのうちの 200 億円を社債で調達し，残りの 100 億円については以下で説明する地震リスク対応型コミットメント・ライン契約を銀行と締結することで対応した。

地震リスク対応型コミットメント・ラインのスキームは，図 3 で示されている。コミットメント・ラインとは，金融機関と企業があらかじめ設定した期間，金額の範囲内で，企業の請求に基づいて金融機関が融資を行う約束を事前に取り交わす契約である。一般的なコミットメント・ラインでは震災時には貸付が免責されるという条項が入っているため，OLC は地震免責条項を外したうえで締結した。

契約期間は 5 年間（2 年間の延長オプションあり），融資枠は 100億円と設定した。1999 年に発行されたキャット・ボンドと異なり，本プランにはトリガーの設定がないため，OLC は地震によらず必要に応じてあらかじめプールされた信託勘定から資金を引き出すことができる。

このように，2004 年に取り組んだリスク・ファイナンスは，1999 年のものとは異なっている。OLC では，外部環境および内部

図3 地震リスク対応型コミットメント・ラインのスキーム

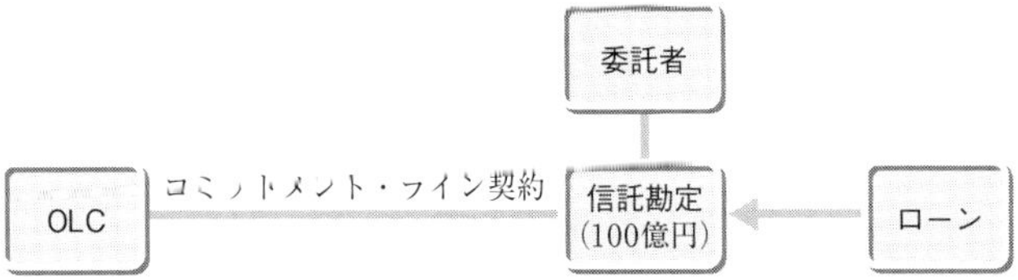

環境の変化に応じて，その時点の状況に適応したリスク・ファイナンスのスキームを変化させている。2009 年にはコミットメント・ラインを 2 年延長し，2011 年には新株予約権付劣後ローンで 500 億円を調達すると発表した。期間は 60 年と超長期で，関東地方にマグニチュード 7.9 以上の地震が発生した場合，OLC はローンを現金で返済するか，最大 1100 万株相当の新株予約権を融資額に応じて無償で割り当てるかを選択できる仕組みとなっている。2015 年には，新株予約権付地震リスク対応型コミットメント期間付ターム・ローン（あらかじめ定められた引出可能期間内において，一定金額を上限として複数回に分けて借り入れることができる仕組みのローン）を採用することで，1000 億円のリスク・ファイナンスを実施した。

設 問

1 表 1 は 1999 年当時およびそれ以降の OLC の財務状況を示している。1999 年に，なぜ OLC はキャット・ボンドではなく，巨大地震が発生した後に事後的に社債発行や株式発行等を通じて資金を調達する方法を選択しなかったのか，財務状況をもとに検討してみよう。

解答・ヒント　　1999 年 3 月期から 2002 年 3 月期にかけて，有形固定資産が 2194 億円から 5193 億円と 3000 億円増加している。これは当時，OLC が東京ディズニーシーを建設途中であるこ

表1 1999年3月期から2002年3月期までのOLCの財務状況（抜粋）

（単位：億円）

1999年3月期		2000年3月期	
流動資産	2,470	流動資産	1,799
（現金）	427	（現金）	278
（有価証券）	1,947	（有価証券）	1,391
有形固定資産	2,194	有形固定資産	3,223
（建設仮勘定）	908	（建設仮勘定）	1,896
流動負債	775	流動負債	720
固定負債	1,894	固定負債	2,294
（社債）	1,000	（社債）	1,500
純資産	3,139	純資産	3,257
営業収益	1,877	営業収益	1,729
営業利益	345	営業利益	260

2001年3月期		2002年3月期	
流動資産	1,116	流動資産	669
（現金）	241	（現金）	226
（有価証券）	634	（有価証券）	184
有形固定資産	4,609	有形固定資産	5,193
（建設仮勘定）	2,587	（建設仮勘定）	12
流動負債	653	流動負債	720
固定負債	2,364	固定負債	2,686
（社債）	1,900	（社債）	1,900
純資産	3,320	純資産	3,427
営業収益	1,828	営業収益	2,502
営業利益	226	営業利益	300

とに起因する。それは，2001年9月に東京ディズニーシーがオープンするまで建設仮勘定が増大していることからもうかがえる。

固定負債も一貫して増加しており，負債が積みあげられている時期であった。また，流動資産が減少しており，調達した資金を取り崩して建設費用に充てていることがわかる。

東京ディズニーシーがオープンする前の営業収益は毎年1800億円程度であったものの，上述の通り収入源は東京ディズニーランドの来場者による収入がほとんどを占めていた。もし東京ディズニーシーの建設途中に舞浜付近で巨大地震が発生した場合，多額の投資が予定されているにもかかわらず，その間の収益がほとんど見込めなくなる可能性がある。

このように1999年当時，OLCは，①東京ディズニーシー建設

のために多額の設備投資を行っており，②負債は一貫して積みあげられており，③収益基盤は東京ディズニーランドの売上に依存していた。したがって，東京ディズニーシーの建設途中に舞浜付近で大地震が発生すれば，工事がストップするうえに，収益を上げることも難しくなり，OLCの財務状態が一気に悪化する恐れがあった。

　もしOLCが巨大地震発生後，事後的に当座の運転資金や設備復旧のための資金を調達しようとすると，どのような事態が想定されるだろうか。そもそも首都圏で大地震が発生した場合，さまざまな産業に大きな被害をもたらすことになるため，金融機関はライフ・ラインを支える企業を優先し，テーマパークへの融資は後回しにされるかもしれない。また，震災によって財務状態が悪化している状況では，OLCの社債格付けが低下し，株価が暴落している可能性が高い。その状況で社債発行あるいは株式発行で資金調達をしようとすれば，非常に不利な条件（高金利あるいは低株価）での発行を余儀なくされるだろう。これには莫大な取引コストがかかる。このことが，OLCが地震リスクに対応したリスク・ファイナンスを事前に実行し，資金を確保しておいた理由である。

設 問

2 表2は2004年3月期および2005年3月期のOLCの財務状況を示している。2004年に，なぜOLCはキャット・ボンドから地震リスク対応型コミットメント・ラインに切り替えたのか，財務状況をもとに検討してみよう。

解答・ヒント　表1と表2とを見比べると，1999年と2004年の時点でOLCが置かれている状況が大きく異なっていることがわかる。1999年から2001年にかけて多くの建設仮勘定が積みあがっていたが，2001年9月に東京ディズニーシーがオープンしたことで，2004年3月時点で数値は小さいものとなっている。また東京ディズニーシーの運営も順調で，営業収益は2004年3月期時点で2768億円と，オープン前の2001年3月期より940億円近く増加している。固定負債も2002年3月期から973億円近く減少した。

表2　2004年3月期および2005年3月期のOLCの財務状況（抜粋）

（単位：億円）

2004年3月期		2005年3月期	
流動資産	721	流動資産	812
（現金）	198	（現金）	461
（有価証券）	324	（有価証券）	100
有形固定資産	4,780	有形固定資産	4,760
（建設仮勘定）	86	（建設仮勘定）	119
流動負債	999	流動負債	712
固定負債	1,713	固定負債	1,908
（社債）	1,400	（社債）	1,500
純資産	3,742	純資産	3,924
営業収益	2,768	営業収益	2,714
営業利益	291	営業利益	272

このように，2004年当時のOLCは，①東京ディズニーシーの建設が完了し収益を回収するフェーズに入っており，②負債は減少し，③2つのパークに拡充したことで収益基盤が安定していた。こうした状況では，緊急時における資金源の確保もさることながら，リスク・ファイナンス実施にかかるコスト面にも目が向いたであろう。

キャット・ボンドの発行は相応のコストがかかることが予想される。キャット・ボンドに将来の元本割れのリスクがある以上，投資家はその見返りとして高い金利を要求するだろう。実際に受取利息は6カ月物LIBOR＋3.10％と設定されていたが，同時期にOLCが発行した元本保証型の債券はより低い金利であった。地震リスク対応型コミットメント・ラインは資金が必要になる時点まで調達しなくてもいいため，リスク・ファイナンスにかかるコストはキャット・ボンドの発行よりも低くなるであろう。

また，地震リスク対応型コミットメント・ラインは，地震の震源地や大きさ等の要因によらず，OLCの判断で資金が引き出せる仕組みとなっている。このため，OLCがリスクを認識して流動性を確保したい場合は，地震というトリガーがなくとも調達可能となり，多様なリスクへの対応が可能である。

このように，巨大リスクの対応は，そのときに企業が置かれた

外部環境，内部環境を把握したうえで，考えられるリスク・マネジメントの効果とリスク・マネジメントにかかるコストを見極め，現時点で最も適切な選択をすることが重要である。

Case コナカと AOKI ホールディングスによる
7 フタタの買収合戦

> 紳士服専門店チェーン
> の覇権争い

紳士服専門店をチェーン展開する AOKI
ホールディングス（以下，AOKI と略記）
は，2006（平成 18）年 8 月 8 日，大阪証
券取引所上場企業で九州を地盤とする中堅紳士服専門店チェーンの
フタタに経営統合を提案したと発表した。全発行済株式の取得をめ
ざし，TOB（take over bid，株式公開買付け）を実施する。買付け
価格は 1 株当たり 700 円で，直近で売買が成立した 8 月 3 日の株価
終値 400 円を約 75 ％上回る。

　団塊世代の大量退職が始まる 2007 年以降，紳士用スーツ市場の
縮小は確実視され，経営環境はますます厳しさを増すといわれてい
る。掲載データの表 1 が示すように，2006 年までの 5 年間の売上
をみると，青山商事と AOKI の 2 強に挟まれて，他の 3 社は苦戦を
強いられている。それでも，AOKI には，九州に足場を築いて全国
展開しなければ業界首位の青山商事に一段と離されるとの危機感が
ある（表 2 の店舗の地域分布を参照）。

　フタタは，現相談役が 1952（昭和 27）年 1 月に久留米で紳士服
卸の二田商店を創業したことに始まる。1998 年 4 月業績悪化に伴い，
創業者から長男に社長が交代した。2002 年には相談役となってい
た創業者が AOKI に資本・業務提携を打診したという。AOKI の創
業者で現社長は約 10 ％の出資を含む提携案を見送ったが，以来，
同じ創業者同士のフタタの相談役と AOKI の社長は信頼関係にある。

　フタタの社長はその後コナカとの提携に活路を求め，2003 年 1
月に資本・業務提携に踏み切った。2006 年 1 月期の営業利益はわ
ずか 1900 万円，売上高利益率は 0.2 ％にも満たず，フタタの業績
に目立った改善はみられない。フタタの社長とコナカの社長は同じ
二世社長という共通の立場にある。

　売上が伸び悩むコナカも危機感が強い。すでに資本・業務提携関

表1　売上高推移

（単位：100万円）

	2002年	2003年	2004年	2005年	2006年
青山商事	161,353 46%	176,075 48%	186,400 47%	195,968 48%	202,720 47%
AOKI	72,349 20%	74,144 20%	89,075 23%	92,870 23%	106,686 25%
はるやま	55,678 16%	57,172 16%	53,425 14%	54,525 14%	56,593 13%
コ　ナ　カ	50,081 14%	47,914 13%	50,468 13%	50,492 12%	53,040 12%
フ　タ　タ	13,597 4%	11,761 3%	11,506 3%	11,308 3%	11,204 3%
5社合計	353,058 100%	367,066 100%	390,874 100%	405,163 100%	430,243 100%

係にあるフタタの売上高を足せば600億円を超え，はるやま商事を抜いて業界3位に浮上する。

　衣料品専門店の世界では，売上が1000億円を超すと生産委託先との交渉でスケール・メリットが発揮でき，価格などの取引条件が有利になるという。年間売上高530億円のコナカにとって売上高112億円のフタタを手放すことは，売上高1067億円のAOKIとの格差が数字以上に開くことを意味し，AOKIへの対抗意識が強い。AOKIの統合提案に対して，フタタの発行済株式総数の20.2％（2006年1月末現在）を保有する大株主のコナカは，TOBを正式に拒否する方針を発表した。

AOKIとコナカの経営統合案

AOKIとコナカの経営統合案を比較しよう。AOKIは日興コーディアル証券（当時。現SMBC日興証券）を財務アドバイザーに指名し，次のような経営統合案を発表した。

(1)　フタタの不採算店を，AOKIが運営している喫茶店，カラオケ店，結婚式場に転換し，店舗閉鎖を最小限に抑える。

(2)　郊外を中心に新規出店を積極化し，フタタの店舗数の2割程

度の純増をめざす。

⑶　同社で仕入れを共同化し，仕入れ価格の削減をめざす。

⑷　2010 年 1 月期までに売上高 120 億円，営業利益 12 億円をめ
ざす。

⑸　100 ％子会社化してもフタタの店名は残す。

⑹　AOKI から役員を派遣するが，フタタの現経営陣は続投する。

⑺　1 株 700 円で全株式を現金で買い取る。

これに対抗してコナカは，次のような統合案を発表した。

⑴　商品の共同仕入れや既存店の改装を進めるとともに，16 〜
20 店舗を新規出店し，紳士服販売の強化による収益改善をめ
ざす。

⑵　AOKI 案より 1 年早く，2009 年 1 月期までに売上高 137 億円，
経常利益 11.4 億円を達成する

⑶　フタタの商号は統合後も残す。

⑷　フタタの現社長は続投する。フタタに派遣されているコナカ
の取締役はフタタの代表取締役に昇格する。

⑸　株式交換を通じてフタタを完全子会社化する。株式交換比率
は，コナカ株を 8 月末に 1 対 1.1 の株式分割を実施したうえで，
フタタ株 2.3 株に対してコナカ株 1 株を交付するものとする。

フタタの決断

AOKI，コナカ両社の統合案が出揃ったの
を受けて，フタタの社長は，「両社の統合
案を，事業成長や企業価値の向上を含めて総合的に判断する。社員
や関係者に不利益がない範囲内で株主利益の最大化を念頭におく」
と述べ，財務アドバイザーの三井住友銀行の意見を踏まえて最終判
断するとした。

2006 年 8 月 18 日午前，三井住友銀行はコナカの提案を支持する
意見書を提出した。同日午後，フタタは臨時取締役会を開催し，コ
ナカの提案を受け入れると発表。関係筋によると，AOKI とコナカ
の両案の優劣をつけるうえで三井住友銀行が重視したのは，①株主
価値，②将来のシナジー（相乗効果），③企業文化や従業員の処遇

表2 店舗数の地域分布

2006年

	総店舗数	北海道	東北	関東	中部	近畿	中国	四国	九州	海外
青山商事	805	32	65	209	137	161	63	27	104	7
AOKI	517	9	36	265	145	56	4	1	1	0
はるやま	346	0	23	32	34	101	68	24	64	0
コ ナ カ	303	0	87	188	15	11	0	0	2	0
フ タ タ	96	0	0	0	0	0	1	0	95	0

問題，④提携関係の存在，の4つだった。①〜③に明確な差をつけるのは難しく，最終的にはコナカがフタタの大株主で，すでに提携関係にあることが決定打となった模様である。

　フタタの社長は，コナカに決めた理由について，①3年半にわたる資本・提携関係で信頼関係が構築されている，②社内システムなどを共通化しており，統合が円滑に進む，③企業文化の親和性が強い，ことを挙げ，「即座にシナジー効果が実現できる」と説明した。

　かねてより，フタタからTOBの賛同が得られない場合でも対抗的TOBはしないと明言していたAOKIの社長は，「私の提案は今でもベストだったと思っている。だがフタタとコナカにはエールを送りたい」と記者会見で語った（本ケーススタディの作成は，日本経済新聞などの記事およびフタタ社サイトを参考にした）。

設　問

1　AOKIの提示したTOB価格700円は，フタタの直近の株価終値400円に対して約75％のプレミアム（これをとくに買収プレミアムという）が付いている。2000年から2005年末までの日本のTOBの平均買収プレミアムは27％だった。フタタ・ケースの直近では，王子製紙による北越製紙のTOBに対する買収プレミアムは約30％だった。AOKIは700円のTOB価格について，「フ

タタの株価，財務状態を考慮したうえで，割引キャッシュフロー法（DCF法）で算定した」と説明している。本書の第9章で解説されているフリー・キャッシュフロー（FCF）バリュエーションの公式と第5章で解説されているCAPMを使って求められる株主資本コスト（割引率）を使って，700円を検証してみよう。

　算定のベースとなる数値を整理し，まず最も簡単な状況を想定して検証してみよう。

(1)　2010年1月末の予想売上高120億円，予想営業利益12億円。

(2)　フタタは事実上無借金である。

(3)　CAPM関連数値：
　　＊無リスク利子率（長期国債10年物流通利回りの過去5年平均値）＝1.3％
　　＊市場リスク・プレミアム（1970年以降の配当込み東証株価指数と無リスク利子率の差）＝3.21％（以上の2つの数値の出所は野村総合研究所）
　　＊ベータ値（出所：Bloomberg.co.jp）：フタタ＝0.238，AOKI＝1.022

(4)　フタタは統合によりじり貧の状態から脱し，2010年1月期の営業利益12億円は，将来も同額を維持できると仮定する。

(5)　減価償却額と設備投資額は等しい，および正味運転資本の増加額はゼロと仮定する。

(6)　法人税率は40％。

(7)　フタタの発行済株式総数は1857万5000株。

(8)　株式価値算定時点は2006年7月末時点。

ヒント　（計算の手順）

　(1)　第9章のフリー・キャッシュフロー（FCF）の定義に従って，2010年1月末のFCFを，上記前提条件の(4)，(5)および(6)のもとで計算する。

　(2)　将来のFCFを割り引くときの割引率を，上記前提条件(2)と(3)のもとで，第5章で解説されたCAPMの公式を使って計算する。

　(3)　上で求めたFCFが将来永久に続くと仮定して，FCFの流列の2009年1月末時点の割引現在価値を求める。

(4)　上で求めた株式価値総額（フタタの上の前提条件(2)によっ
て，企業価値＝株式価値総額となる）を，2 年間割り引いて，
2007 年 1 月末の割引現在価値を求める。

(5)　さらに，上の(4)で求めた価値を半年だけ割り引いて（割引
率は年率の半分とする）2006 年 7 月末の価値を求める。

(6)　上の(5)で求めた株式価値総額を，上記前提条件(7)の発行済
株式総数で割って，1 株当たりの株式価値を求める。

設　問

2　コナカが 1 株を 1.1 株に分割する株式分割を実施した後に，
フタタ株 2.3 株に対してコナカ株 1 株を割り当てる株式交換（第
14 章表 14・2 を参照）を行うと，8 月 17 日のコナカ株の終値
1703 円をベースにしたとき，フタタ株 1 株はいくらの価値をも
つことになるだろうか。

　　ヒント　　　　　　まず，コナカが 1 株を 1.1 株に分割したあと，
1703 円をベースとするとコナカの株式はいくらの価値をもつかを
算定しよう。

設　問

3　AOKI，コナカ，そしてフタタの 3 社とまったく利害関係のな
いあなたなら，フタタの統合相手として AOKI とコナカのどちら
を望ましいと考えるだろうか。

　　ヒント　　　　　　第 14 章第 3 節「M&A のメリットとデメリッ
ト」を参照しながら，AOKI とコナカのそれぞれと統合した場合に，
誰にとってどのようなメリットとデメリットが発生するのかを考
えて，総合的に判断してみよう。

設　問

4　AOKI とコナカの 2006 年以降今日までの企業業績を調査して
みよう。

　　ヒント　　　　　　インターネットで EDINET（有価証券報告書
等の電子開示システム）または両社のホームページにアクセスし
て，情報を入手しよう。

付表 1　複利現価表

$$PVDF_{r,N} = (1+r)^{-N}$$

年数	1 %	2 %	3 %	4 %	5 %	6 %	7 %	8 %	9 %	10 %	12 %	14 %	16 %	18 %	20 %
1	0.990	0.980	0.971	0.962	0.952	0.943	0.935	0.926	0.917	0.909	0.893	0.877	0.862	0.847	0.833
2	0.980	0.961	0.943	0.925	0.907	0.890	0.873	0.857	0.842	0.826	0.797	0.769	0.743	0.718	0.694
3	0.971	0.942	0.915	0.889	0.864	0.840	0.816	0.794	0.772	0.751	0.712	0.675	0.641	0.609	0.579
4	0.961	0.924	0.888	0.855	0.823	0.792	0.763	0.735	0.708	0.683	0.636	0.592	0.552	0.516	0.482
5	0.951	0.906	0.863	0.822	0.784	0.747	0.713	0.681	0.650	0.621	0.567	0.519	0.476	0.437	0.402
6	0.942	0.888	0.837	0.790	0.746	0.705	0.666	0.630	0.596	0.564	0.507	0.456	0.410	0.370	0.335
7	0.933	0.871	0.813	0.760	0.711	0.665	0.623	0.583	0.547	0.513	0.452	0.400	0.354	0.314	0.279
8	0.923	0.853	0.789	0.731	0.677	0.627	0.582	0.540	0.502	0.467	0.404	0.351	0.305	0.266	0.233
9	0.914	0.837	0.766	0.703	0.645	0.592	0.544	0.500	0.460	0.424	0.361	0.308	0.263	0.225	0.194
10	0.905	0.820	0.744	0.676	0.614	0.558	0.508	0.463	0.422	0.386	0.322	0.270	0.227	0.191	0.162
11	0.896	0.804	0.722	0.650	0.585	0.527	0.475	0.429	0.388	0.350	0.287	0.237	0.195	0.162	0.135
12	0.887	0.788	0.701	0.625	0.557	0.497	0.444	0.397	0.356	0.319	0.257	0.208	0.168	0.137	0.112
13	0.879	0.773	0.681	0.601	0.530	0.469	0.415	0.368	0.326	0.290	0.229	0.182	0.145	0.116	0.093
14	0.870	0.758	0.661	0.577	0.505	0.442	0.388	0.340	0.299	0.263	0.205	0.160	0.125	0.099	0.078
15	0.861	0.743	0.642	0.555	0.481	0.417	0.362	0.315	0.275	0.239	0.183	0.140	0.108	0.084	0.065
16	0.853	0.728	0.623	0.534	0.458	0.394	0.339	0.292	0.252	0.218	0.163	0.123	0.093	0.071	0.054
17	0.844	0.714	0.605	0.513	0.436	0.371	0.317	0.270	0.231	0.198	0.146	0.108	0.080	0.060	0.045
18	0.836	0.700	0.587	0.494	0.416	0.350	0.296	0.250	0.212	0.180	0.130	0.095	0.069	0.051	0.038
19	0.828	0.686	0.570	0.475	0.396	0.331	0.277	0.232	0.194	0.164	0.116	0.083	0.060	0.043	0.031
20	0.820	0.673	0.554	0.456	0.377	0.312	0.258	0.215	0.178	0.149	0.104	0.073	0.051	0.037	0.026
25	0.780	0.610	0.478	0.375	0.295	0.233	0.184	0.146	0.116	0.092	0.059	0.038	0.024	0.016	0.010
30	0.742	0.552	0.412	0.308	0.231	0.174	0.131	0.099	0.075	0.057	0.033	0.020	0.012	0.007	0.004

年当たり利率

付表2 年金現価表

$$PVAF_{r,N} = \frac{1-(1+r)^{-N}}{r}$$

年数	年当たり利率														
	1 %	2 %	3 %	4 %	5 %	6 %	7 %	8 %	9 %	10 %	12 %	14 %	16 %	18 %	20 %
1	0.990	0.980	0.971	0.962	0.952	0.943	0.935	0.926	0.917	0.909	0.893	0.877	0.862	0.847	0.833
2	1.970	1.942	1.913	1.886	1.859	1.833	1.808	1.783	1.759	1.736	1.690	1.647	1.605	1.566	1.528
3	2.941	2.884	2.829	2.775	2.723	2.673	2.624	2.577	2.531	2.487	2.402	2.322	2.246	2.174	2.106
4	3.902	3.808	3.717	3.630	3.546	3.465	3.387	3.312	3.240	3.170	3.037	2.914	2.798	2.690	2.589
5	4.853	4.713	4.580	4.452	4.329	4.212	4.100	3.993	3.890	3.791	3.605	3.433	3.274	3.127	2.991
6	5.795	5.601	5.417	5.242	5.076	4.917	4.767	4.623	4.486	4.355	4.111	3.889	3.685	3.498	3.326
7	6.728	6.472	6.230	6.002	5.786	5.582	5.389	5.206	5.033	4.868	4.564	4.288	4.039	3.812	3.605
8	7.652	7.325	7.020	6.733	6.463	6.210	5.971	5.747	5.535	5.335	4.968	4.639	4.344	4.078	3.837
9	8.566	8.162	7.786	7.435	7.108	6.802	6.515	6.247	5.995	5.759	5.328	4.946	4.607	4.303	4.031
10	9.471	8.983	8.530	8.111	7.722	7.360	7.024	6.710	6.418	6.145	5.650	5.216	4.833	4.494	4.192
11	10.368	9.787	9.253	8.760	8.306	7.887	7.499	7.139	6.805	6.495	5.938	5.453	5.029	4.656	4.327
12	11.255	10.575	9.954	9.385	8.863	8.384	7.943	7.536	7.161	6.814	6.194	5.660	5.197	4.793	4.439
13	12.134	11.348	10.635	9.986	9.394	8.853	8.358	7.904	7.487	7.103	6.424	5.842	5.342	4.910	4.533
14	13.004	12.106	11.296	10.563	9.899	9.295	8.745	8.244	7.786	7.367	6.628	6.002	5.468	5.008	4.611
15	13.865	12.849	11.938	11.118	10.380	9.712	9.108	8.559	8.061	7.606	6.811	6.142	5.575	5.092	4.675
16	14.718	13.578	12.561	11.652	10.838	10.106	9.447	8.851	8.313	7.824	6.974	6.265	5.668	5.162	4.730
17	15.562	14.292	13.166	12.166	11.274	10.477	9.763	9.122	8.544	8.022	7.120	6.373	5.749	5.222	4.775
18	16.398	14.992	13.754	12.659	11.690	10.828	10.059	9.372	8.756	8.201	7.250	6.467	5.818	5.273	4.812
19	17.226	15.678	14.324	13.134	12.085	11.158	10.336	9.604	8.950	8.365	7.366	6.550	5.877	5.316	4.843
20	18.046	16.351	14.877	13.590	12.462	11.470	10.594	9.818	9.129	8.514	7.469	6.623	5.929	5.353	4.870
25	22.023	19.523	17.413	15.622	14.094	12.783	11.654	10.675	9.823	9.077	7.843	6.873	6.097	5.467	4.948
30	25.808	22.396	19.600	17.292	15.372	13.765	12.409	11.258	10.274	9.427	8.055	7.003	6.177	5.517	4.979

索　引

Financial Management

【有斐閣アルマ】

新・現代の財務管理
Essentials of Financial Management

2023 年 4 月 20 日　初版第 1 刷発行

著　者	榊原茂樹，新井富雄，太田浩司，山﨑尚志，山田和郎，月岡靖智
発行者	江草貞治
発行所	株式会社有斐閣
	〒101-0051 東京都千代田区神田神保町 2-17
	https://www.yuhikaku.co.jp/
装　丁	デザイン集合ゼブラ＋坂井哲也
組　版	ティオ
印　刷	株式会社理想社
製　本	牧製本印刷株式会社
装丁印刷	株式会社亨有堂印刷所

落丁・乱丁本はお取替えいたします。定価はカバーに表示してあります。
©2023, S. Sakakibara, T. Arai, K. Ota, T. Yamasaki, K. Yamada, Y. Tsukioka
Printed in Japan. ISBN 978-4-641-22213-7